Ludwig Lindenschmit

Die Alterthümer unserer heidnischen Vorzeit

Ludwig Lindenschmit

Die Alterthümer unserer heidnischen Vorzeit

ISBN/EAN: 9783742890580

Hergestellt in Europa, USA, Kanada, Australien, Japan

Cover: Foto ©ninafisch / pixelio.de

Manufactured and distributed by brebook publishing software
(www.brebook.com)

Ludwig Lindenschmit

Die Alterthümer unserer heidnischen Vorzeit

Die

ALTERTHÜMER UNSERER HEIDNISCHEN VORZEIT.

Nach den

in öffentlichen und Privatsammlungen befindlichen Originalien

zusammengestellt und herausgegeben

von dem

RÖMISCH-GERMANISCHEN CENTRALMUSEUM
IN MAINZ

durch dessen Director

Dr. L. Lindenschmit.

Zweiter Band.

19 Bogen Text mit 74 gravirten Tafeln.

MAINZ,

DRUCK UND VERLAG VON VICTOR V. ZABERN.

1870.

Vorwort zum II. Bande.

Mit dem Verzeichnisse der in den 12 vorausgehenden Heften auf 96 Tafeln
gegebenen 963 Abbildungen ist der I. Band dieses Werkes geschlossen. Das vorliegende Heft eröffnet den II. Band desselben.

Der Versuch, durch Herausgabe verlässiger Abbildungen in der Weise eines
bis jetzt nicht vorhandenen Nachschlagewerkes für die Uebersichtlichkeit und
richtige Beurtheilung der Denkmale unserer ältesten Vorzeit mitzuwirken, hat die
volle Zustimmung der Kenner und Freunde unseres Alterthums gewonnen. Diese
Theilnahme ermuthigt zu fortgesetzter und erhöhter Thätigkeit für das umfassende
Unternehmen, welchem das Römisch-germanische Centralmuseum in den
Ergebnissen seiner 11jährigen Arbeiten die Grundlage einer reichen, immer wachsenden Sammlung des gewähltesten Materials bietet.

Die ganze als zweckgemäss erkannte Anlage des Werkes wird unverändert dieselbe bleiben, nur dass in der Bezeichnung der Tafeln jede Bezugnahme auf das
System des Stein-, Erz- und Eisenalters, welche früher in Rücksicht auf die herrschenden Vorstellungen empfohlen schien, von nun an aufgegeben ist. Zur Recht-
fertigung der Lösung jeder Verbindung mit diesem System genügt der Hinweis auf
die wohl jetzt allgemein erkannte Thatsache, dass der Gebrauch der Erzgeräthe
diesseits der Alpen niemals ein durchaus allgemeiner war, und dass selbst die ausgedehntere Nutzung des Eisens die primitiven Waffen und Werkzeuge aus Stein,
Knochen und hartem Holze nur allmälig verdrängen konnte. Eine systematische
Eintheilung der Grabfunde nach dem Stoffe der Geräthe und Waffen verliert damit ihren Werth gerade für ihren wichtigsten Zweck, die Altersbestimmung der

Funde, welche nach den zahllosen Mischungsverhältnissen und Uebergängen einzig und allein nur in dem Style und Charakter der Arbeiten und der Gesammterscheinung der alten Gräber zu suchen ist.

Förderlicher erschien es deshalb für die Bestimmung dieses Werkes, die hiefür Licht gebenden Punkte anzudeuten, als die einzelnen Gegenstände in eine meist gezwungene Verbindung mit einem offenbar mangelhaften Systeme zu bringen.

Diese Hinweisungen sollen nun theils in erweiterten Erklärungen der Tafeln selbst, theils in erläuternden Beilagen über besonders wichtige, noch nicht erklärte oder besprochene Grabfunde gegeben werden. Da die letzteren nur in Format und Druck sich dem Ganzen anschliessen und ganz nach Belieben demselben angereiht werden können, so werden sie auf diese Weise den vollkommen objectiv gehaltenen Charakter des Werkes nirgendwie alteriren.

Ebenso unabhängig von der fortwährenden Herausgabe der Abbildungen wird auch die von dem Herrn Verleger zugesagte Darstellung einer Uebersicht der bis jetzt gewonnenen Resultate unserer Alterthumsforschung sein, eine Arbeit, welche der Verfasser, soweit es seine anderweitige Beschäftigung gestattet, unausgesetzt zu fördern bemüht ist, für welche jedoch immer noch eine weit ausgedehntere Grundlage anschaulichen Materials zu gewinnen ist, als bis jetzt in den bereits veröffentlichten Heften möglich war.

Dr. L. Lindenschmit.

Verzeichniss der Abbildungen des II. Bandes.

629 Gegenstände auf 74 Tafeln.

Ringe, ineinander hängende.
   Erz. X. u. 1 — 4.
   Kuppelringe. VIII. m. 3.
Schlüssel.
         XI. vi. 5. 6.
Schnallen.
   Silber. X. v. 3.
   Erz. VI. vi. 2. 3. 4. 5.
   XII. v. 12.
   Eisen. IV. iv. 2. 3.
Schuhe. VII. v. 1 — 4.
Schwerter.
   Erz. I. m. 1. 2. 3. 4 — 1. v. 3. 4. —
      II. iv. 2. 5.
   Eisen. I. v. 1. 5. 6. 7. — II. iv. 1. 4. —
      VII. vi. 1. 2. 3. 4. 5. — VIII. m. 6. 7.
Schwertscheiden.
   Holz. I. m. 1. 3.
   Erz. I. m. 5.
      VII. vi. 1. 2.
   Eisen. VII. vi. 3. 4. 5. 6.

Schwertgriffe.
   Bein. IV. m. 4. 6. 7. 8.
Schwertscheidbeschläge.
   Silber. XI. v. 4.
   Erz. IV. m. 1. 3. 5. 9. 10.
      XI. v. 1. 2. 3. 5. 6.
   Bein. IV. m. 2. 11.
Schwurringe. VII. n. 1 — 5.
Sporen.
   Silber. X. v. 2.
   Erz. I. vi. 1. 2. 3. 5. 6. 8.
   Eisen. I. vi. 4. 7.
      . X. v. 6. 7.
Verzierungen.
   Gold. II. I. 5. 6. — II. n. 6. 7. — VIII.
         Beilage. 1. 3. 7. 9. 10. 12. 14.
Wagennägel.
   Erz. X. m. 4. 5.
Werkzeuge.
   Stein. VIII. i. 2. 12. 13. 14. 15.
Zierscheiben.
   Erz. V. iv. 1. 8.

Thongefässe

aus Grabhügeln des Elblandes.

Die hier dargestellten Gefässe sollen eine Reihe von Abbildungen jener merkwürdigen Reste alter Töpferei eröffnen, welche aus den Grabhügeln des Elbgebietes zu Tage gebracht werden, und deren Menge und Schönheit nur in den Museen von Berlin und Hannover vollkommen gewürdigt werden kann. Bevor das unschätzbare Material dieser ausgezeichneten Sammlungen für unsere Zwecke zu benutzen vergönnt ist, mögen die hier gegebenen Formen als Repräsentanten vieler dort in reicher Variation vorhandenen gelten. Wir glaubten mit dem Beginne ihrer Veröffentlichung nicht zögern zu dürfen, weil die Prüfung ihres Verhältnisses der Verwandtschaft oder Verschiedenheit zu den Thongefässen des westlichen und südlichen Deutschlands den Gegenstand einer wichtigen Untersuchung bildet.

Die vorschnelle Hast des Dilettantismus, welche jede archäologische Frage sogleich in eine ethnologische zu verwandeln sucht, ist auch hier, wie immer, durch einseitige Benutzung historischer Ueberlieferungen und oberflächliche Beachtung der von den Grabfunden gegebenen Formen, bei jenem circulus vitiosus angelangt, welcher die Nationalität der alten Gräber aus ethnologischen Conjecturen zu erklären strebt, die ihrerseits wiederum die wesentlichste Stütze nur in der willkürlichen Deutung jener Funde suchen müssen.

Kaum haben wir uns jenes aufdringlichen Schwindels entledigt, welcher mit unvergleichlicher Ausdauer, unbekümmert um die Fortschritte der Wissenschaft, die alten Gräber unseres Landes von den Steindenkmalen und Grabhügeln bis zu den Friedhöfen des 6. und 7. Jahrhunderts „einer hochgebildeten keltischen Urbevölkerung" zuerkannt wissen wollte, als wir uns nach anderer Seite der ebenso willkürlichen slavischen Ansprüche zu erwehren haben, welche das ganze alte Germanien bis auf eine kleine Strecke zwischen Weser und Rhein in Beschlag nehmen.

Wie vom Auslande, namentlich von England her, jene Phantasien über die Kultur einer keltischen Urbevölkerung Mitteleuropas ihren Ausgang und nachhaltigste Stütze nahmen, so sind es auch wieder englische Gelehrte, welche sich bei diesem neuen Versuche zur Verwirrung und Verkleinerung unserer Geschichte in erster Linie betheiligen. Es würde hier nicht am Orte sein, dieser Bestrebungen zu gedenken, hätten dieselben nicht in einer Schrift ihren Ausdruck gefunden, welche den Namen eines auch in Deutschland hochgeachteten, in anderer Richtung bewährten Forschers voranstellt. Es sind die „Horae ferales" von J. M. Kemble. Wenn hier die Annahme einer slavischen, den Deutschen an Bildung und Geschmack überlegenen Urbevölkerung des nördlichen und östlichen Germaniens in einzelnen Aeusserungen Kemble's nur verhüllt und andeutungsweise zu finden ist, so glaubte einer der Herausgeber seiner hinterlassenen Abhandlungen, Herr Dr. Latham, dieselbe für unsere, noch in den groben Irrthümern des Tacitus befangene und zurückgebliebene Forschung, etwas deutlicher und bestimmter aussprechen zu müssen. Er belehrt uns, dass das Gebiet des alten Deutschlands sich nur auf das Sauerland (!), Hessen, Nassau und einen Theil Thüringens erstreckte. An der Elbe, oder gar über sie hinaus, dürfen zu dieser Zeit keine Deutschen gesucht werden. Werner und Vandalen sind entschiedene Slaven; Langobarden wie Guthen für germanische Völker zu halten, kann nur dem nationalen Dünkel der Deutschen in den Sinn kommen. Sie waren Slaven und nur theilweise germanisirt. Wäre Herrn Dr. Latham der Nachweis dieser Behauptung, um den er sich aber weiter keine Mühe giebt, möglich, vermöchte er die Germanisirung der alten Völker an der Elbe, Oder und Donau, von Hessen, Nassau und dem Sauerlande aus zu begründen, so würde er, augenscheinlich ganz gegen seine Absicht, dem deutschen Elemente, repräsentirt durch einige wenige unserer alten Stämme, eine Machtfülle zuweisen, welche die kühnsten Ansprüche teutonischer Nationaleitelkeit übersteigen würden. Leider hat es Herrn Dr. Latham nicht gefallen, uns über diesen für uns doch einigermaassen wichtigen Punkt eingehendere Aufschlüsse zu schenken, wie überhaupt die Reihe seiner überraschenden Entdeckungen durch das Langweilige einer trockenen Beweisführung zu unterbrechen. Statt dessen zeigt Dr. Latham, ohne selbst Philologe zu sein — denn er muss wohl glauben, die Sprache des Ulfila sei die slavische — die überlegene Haltung jener philologischen Historiker oder Geschichte machenden Sprachforscher, welche sich das Ansehen geben, die alten Völkernamen in die eigenthümlichen Stammesbezeichnungen und in freiwillig aufgenommene Namen fremder Zunge unterscheiden zu können und, auf Grund einer geradezu unmöglichen vollen Kenntniss der alten Sprachformen, die Geschichte umstürzen und neu construiren zu dürfen.

Wenn diese Andeutungen wohl genügend den wissenschaftlichen Werth dieser uns ertheilten Belehrung bezeichnen, so bleibt doch jene seit langer Zeit angeregte Idee, welche nicht überall mit derselben Schroffheit auftritt und sich in mancher wichtigen Beziehung Geltung zu verschaffen strebt, für uns insofern von Wichtigkeit, als sie ihren Einfluss zunächst auch auf die Beurtheilung der Grabalterthümer des ganzen Elbgebietes äussert.

Man wird deshalb die Aufmerksamkeit wohl gerechtfertigt finden, welche wir den Denkmalen dieses altberühmten Stromes zuwenden werden, der in den Ueberlieferungen der frühesten Vorzeit viel genannt, schon zu den Tagen des Tacitus den Römern nur noch dem Namen nach bekannt war. *Albis flumen inclytum olim et notum, nunc tantum auditur.*

Wir denken zu diesem Zwecke zunächst den Schatz der gesammelten Thongefässe, als das unbedingt verlässigste Zeugniss der alten Landeskultur, zu einer Vergleichung mit den entsprechenden Denkmalen jener „Area des eigentlichen Germaniens" zu benutzen, um auf dem Gebiete unserer Forschung über den Grad der Berechtigung jener Ansprüche des Slavismus ins Klare zu kommen.

N° 1 u. 2. **Gefässe aus einem Grabhügel am Perlberge bei Stade im Bremenschen. — Museum zu Hannover.**

Bei ähnlichen Formen, welche die Grabhügel bei Sanne, unweit Stendal, lieferten, fanden sich Beigaben von Ringen und Nadeln aus Erz, sowie Perlen von Glas und Bernstein.

„ 3. **Gehenkelte Kanne aus einem Grabhügel im Königreich Sachsen. Der Fundort ist nicht näher bezeichnet. — Germanisches Museum zu Nürnberg.**

Kannen dieser Gestaltung mit eben solchen oder mehr abgerundeten Ausladungen an der Wölbung des Körpers fanden sich sowohl in Begleitung von Steingeräthen als auch von Bronzeschmuck.

„ 4. **Schön geformter Becher, gefunden mit vielen kleinen Pfeilspitzen aus Erz in dem Himmelreichsbau bei Altenburg. — Sammlung des histor. Vereins zu Altenburg.**

„ 5. **Grosses krugförmiges Gefäss aus einem Grabhügel im Königreich Sachsen. Der Fundort ist nicht näher bezeichnet. — Germanisches Museum zu Nürnberg.**

Gefässe dieser Art, meist von bedeutender Grösse, mit cylinderförmigem langen Halse, weitem, ins Breite gedrücktem, oft in scharfem Winkel vortretenden Körper und verhältnissmässig kleiner Basis, finden sich als vorherrschende

Form der grossen ungehenkelten Krüge in allen Theilen Deutschlands, selbst mit Verzierungen von Ringen und warzenförmigen Buckeln, deren weitere Ausbildung bis zu der Form der weiblichen Brust als eine Eigenthümlichkeit der Gefässe des mittleren Elblandes, namentlich der Lausitz, bezeichnet werden kann.

N° 6. Becher aus dem Funde in dem Himmelreichshau bei Altenburg. — Museum zu Altenburg.

Grössere Gefässe dieser Art von besonders schönen Umrisslinien finden sich aus den Gräbern von Annaburg und andern gleichartigen Grabhügeln in dem Museum von Berlin. Die Beigaben derselben reichen von den Erzgeräthen älteren Styls bis zu Eisenwaffen und römischen Münzen.

„ 7. Krugartiges Gefäss mit zwei kleinen Henkeln zum Durchziehen einer Schnur. Die vorspringende Kante seines Körpers zeigt vier warzenartige, von Halbkreisen überwölbte Buckeln. Aus einem Grabhügel im Königreich Sachsen; Fundort nicht näher bezeichnet. — Germanisches Museum zu Nürnberg.

„ 8. Wohlgeformtes Gefäss mit zwei kleinen Henkeln und weitem leicht ausgebogenem Halse auf geriefeltem, gegen unten scharf zusammengezogenem Körper. Aus einem Grabhügel im Königreich Sachsen; Fundort nicht näher bezeichnet. — Germanisches Museum zu Nürnberg.

„ 9. Krugartiges Gefäss ähnlich wie N° 7. Fundort ungenannt. Aus der v. Minutolischen Sammlung. — Museum zu Hannover.

„ 10. Krug mit zwei kleinen Henkeln. Der Hals ist wagrecht gerippt und der Obertheil des Körpers mit senkrechten Bändern und gestreiften Dreiecken abwechselnd verziert. Fundort im Himmelreichshau bei Altenburg. — Sammlung des historischen Vereins zu Altenburg.

„ 11. Tasse mit zwei kleinen Henkeln mit schiefliegender Streifung verziert. Fundort wie N° 10. — Ebendaselbst.

„ 12. Krug wie N° 10. Sein Hals ist wie mit Schnüren umlegt und mit einem Zierbande von angesetzten gestreiften Dreiecken umgeben. Gleichartige Gefässe finden sich sonst überall nur bei Waffen und Geräthen von Stein. Fundort wie N° 10. — Ebendaselbst.

Armspangen aus Erz.

N° 1.   Armband aus Erzblech, aus einer grossen ovalen Platte gebildet, welche, zu einer hohlen Schiene zusammengebogen, an ihren beiden Spitzen in einen starken, spiralförmig aufgerollten Draht ausläuft. Fundort: Ludwigshöhe (Rheinhessen). Museum zu Wiesbaden.

„ 2.   Reich verziertes offenes Armband, aus Erzblech, von eigenthümlicher tonnenförmiger Auswölbung. Der eine noch wohlerhaltene Rand ist durch einen stärkeren Ring abgeschlossen. Gefunden bei Ingelheim (Rheinhessen). — Museum zu Wiesbaden.

„ 3.   Geripptes offenes Armband von cylindrischer Form. Auf beiden Seiten sind zwei Haken angebracht, in welche blattförmige Verzierungen eingehängt waren, von welchen jedoch nur eine einzige erhalten ist. Fundort unbestimmt, Dänemark. Museum zu Kiel.

„ 4.   Reich verziertes offenes Armband aus Erzblech von der Form wie N° 2, nur dass sich die mittlere starke Auswölbung in mehr einwärts geschwungener Linie gegen den Rand verläuft und das Ganze etwas schlankere Verhältnisse hat. Fundort nicht näher mitgetheilt, Würtemberg. — Sammlung des Alterthums-Vereins zu Stuttgart.

„ 5.   Geripptes offenes cylinderförmiges Armband, gefunden in dem Moore bei Neu-Bauhof (Mecklenburg). — Grossherzogl. Museum zu Schwerin.

„ 6 u. 8.   Zwei reich verzierte offene Armbänder in Gestalt von beinahe halbkreisförmigen Wülsten, welche gegen innen bei N° 6 durch drei, bei N° 8 durch zwei über einander stehende Ringe abgeschlossen werden. Beide gehören zu dem merkwürdigen Funde auf der Wölmisse im Altenburgischen, und lagen mit vielem andern Erzgeräthe, namentlich vierkantigen Halsringen, bei eisernen Sichelmessern, eisernen Meisseln (Celts) etc. — Sammlung des historischen Vereins zu Altenburg.

„ 7.   Offenes Armband mit kreisförmigen Ornamenten, von eigenthümlicher, höchst seltener Form. Gefunden an dem Arme eines Skeletts in einem Grabhügel bei Brique im Wallis. — Sammlung des Freiherrn v. Bonstetten auf Eichbühl bei Thun.

Wenn N° 1, gleich dem in dem ersten Bande Heft V. Tafel 4 sub N° 5 abgebildeten Armbande, eine Form darstellt, welche bis jetzt am meisten in der Nähe der alten Verkehrsstrassen des Rheingebietes zu Tage kam, so können N° 3 und 5 als Repräsentanten vieler nordischer Funde gelten. Die Formen von N° 2 und 4 dagegen sind besonders in dem südlichen Deutschland und der Schweiz häufig. Hinsichtlich dieser letzten ist jedoch nicht zu übergehen, dass gegen die ursprüngliche Bestimmung so dünner Blechhülsen zu dem Gebrauche von Armbändern manche Bedenken laut geworden sind, welche auf den Umstand hinweisen, dass mehrfach bei denselben eine Ausfütterung von Holz, namentlich durch Freiherrn von Bonstetten und Alb. Jahn, beobachtet worden ist. Der erstgenannte Forscher hat eine solche Armschiene (Brassard) mit den Resten einer Innern Holzverschalung in seinem »Recueil d'Antiquités suisses« abgebildet, die allerdings auf die Idee hinleitet, dass der dünne Ueberzug von Erz ebenso gut auch als Beschläg eines Holzbechers dienen konnte. Allein zur Unterstützung der Bezeichnung dieser Gegenstände als Armbänder darf auch geltend gemacht werden, dass mindestens an den unter N° 2 und 4 abgebildeten Exemplaren sich nirgends die Spur einer alten Verniethung zeigt, welche für die Voraussetzung einer festen Verbindung mit einem Holzgefässe unbedingt nöthig erscheint. Die Bleche sind offen und so elastisch, dass das Einschieben des Armes selbst in die engen Oeffnungen immerhin möglich ist. Gegen ihren Gebrauch als Armringe kann deshalb ihre unpassende und für diesen Zweck geschmacklose Form so wenig entscheiden, als bei N° 6 und 8, welche ebenfalls den Umfang des Armes, gerade wo er gegen das Handgelenk hin entschieden abnimmt, in unschöner Weise zu einem starken Wulste wieder anschwellen lassen. Sind doch gar manche sonderbare, nach unseren Begriffen selbst unbequeme Schmuckgeräthe nur aus dem Wechsel des Geschmacks aus der Zeit und dem Orte ihrer Fabrikation einigermaassen zu erklären.

Schwerter aus Erz.

N° 1 u. 3. Vordere und Rückseite einer reich verzierten Schwertscheide aus Holz.

„ 2. Das in dieser Scheide gefundene Schwert. Der mit Spiralen verzierte Knopf 2ᵃ und die Klinge mit ihren 6 Haftnägeln sind von Erz. Der Griff selbst ist von Horn, welches im Gegensatz zu dem wohlerhaltenen Holzwerk dieses Grabes sehr verwittert ist. Gefunden in einem grossen Grabhügel, dem Kongshöi, Kirchspiel Vamdrup bei Kolding, in einem Todtenbaume, welcher aus einer doppelten Kiste von Eichenholz bestand. Die Leiche war mit einem grossen Mantel und ihr Haupt mit einer Mütze von starkem Wollentuch bedeckt. Zu ihren Füssen lagen gehenkelte Holzgefässe, von denen das eine mit kleinen eingeschlagenen Zinnstiften, am Rande bandstreifig, am Boden sternförmig verziert war. Den werthvollen Theil des Fundes nahm König Friedrich VII. in seine Privatsammlung; nur die aus einem knorrigen Eichenstamm roh gearbeitete äussere Kiste verblieb dem Museum in Flensburg.

„ 4. Schwert. Griff und Klinge von Erz. Die letztere hat eine starke halbrund erhabene Rippe.

„ 4ᵃ Obere Ansicht des Knopfes.

„ 5. Vollständige Ansicht desselben mit seiner Scheide aus Erzblech, welche mit getriebenen Buckeln und concentrischen Kreisornamenten verziert und mit einem starken Knopf als Ortband versehen ist. Fundort: Nismes. — Musée d'Artillerie zu Paris.

Der Fund des Königshügels, welcher überhaupt nicht in das willkürlich ersonnene System der alten Bestattungsweisen und zu den kulturhistorischen Folgerungen desselben passen will, bietet auch sonst manches Eigenthümliche und Bemerkenswerthe, besonders in der hier abgebildeten Waffe.

Die Form der Scheide N° 1 und 3 ist eine ganz ungewöhnliche und würde nur etwa einer Klinge entsprechen, welche an ihrem untern Theile, wie die ältesten Bronzeschwerter, sich zu grösserer Breite ausdehnt und nicht, wie die vorliegende N° 2, gleiche Stärke bis zu ihrer Zuspitzung behält. Eine einfache gradlinige, mit dieser Form der Klinge vollständig übereinstimmende Holzscheide ist auch in der That in einem Todtenbaume des dem Kongshöi benachbarten Treenhöi gefunden. Dieselbe hat als Verzierung nur einige ganz einfache, in gleicher Richtung mit dem graden Rande laufende Einkerbungen, welche unten in die Ecken des schmalen Ortbandes von härterem Holze verlaufen.

Es bleibt deshalb immerhin beachtenswerth, dass für jene, keinenfalls sich von selbst ergebende Gestaltung der Scheide N° 1 sehr alte Vorbilder erhalten sind. Dieselben bieten sich auf zwei merkwürdigen vergoldeten Schalen, welche in Cypern gefunden und jetzt im Louvre zu Paris bewahrt sind. Abgüsse derselben verdankt das Römisch-germanische Museum einer besondern Erlaubniss des Kaisers.

Die wunderbare Mischung ägyptischen und assyrischen Inhalts und Styls, welche ihre Darstellungen zeigen, lässt kaum an einen andern als phönikischen Ursprung denken. Im Innern der einen dieser Schalen erscheint ein König in vollständig ägyptischer Tracht und Haltung, die Keule schwingend, über mehreren vor ihm niedergeworfenen Gefangenen.

Ueber seinem Haupt die geflügelte Sonnenkugel und der Sperber. Weiter gegen aussen hin folgen Bänder mit Lotosverzierungen und ein Fries von geflügelten Sphinxen. In dem letzten Kreise, nächst dem Rande der Schale aber, wechseln Darstellungen eines eng in die Löwenhaut gekleideten, mit Löwen ringenden Herkules — wie er dieselben auf der Schulter trägt und Strausse am Halse fasst — mit den Kämpfen anderer Heroen, welche gegen anspringende oder niedergeworfene Greife das blattförmige Erzschwert von bekannter, unter der Mitte breit anlaufender Form, zücken. Die Scheide desselben, genau von derselben Gestalt wie N⁰ 1, schwebt an ihrer Hüfte.

Bei der unverkennbaren Uebereinstimmung dieser durch Gestalt des ältesten Bronzeschwertes bedingter Formen, müssen wir beiden, durch die weiteste räumliche Entfernung getrennten Denkmale dieselbe nahe Beziehung zugestehen, welche für die nordischen und südlichen Erzwaffen überhaupt längst gegen jeden Zweifel gesichert sind. Es erscheint dabei gleichgültig, ob wir vorliegender Holzscheide, der herrschenden Vorliebe gemäss, ein bis zu jener Frühzeit der phönikischen Schale hinauf reichendes Alter beizumessen geneigt wären, oder sie nur als die Nachbildung einer Erzscheide archaischer Form betrachten wollten. Jedenfalls haben wir hier wieder eine jener zahllosen Hinweisungen auf den immer noch viel zu eng begrenzten und unterschätzten, seit ungemessener Zeit eröffneten Verkehr südlicher Schifffahrt und Industrie mit dem Norden zu erkennen. Die eigenthümlichen, anscheinend barbarischen Ornamente der Holzscheide können uns dabei um so weniger beirren, da selbst eine zierliche Bronzepincette, welche bei einer Lanzenspitze von Feuerstein in einem Todtenbaume des benachbarten Treenhöi gefunden wurde, dieselbe Art des Zickzack zwischen Reihen von senkrecht gestreiften Bändern zeigt, und diese ursprünglichen einfachen, überall auftauchenden Motive des gradlinigen Flechtwerks, sowie der im Zickzack wechselnden Streifung, auf einer Masse von Bronzegeräthen, unzweifelhaft südlichen Ursprungs, verwendet sind, welche man jetzt nur noch in Irland und Dänemark als Zeugnisse einer altheimischen Metalltechnik, vergeblich genug, geltend zu machen bemüht ist.

Gewandnadeln aus Erz.

N° 1. Verzierte Platte einer Gewandnadel. Von den 20 Kettchen mit angehängten dreieckigen Zierblechen, welche an dem äussern Rande der halbmondförmigen Platte befestigt waren, sind nur noch 13 erhalten. Die Fortsetzung des innern Randes, welcher als eine stark vorspringende Bogenleiste die Spange der Nadel bildete, ist an beiden Enden abgebrochen. Auf der einen Seite fehlt das Stück, welches in die gerollte Feder mit der Nadel selbst auslief, auf der andern der Bügel für die Aufnahme der Nadel. Die Ergänzung dieser Stellen, sowie der beiden Dreiecke, welche sich dem innern Bogen anschliessen, ist auf der Abbildung in punktirten Linien nach N° 2 und 3 gegeben. Bei dem Verluste dieser, den Zweck des Geräthes näher bestimmenden Theile, wurde dasselbe seither für einen Pferdeschmuck gehalten. Fundort: ein Grabhügel bei Mahlstetten, Oberamts Spaichingen. — Sammlung des Würtembergischen Alterthums-Vereins zu Stuttgart.

„ 2. Besser erhaltene gleichartige Nadel. Von den 16 früher eingehängten Kettchen mit ähnlichen Blechen wie N° 1 sind jedoch nur wenige Bruchstücke vorhanden. Die beiden in dem innern Bogen gegen einander sitzenden Thierfiguren geben durch die rohe Bildung ihrer Vorderfüsse und ihres Leibes die Erklärung der gleichartigen Reste bei N° 1. Aus den Gräbern beim Rudolfsthurm über Hallstadt. — K. K. Antikenkabinet zu Wien.

„ 3. Ebensolches vollkommen erhaltenes Zierstück mit 13 angehängten Kettchen und Blechen. Die beiden gegenüber sitzenden Thiergestalten scheinen hier Wasservögel vorstellen zu sollen. Ebenfalls aus den Gräbern bei Hallstadt. — K. K. Antikenkabinet zu Wien.

Für die Erklärung des Inhalts dieser merkwürdigen Gräber, namentlich ihrer zahlreichen Beigaben von Bronzegeräthen, ist die Thatsache, dass die hier dargestellte, dort sehr häufig vorhandene Nadelform auch in andern weit entfernten Grabstätten gefunden wird, von so grösserer Bedeutung, als sich dieses eigenthümliche Zierstück in jenem Grabhügel am oberen Neckar auch in Begleitung verzierter Erzgefässe fand, welche in den Hallstädter Gräbern besonders zahlreich vertreten sind. Wir müssen diese Thatsache bemerken, da sie an und für sich schon Einsprache erhebt gegen die wunderliche weit verbreitete Annahme, dass jenes hoch gelegene Felsenthal am Hallstädter See unzweifelhaft auch für die Stätte der ursprünglichen Ausführung aller in seinen Gräbern niedergelegten Erzgefässe und Geräthe zu betrachten sei, für deren überwiegende Mehrzahl der Charakter einer fabrikweise hergestellten und weit verbreiteten Handelswaare leicht erkennbar und nachzuweisen ist. Wir werden auf diesen Punkt mehrfach zurückkommen.

Schwerter aus Erz und Eisen.

N° 1. Grosses Schwert mit einem Knopfe und Griffe aus Elfenbein, welches in Zickzackbändern mit Bernstein ausgelegt ist. Die Klinge ist von Eisen oder Stahl. Aus
den Gräbern oberhalb Hallstadt. — K. K. Antikenkabinet zu Wien.

„ 1 ª. Knopf desselben Schwertes in grösserem Maassstabe. Die Zwischenräume der Zickzackbänder sind in feinen Linien wagrecht gestreift.

„ 1 ᵇ. Dessen obere Ansicht. Der Rand ist mit schiefliegender Streifung verziert. In dem
Innern der Spitze sind Rostspuren des bis dahin durchlaufenden Klingendorns.

„ 2. Seitenansicht und 2 ª obere Ansicht eines gleichartigen Schwertknopfs von Elfenbein. Die auf der Abbildung dunkler gehaltenen hakenförmigen Einlagen auf
dem untern Theil des Knopfes und die halbmondförmigen an dem ausgekehlten
Halse desselben, sowie diejenigen, welche den Stern auf der abgeflachten Spitze
bilden, sind alle von Bernstein. Ebendaher. — Ebendaselbst.

„ 3. Gleichartig geformtes Schwert. Knopf, Griff und Klinge sind von Erz.

„ 3 ª. Obere Ansicht des Erzknopfes.

„ 3 ᵇ. Grössere Darstellung des Griffs und seiner Verzierung, welche an der Kante des
Knopfs aus quadratischem Gitterwerk mit abwechselnder Streifung gebildet ist.

„ 4. Klinge eines ebensolchen Erzschwertes, welche ohne Knopf und Umkleidung des
Griffs die Befestigungsweise dieser Stücke klar stellt. Ebendaher. — Ebendaselbst.
Die Abformung einer ganz gleichartigen Klinge aus Erz, welche in der Vils
bei Landshut gefunden wurde, besitzt das Römisch-germanische Centralmuseum
aus der Sammlung des historischen Vereins zu Landshut.

„ 5. Griff eines Eisenschwertes. Der halbkreisförmige Rand des Bügels und die gestreiften Zickzackeinlagen des Griffs sind von Erz, während die dreieckigen Vertiefungen an der senkrechten Kante des Knopfs Eisenreste zeigen.

„ 6. Eisenklinge mit Bronzenieten für die Befestigung des Griffes. Gefunden bei der
Azlburg unweit Straubing. — Sammlung des historischen Vereins zu Landshut.

„ 7. Ebensolche Eisenklinge mit einem Fortsatze des Griffs zur Aufnahme eines grossen
Knopfs wie N° 4. Von dem Ostenfelde bei Straubing, gefunden bei römischen
Ziegeln von der Art der Tegulae hamatae. — Sammlung des historischen Ver-
eins zu Landshut.
Viele mit N° 6 und 7 gleichartige sind in den Sammlungen von Süd- und
Mitteldeutschland aufbewahrt.

Andeutungen über Ursprung und annähernde Altersbestimmung dieser merkwürdigen
Waffenstücke lassen sich nur aus einem Ueberblick der Gesammterscheinung des Hallstädter
Grabfeldes gewinnen, welche wir in dem nächstfolgenden zweiten Hefte, zugleich in Begleitung weiterer Abbildungen eigenthümlicher Fundstücke dieser Gräber, zu geben versuchen werden.

Alte Bildwerke des Rheinlandes.

N° 1. Relief aus weissem Kalkstein (Alabaster?). In einer rund überwölbten Nische die Darstellung einer reitenden Frauengestalt, welche auf der rechten Seite eines gezäumten, im Passgange nach links schreitenden Pferdes sitzt. Das von der linken Schulter bis zum Fusse herabfallende Gewand lässt die rechte Schulter mit dem Arme und der Brust, sowie den rechten Fuss vom Knie abwärts unbedeckt. Die gescheitelten, über die Ohren zurückgelegten Haare, werden durch ein schmales, nur von neben sichtbares Band zusammengehalten. Aus der grade aufgerichteten strengen Haltung des ganzen Körpers weicht nur etwas das rechte um Weniges zurückgeschobene Bein. Auf dem linken Knie der Gestalt sitzt ein Vogel, nach der Form seines Schnabels ein Rabe oder Specht; ihm gegenüber, ebenfalls von einer Hand der Reiterin gehalten, ein vierfüssiges Thier, welches jedoch, ausser den zurückgelegten Ohren und dem langen Schwanze, keine Merkmale zu einer näheren Bezeichnung bietet. Die Höhe der Platte ist 30 Centim., die Breite 30 Centim.. Gefunden ist dieselbe bei Alt-Trier und aufbewahrt in dem Museum zu Bonn.

„ 2. Kleines Relief aus grauem Sandstein. Unter dem flach gewölbten Bogen einer Nische eine Frauengestalt, auf der rechten Seite eines gezäumten, nach links schreitenden Passgängers sitzend. Ihre linke Hand hält den Zügel, die rechte, sehr beschädigte, eine Anzahl Früchte. Der Körper ist vom Halse bis zu den Füssen von einem Aermelgewande bedeckt, über welches von der linken Schulter der Zipfel eines Umschlagtuches oder Schleiers herabhängt. An dem sehr beschädigten Kopfe sind die Züge des Gesichts verschwunden, in dem Haarputz jedoch bleibt jener für die Darstellungen der Matronen charakteristische hohe Wulst unverkennbar. Die Höhe beträgt 29 Centim., die Breite 25 Centim. Gefunden bei Worms. — Museum zu Mainz.

„ 3. Platte von Kalkstein, 22 Centim. hoch und 16 Centim. breit. Reliefdarstellung einer Reiterin. Sie sitzt auf der rechten Seite eines nach links munter vorschreitenden Passgängers. Die linke Hand hält den Zügel, die rechte eine kugelförmige Frucht auf dem Schoosse. Die starken Gesichtszüge haben einen strengeren Ausdruck, als er auf der vorliegenden Abbildung von dem Graveur gegeben ist, welcher auch die gescheitelten Haare, die das Ohr bedecken und von den Nacken gegen den Scheitel aufgeschlagen sind, in eine Art von Haube verwandelt hat. Um die Schultern ist ein Schleier oder Tuch geschlagen und den Körper bedeckt ein um die Hüften gegürtetes Aermelkleid bis zu den Füssen, unter welchen noch eine Satteldecke sichtbar wird. Gefunden ist dieses Relief in Castel bei Mainz und befindet sich jetzt im Museum zu Bonn.

Von diesen merkwürdigen plastischen Darstellungen reitender Frauen sind bis jetzt 14 nachgewiesen, von welchen 13 dem Rheingebiete angehören. Dieselben bestehen aus 8 Steinskulpturen, einer Bronzestatuette und 5 Terracotten, unter welchen eine in dem Walde von Evreux (Normandie) gefunden ist.

Die erste übersichtliche Zusammenstellung derselben, welche Dr. Jac. Becker in den Bonner Jahrbüchern XXVI. uuter dem Titel: »Die reitenden Matronen« gab, zählt 8 dieser Bildwerke auf. Seitdem ist mir von Seiten des gelehrten Herrn Verfassers freundliche Mittheilung von 3 weiteren Denkmalen gleicher Art zugekommen, welchen ich das unter N° 2 abgebildete Relief aus Worms und ein ganz erhaltenes kleines Terracotta-Figürchen aus Castel anreihen kann. Ohne einer tiefer eingehenden Betrachtung dieses anziehenden Gegenstandes mythologischer Forschung vorzugreifen, ist hier wohl eine kurze Andeutung seiner eigenthümlichen Darstellungsweise und eine Uebersicht der Attribute der Figuren am Orte.

In ersterer Hinsicht erscheint es immer auffallend, dass die überwiegende Mehrzahl der Reiteriunen ihren Sitz uicht auf der linken, zum Besteigen des Pferdes benützten Seite, in der für Frauen unserer Zeit üblichen Weise, nehmen, sondern auf der rechten Seite des Thiers. Eine Ausnahme hievon bietet nur das von Wiltheim pl. 54 N° 207 veröffentlichte Steinbild aus dem alten Andethanna, wo sich die Reiterin auf der linken Seite des nach rechts gewendeten Pferdes zeigt. Von dem Steine aus Conteren (Wiltheim pl. 99 N° 483), auf welchem die Figur in weitem Kleide wie ein Mann zu Pferde sitzt, bleibt es nach der ungeuauen Abbildung sehr ungewiss, ob er überhaupt in die Reihe dieser Bildwerke gehört. Die Figur, ohne alle besonderen Attribute, ist nur als equitis simulacrum bezeichnet. Bei dem Mangel anderer alten Abbildungen von Reiteriunen ausserhalb des Kreises mythologischer Darstellungen, muss es wohl im Ungewissen bleiben, ob die hier gegebene, jedenfalls bessere Art des Sitzes, welche der linken Hand die Führung des Zugels zuweist und die Rechte völlig frei lässt, nicht etwa allgemeiner Brauch der früheren Vorzeit war und deshalb ohne weitere Bedeutung für die vorliegeuden Skulpturen ist.

Das Pferd selbst muss nach der Andeutung des Luxemburger von Wiltheim pl. 31 N° 112 abgebildeten Steinreliefs, welches eiu saugendes Fullen beifügt, wohl auch für die übrigen gleichartigen Darstellungen als ein weibliches angenommen werden.

Auf den Steinbildern erscheint stets der Zugel des Pferdes angegeben, welcher bei den Terracotten fehlt. Die Satteldecken, welche sich hie und da zeigen, finden sich am längsten und meistens bis auf den Boden reicheud bei den Bildchen aus gebrannutem Thon.

Die Tracht der weiblichen Gestalten besteht in einem laugen Aermelkleide, manchmal mit einem um die Schultern gelegten Ueberwurf. Die leichteste Bekleidung von allen, nur einen übergeworfenen Mantel, zeigt N° 1 von Alt-Trier.

Jene Kaputze, welche man an manchen der meistens sehr roh ausgeführten Terracotten entdecken will und für den bardo cuculius erklärt, mag wohl nur eine unbeholfene Darstellung jenes grossen, den Matronenbildern eigenthümlichen Haarwulstes sein, welcher auf dem Relief von Worms N° 2, wie auf jenen bei Luxemburg und Heddernheim gefundenen deutlich genug dargestellt ist. Das kleine Thonbild von Castel zeigt in zwei hohen Kränzen von Locken dieselbe Art hochragenden Kopfputzes, welcher sich bei den zahlreichen Matronenfiguren des Rheinlandes, namentlich jenen der Gräber bei Bingerbrück, in verschiedenster, oft wunderlicher Gestaltung findet.

Mit weniger Sicherheit, als die Tracht, sind die Attribute der Gestalten, nach ihrer vielfachen Beschädigung sowohl, als auch ursprünglich rohen und ungenügenden Ausführung, zu bestimmen.

Ueber die beiden Thiere auf dem Steine von Alt-Trier N° 1 ist das Erkennbare oben schon bemerkt. Das Thierbild auf dem Schoosse des zerbrochenen Thonfigürchens aus der römischen Villa bei Marienfels (Museum zu Wiesbaden) ist ebenso wenig genauer zu bezeichnen. Vollkommen deutlich dagegen ist der Korb mit Früchten auf dem Luxemburger Relief, und die Früchte, welche die Frauen auf den Steinen von Luxemburg, Worms und Castel in den Händen halten.

Eine Schale ist es wohl, was die Reiterin des Heddernheimer Steins trägt; von dem Gegenstande aber, welchen die Casteler Thonfigur auf dem Schoosse hält, wird es schwer zu bestimmen sein, ob es ein Kranz mit Bandschleife, ob ein Korb oder eine Schale mit quer abstehenden eigenthümlichen Henkeln ist. Die ringartigen Formen innerhalb dieses kreisförmigen Randes können ebenso gut Früchte und Blumen, als alles Andere vorstellen. Bestimmtere Erkenntniss solcher flüchtigen und rohen Arbeiten, welche sich nur auf die Andeutung ihrer Zeit bekannten Symbole beschränken, ist nur aus der Entdeckung von besser ausgeführten Darstellungen zu erwarten.

Die Erklärung dieser Bildwerke überwies dieselben früher den Göttinnen Nehalennia und mehr noch der Pferdegöttin Epona, in deren Hand wir ebenfalls die Attribute der Kugel, des Korbs und der Schale finden. Es spräche für sie auch die Uebereinstimmung einer ihrer Darstellungen (auf dem Bregenzer Denkmale) ganz in gleicher Weise mit unsern hier besprochenen Reliefs, insbesondere dem Heddernheimer Steinbildchen, auf welchem das Pferd nicht wie bei den übrigen vorwärts schreitet, sondern ruhig steht. Bei der wesentlichen Verschiedenheit aller übrigen Bildsteine der Epona bieten jedoch diese einzelnen übereinstimmenden Züge eher ein Zeugniss für den Zusammenhang dieser Göttin mit dem Kreis jener Wesen, welchem unsere Bildwerke gewidmet sind, als einen genügenden Grund für die Ueberweisung der Letzteren an die Epona selbst. Die Attribute aller dieser Skulpturen, jene der Epona mit einbegriffen, zeigen unverkennbar matronalen Charakter. Die häufig wiederkehrenden Früchte, der Korb und die Schale, selbst auch das saugende Füllen geben den Begriff der Verleihung von Segen und Ueberfluss, und stimmen vollkommen mit der Auffassung Dr. J. Becker's, welcher unsere Reiterinnen mit den Weissen Frauen in nächsten Zusammenhang bringt.

Ist von dieser allgemeinen treffenden Bezeichnung ein weiterer Schritt gestattet, und will man beachten, dass es allerdings ungewöhnlich erscheinen müsste, wenn unsere zahlreichen Steinskulpturen nicht ein bestimmtes höheres, jene elbischen Nacht- und Pferdemahren an Ansehen überragendes Wesen zum Gegenstande hätten, so bieten sich in jener Reihe von hier in Betracht kommenden nahe verwandten weiblichen Gottheiten einige Namen, welche zwar nur aus späteren Ueberlieferungen bekannt, doch uralte Vorstellungen bezeichnen und von weit allgemeinerer Bedeutung sind, als jene auf die Pferde beschränkten der Epona. Es ist die nordische Diana, paganorum Dea, welche mit Herodias als Domina vor den nächtlichen Zügen einer unzähligen Schaar von Frauen einherreitet. (Grimm 265.) Diese Diana und Herodias, welche als Pharaildis mit Hilda und Holda sich berührt, ist aber auch eins mit der Abundia, welche ihren Namen führt von der Abundantia, die sie bei ihren nächtlichen Umzügen zu Pferde überall hin verleiht, wo sie Trank und Speise vorgestellt findet. Dem fremden Namen Abundia entspricht aber aufs genaueste die deutsche Folla oder Fulla, welche in gleicher Weise Gedeihen und Ueberfluss verbreitet und aus der Göttermutter Kiste den Sterblichen Gaben spendet. Wie aber bei den übrigen Deutschen die segenverleihende Perahta und Holda bei ihrem Umzuge auf Wagen fahrend gedacht wurden und die niedersächsische Herke fliegend, so haftet bei den westlichen Stämmen für jene Diana und Abundia die Vorstellung des Umritts. (Grimm, Mythol. über die betreffenden Götterwesen.)

Ob diese Andeutung für die Erklärung der fraglichen Bildwerke, mindestens eines wichtigen Theils derselben, ausreichen mag, muss weiterer Forschung anheimgestellt bleiben, welcher recht bald neue Funde besser erhaltene und weniger kunstlose Darstellungen zuführen mögen.

Römische Spornen aus Erz und Eisen.

N⁰ 1. Sporn von Erz, mit dornförmigem, etwas aufwärts gebogenem Stachel. Für die Befestigungsriemen findet sich ein flacher Knopf auf der inneren Seite am Ende des Bügels. Fundort nicht genannt. — Museum zu Wiesbaden.

„ 2. Schöner vollständig erhaltener Sporn von Erz. Ueber dem kegelförmigen Stachel erhebt sich mit schlankem vorgebogenen Halse ein Vogel- oder Thierkopf, welcher das Eindringen der Spitze, beim Gebrauche des Sporns, nur bis zu einer geringen Tiefe gestattet. Auch hier befinden sich die flachen Knöpfe für die Befestigungsriemen auf der innern Seite des Bügels. Fundort: Rheinzabern. — Im Besitze des Herrn Apotheker Wagner daselbst.

„ 3. Sporn von Erz, mit vierkantigem Stachel. An den Enden des Bügels finden sich viereckige Oeffnungen zum Durchziehen der Befestigungsriemen. Fundort ungenannt. — Museum zu Wiesbaden.

„ 4. Einfacher Sporn von Eisen. Die Enden des Bügels haben runde Oeffnungen für die Befestigung. Gefunden bei den römischen Ledersandalen zu Mainz. — Museum zu Mainz.

„ 5. Zerbrochener Sporn von Erz mit kurzem Stachel. Die Enden des Bügels sind zum Anhalt für die Befestigung in Hakenform rückwärts gebogen. Fundort ungenannt. — Museum zu Wiesbaden.

„ 6. Sporn aus Erz von ganz ungewöhnlicher Form. An den breiten und flachen Bügel schliesst sich ein ebensolcher durch Nieten befestigter Steg, dessen senkrechte Wangen über den Bügel noch hervorragen. Steg und Bügel sind an ihren Enden zur Aufnahme von Ringen für die Befestigungsschnüre durchbohrt. Fundort: In den römischen Gebäuderesten auf dem Linsenberge bei Mainz. — Museum zu Mainz.

„ 7. Eisensporn der kleinsten Form. Der eine Theil des ungewöhnlich kurzen Bügels fehlt. Fundort: Die römischen Pfahlbauten am Dimeser Ort im Rheine unterhalb Mainz. — Museum zu Mainz.

„ 8. Sporn von Erz mit sehr langem Bügel und äusserst kurzem Stachel. 8ᵃ und 8ᵇ Seitenansichten desselben. An dem aufwärts gebogenen Ende bei 8ᵃ zeigen sich Reste eines Scharniers, welches eine kleine Schnalle oder sonst ein bewegliches Beschläg zur Befestigung der Riemen mit dem Bügel verband. Fundort: In dem römischen Castel Salburg bei Homburg v. d. H. — Landgräflich Hess. Museum zu Homburg.

Schnallen und Beschläge

aus fränkischen und alamannischen Gräbern.

N° 1. Gürtelschnalle von Eisen mit Silber eingelegt. Nur das breite Schild der Schnallenzunge zeigt in zwei Querstreifen Reste von Bronzeinlagen. Die runden Befestigungsknöpfe sind von Erz. Aus den fränkischen Gräbern von Worms. — Museum zu Mainz.

„ 2. Quadratisches Gürtelbeschläg. Eisen mit Silbereinlagen, zu N° 1 gehörig. Auf jedem Ecke ein runder Knopf von Erz. Ebendaher. — Ebendaselbst.

„ 3. Ebensolches Gürtelbeschläg. Eisen mit Silber eingelegt. Aus den alamannischen Gräbern von Pfullingen, Oberamts Reutlingen. — Sammlung Sr. Erlaucht des Grafen Wilhelm von Wurtemberg auf Schloss Lichtenstein.

„ 4. Gürtelbeschläg. Aus denselben Gräbern. — Museum zu Mainz.

„ 5. Ebensolches aus den alamannischen Gräbern von Hopfau. — Sammlung des Wurtembergischen Alterthumsvereins zu Stuttgart.

„ 6. Gürtelschnalle mit rundem Beschläg. Aus den alamannischen Gräbern bei Ulm. — Sammlung des Vereins für Kunst und Alterthum zu Ulm.

„ 7. Bruchstück einer ebensolchen grösseren aus den Gräbern von Pfullingen. — Museum zu Mainz.

„ 8. Gürtelbeschläg. Die eingelegten Verzierungen sind von Silber, nur die Einfassungsstreifen des Gitterwerks am Rande und die Kantenlinien der verschlungenen Bänder sind aus goldfarbigem Erz gebildet, welches einen Farbenwechsel von ansprechendster Wirkung gewährt. Aus den Gräbern von Villnachern, Canton Zürich. — Museum zu Zürich.

„ 9. Beschläg. Eisen mit Silbereinlagen. Aus den Gräbern von Pfullingen. — Museum zu Mainz.

„ 10. Beschläg einer Schnalle aus den Gräbern von Hopfau. — Sammlung des Alterthumsvereins zu Stuttgart.

„ 11. Riemenbeschläg. Ebendaher. Ausser den Einlagen von Silber zeigen sich noch in der Mitte der beiden runden Abtheilungen, sowie in dem oberen Theile der Zunge kleine Einsätze von purpurfarbigem Glase. Ebendaher. — Ebendaselbst.

„ 12. Ebensolches Beschläg, zungenförmig, mit einem kreisförmigen Ansatze und kleinen runden Glaseinsätzen an gleicher Stelle wie N° 11. Ebendaher. — Ebendaselbst.

Eine weit grössere Anzahl dieser merkwürdigen und theilweise geschmackvollen Arbeiten würde sich nachweisen lassen, wenn nicht bei der Ausgrabung der fränkischen und alamannischen Friedhöfe die meisten jener Eisengeräthe, ihrer starken Verrostung wegen, unbeachtet gelassen, oder sobald sie einigermaassen beschädigt zu Tage kommen, als werthlose Bruchstücke bei Seite geworfen würden. Immer noch aber möchte für eine Menge derselben, welche im unscheinbarsten Zustande verwahrlost in den Sammlungen liegen, die Herstellung ihrer ursprünglichen Form und Verzierung gelingen, wollte man die Mühe ihrer Reinigung übernehmen. Diese darf freilich nicht die Auflösung des Rostes durch Anwendung von Säuren und anderer chemischer Mittel versuchen, welche eine sichere Zerstörung her-

beiführen. Nur durch Anwendung der Feile und des Stichels ist die oft steinharte Rost-
schichte, welche die Tauschirung deckt, ohne Beschädigung der letzteren zu beseitigen.
Der Gebrauch der Feile darf aber nur so weit reichen, bis unzweifelhafte Spuren der Silber-
oder Erzeinlagen an einzelnen Stellen entdeckt sind. Das Uebrige muss ein breiter scharfer
Stichel, eine geschickte Hand und ausdauernde Geduld vollenden. Eine Untersuchung aller
Eisengeräthe der Reihengräber ist aber um so wünschenswerther, als nach der hiesigen
Orts gewonnenen Erfahrung, gänzlich unverzierte Schnallen und Beschläge zu den Selten-
heiten gehören. Die meisten derselben sind kunstvoll tauschirt, die übrigen mindestens
durch Gravirung verziert.

Selbst für die Eisenwaffen dieser Gräber empfiehlt sich eine genaue Untersuchung,
welche überhaupt auch für ihre Erhaltung förderlich und in Hinsicht der Entfernung des
überflüssigen Rostes selbst nothwendig erscheint. Nach einer zu diesem Zwecke vorgenom-
menen gründlichen Reinigung fanden sich auf dem Angon der Gräber von Selzen Einlagen
von Erz in Form von querlaufenden Bandstreifen an der Tülle. Eine reich mit Silbereinlagen verzierte Lanzenspitze ist bereits im ersten Bande, Heft III, Tafel 5 veröffentlicht,
und viele andere haben gravirte Ornamente, von welchen selbst auf der Klinge eines
Scramasax Spuren erhalten sind.

Berichtigungen.

Der Anfang des letzten Absatzes der Erklärung zu Tafel III muss folgendermaassen lauten:

Bei der unverkennbaren Uebereinstimmung dieser durch die Gestalt des ältesten Bronzeschwertes bedingten Formen, müssen wir beiden, durch die weiteste räumliche Entfernung getrennten, Denkmalen dieselbe nahe Beziehung zugestehen, welche für die nordischen und südlichen Erzwaffen überhaupt längst gegen jeden Zweifel gesichert ist.

Die Ueberschrift der Erklärung zu Tafel VII muss lauten: Römische Sporen aus Erz und Eisen.

Etruskischer Goldschmuck,

gefunden im Rheinlande.

N° 1. Verzierter Halsring. Gold. Gefunden bei Dürkheim (Rheinbayern) bei dem Dreifusse, Tafel II. (Siehe Text zu Taf. II. und Beilage zu den zwei ersten Tafeln
dieses Heftes.) — Museum zu Speyer.

„ 2. Reichverzierter Armring. Gold. Gefunden bei N° 1. — Ebendaselbst.

„ 2 ª. Seitenansicht desselben Rings.

„ 3. Reichverzierter Hals- oder Kopfring. Gold. Gefunden in einer Grabstätte auf einem
Hügel bei der Mühle des Dorfes Desseringen unweit Mettlach an der Saar. Für
den Gebrauch des Ringes als Kopfschmuck spräche sein diademähnlicher Aufsatz
und die Stellung der beiden Vögel, welche nur bei einer für diesen Zweck pas-
senden Lage des Reifs zu einer naturgemässen Ansicht gelangen. Ganz ungewöhnlich erscheint aber alsdann die aufrechte Stellung der berlockenförmigen
Ornamente und der länglichen, am Rande aufgereihten Perlen, welche überall
sonst nur als Theile von Hängeverzierungen oder als selbstständige Pensilien verwendet erscheinen. Zugleich ist bezüglich der Stellung der Vögel daran zu erinnern, dass sich auch auf anderen goldenen Schmuckgeräthen Thierfiguren in
einer für den Beschauer verkehrten Lage dargestellt finden.

Bei diesem Goldringe lagen eine Bronzekanne von der Form wie jene des
Weisskirchener Fundes. (Bd. I, H. 2, Taf. III, N° 1.) Das Erzbeschläg eines
runden hölzernen Stabes mit feiner Profilirung, ein Armring aus Erz von etwas
roherer Arbeit, ferner neun gleich grosse durchbrochene Scheiben aus Erz. Der
Zwischenraum der concentrischen Ringe, welche diese Scheiben umfassen, ist mit
Resten einer mineralischen Einlage, einer Art von Email, ausgefüllt. Ausserdem
fanden sich viele Bruchstücke von gepressten und ausgeschnittenen Ornamenten
aus Erz, sowohl in klassischem Style, als in jenen eigenthümlichen, den Fisch-
blasen des spätgothischen Maasswerks ähnlichen Formen, welche schon aus anderen
Grabhügelfunden des Rheinlandes, aus der Dolchscheide zu Weisskirchen und dem
Gürtelhaken von Nierstein bekannt sind.[*])

Der ganze Fund ist jetzt im Besitze des königl. Museums zu Berlin.

„ 4. Armring. Gold. Aus einem Grabhügel bei dem Dorfe Schwarzenbach, Herzogthum
Birkenfeld. Bei demselben wurden gefunden: der Henkel und Ausguss einer
Erzkanne, die schöne Bronzevase (abgebildet durch Herrn Prof. Gerhard,
Archäolog. Zeitung, Denkmäler und Forschungen, Taf. LXXXV), welche mit
verbrannten Knochenstücken gefüllt war; ferner ein zerbrochenes Krönchen von
Gold, und die verschiedenen Goldschmuckgeräthe, welche sich Taf. IV, V u. VI
in dem 23. Hefte der Bonner Jahrbücher abgebildet finden. Es liegt dieser Grabhügel auf demselben Bergrücken und nahe bei jenem *tumulus*, in welchem die
in unserem Bd. I, Hft. 2, Taf III, N° 3 abgebildete Erzkanne archaischen Style
aufgefunden wurde, welche jetzt in dem Museum zu Trier aufbewahrt wird. —
Der Armring befindet sich im Besitz der Frau Ober-Bergrath Böcking in Birkenfeld.

---

[*]) Wir werden auch diese merkwürdigen Bronzen in den nächsten Heften abbilden.

N° 5. Bruchstück eines Ornaments von dünnstem Goldblech, von dem Funde bei Dürkheim. — Museum zu Speyer.

„ 6. Ornament aus dünnem Goldblech, in dessen Mitte ein Knopf aus Bernstein befestigt
ist. Aus einem Grabhügel in der Nähe von Weisskirchen an der Saar.

Bei demselben lagen: die prachtvolle Kanne aus Erz, abgebildet Bd. I, H. 2,
Taf. III, N° 1, zwei leichte schlanke Lanzenspitzen und eine grössere, alle aus
Eisen, ein Messer und ein Dolch, ebenfalls aus Eisen, letzterer mit einer in durch-
brochener Arbeit verzierten Erzscheide, ferner die Fibula (Bd. I, Heft 4, Taf. III,
N° 3) und ein merkwürdiger Gürtelhaken aus Erz mit emailartigen Einlagen,
deren Stoff noch nicht genauer untersucht ist.

Alle diese Fundstücke, mit Ausnahme der grossen Erzkanne, befinden sich
in dem Museum zu Mainz.

Etruskische Erzgeräthe,

gefunden bei Dürkheim, jetzt im Museum zu Speyer.

N° 1. Dreifuss von Erz. Die tragenden Rundstäbe ruhen auf Pantherfüssen, welche Frösche in den Klauen halten; sie sind oben durch Bögen verbunden, deren innere Wölbungen mit spiralförmigen Ornamenten gefüllt sind, welche in herabhängende Eicheln und Palmetten auslaufen. Oberhalb dieser drei Bögen befinden sich ebenso viele Panther, welche Stiere und Hirschkälber zerreissen, von denen jedoch eine der Gruppe abhanden gekommen ist. Ebenso fehlen die Figurengruppen mit ihren tragenden Säulchen, welche zwischen den Bögen angebracht waren, und auch auf dem flachen Ringe, welcher unten die Querspangen zusammenhält, lassen sich noch Spuren jetzt verlorener Figuren erkennen.

     Der Dreifuss zeigt genau dieselben Formen wie jener, welcher bei Vulci aufgefunden und im Mus. Gregoriano tav. 56 abgebildet ist.

„ 2. Das Kohlenbecken, welches auf dem Dreifusse befestigt ist.

„ 3. Der an einem Ringe in den vorspringenden Rand des Beckens eingelegte bewegliche Rost desselben, zum Aufstellen von Gefässen. Bemerkenswerth sind die Reste eigenthümlicher Ornamente in durchbrochener Arbeit, welche bei dem Funde noch vollständig erhalten, leider aber grösstentheils bald zerstört wurden.

„ 4. Bodenplatte des Kohlenbeckens aus Eisen mit einem Rande von Erz und einem mit runder eiserner Klappe verschliessbaren Ventil aus Erzblech.

„ 5. Griffknopf aus Erz an dieser Klappe, mit der Darstellung eines roh gearbeiteten bärtigen Männerkopfes, an dessen beiden Seiten sich ein oben breiter werdendes Blatt von den Waugen nach dem Scheitel hinauflegt. Die äussere Umrissform des ganzen Knopfes wiederholt in vergrössertem Maasse diese Blätter mit Andeutung eines geperlten Randes.

     Es ist dieses Ornament deshalb beachtenswerth, weil es auch an den Erz- und Goldarbeiten gleichartiger Gräber bei vielen Darstellungen sowohl jugendlicher als bärtiger Männerköpfe wiederkehrt, bald losgelöst vom Kopfe als kolbenförmige Hörner oder bucculae eines Helmes, wie bei dem Gürtelhaken von Nierstein, bald glatt anliegend als oben befestigte Wangenbänder einer Kopfbedeckung, oder in völlig ausgebildeter Blattform mit Perlrändern, wie bei N° 6 dieser Tafel, einer der vielen gleichartigen Goldarbeiten des Grabhügels von Schwarzenbach. (Donner Jahrbücher, Heft 23, Taf. V.) Auch auf der Goldverzierung des Weisskirchener Grabhügels fehlt diese ganz eigenthümliche Verzierung an den kleinen Köpfen nicht. (Siehe Taf. I dieses Heftes, Fig. 6.) Sie begegnet ebenfal auf der Erzscheibe des Horsowitzer Fundes (N° 7 dieser Tafel), im Besitze des Herrn Grafen Eugen von Czernin. Bei der grossen Wichtigkeit derartiger Entdeckungen bleibt es zu bedauern, dass dieser böhmische Fund durch Abgabe sogenannter Doubletten bereits theilweise zerstreut ist. In diesen gleichmässig wiederkehrenden Details sind wesentliche Bestandtheile des Ganzen von demselben getrennt worden, welche für seine richtige Beurtheilung, wie für seine höchst wünschenswerthe vollständige Reconstruction unumgänglich nöthig waren.

N° 8. Gehenkelte Amphora von Erz mit einem Deckel, der durch ein gravirtes Ornament von ineinander greifenden Halbkreisbogen verziert ist. Der Knauf des Deckels ist abgebrochen.

„ 9. Einer ihrer Henkel. Am unteren Theile zeigen sich auf beiden Seiten nackte Jünglinge auf dem Rücken vorspringender Seepferde, deren ausgreifender Fuss eine Rosette mit radialen Halbkreisbogen berührt, wie solche häufig auf etruskischen Geräthen sowohl, als auf keltischen Münzen begegnen und bei letzteren für eine Darstellung des Sonnorades gelten sollen. Souderbar genug sind in den ersten Berichten über diesen Fund die Bauchflossen der Seepferde für Flügel an den Fersen der reitenden Jünglinge gehalten und diese mit dem Visucius der galloromischen Inschriften in Zusammenhang gebracht worden! Zur Beseitigung dieser Annahme genügt der Hinweis, dass diese Flügel jedenfalls an beiden Füssen der Jünglinge sichtbar sein müssten, während die für einen Flügel gehaltene Flosse nur einen derselben berührt.

Die Henkel waren nicht angeniethet, sondern mit Silber aufgelöthet; eine für die Beurtheilung der alten Erztechnik um so wichtigere Thatsache, da man die Befestigung durch Niethen, welche sich auf sehr spätzeitlichen Gefässen nachweisen lässt, als unbedingtes Merkmal eines sehr hohen Alters geltend machen will.

„ 10 u. 11. Zwei der Bögen des Dreifusses mit ihren Verzierungen und Thiergruppen.

„ 12. Einer der Pantherfüsse, auf welchen die Tragstangen ruhen. Sein oberer Rand zeigt noch Spuren einer weiteren, auf ihm früher befestigten Verzierung, wahrscheinlich einem Kranze von Palmetten.

„ 13. Henkel und Ausguss einer Erzkanne, von ähnlicher Form wie jene aus den Grabhügeln von Weisskirchen, Schwarzenbach und der Besseringer Mühle. Der Henkel wird von einer nackten rückwärts gebögenen Jünglingsgestalt gebildet, die mit den Händen an den Rand der Vase befestigt ist.

Sämmtliche hier abgebildete Bronzen N° 1, 2, 3, 4, 5, 8, 9, 11, 12, 13 wurden am 10. October des Jahres 1864 nahe bei Dürkheim an der Haardt, südöstlich von der Stadt und westlich von der Eisenbahn, auf dem sogenannten Heidenfelde bei den Erdarbeiten für die Eisenbahn entdeckt. Soviel in Erfahrung gebracht werden konnte, lagen dieselben ungefähr 8 Fuss tief in dem Boden unter einer roh gefügten Steinwölbung und waren in einem Holzkasten verwahrt, von welchem sich noch erkennbare Spuren zeigten. In dem letzteren wurden auch vermoderte Reste eines Kleidungsstoffes bei dem Goldschmuck N° 1 und N° 2 und N° 5 der I. Tafel dieses Heftes, ferner ein einfacher Armring aus Golddraht, ein jetzt verlorener Metallspiegel, mehrero flache Bernsteinringe von einem Halsschmucke und die auf dieser Tafel abgebildeten Bronzen gefunden. Wie die Arbeiter mit Bestimmtheit aussagten, wurden mehrere kleine Bronzefiguren und Gruppen von einem vorübergehenden Herrn mitgenommen. Es waren ohne Zweifel die jetzt fehlenden Figuren, welche den leeren Raum zwischen den Bogen des Dreifusses füllten. Von den Rundstäben, auf welchen sie befestigt waren, sind noch Bruchstücke vorhanden. Ob das Fragment eines eisernen Reifsegments, welches einen Durchmesser von 1 M. 13 Centim. haben musste, auch dem Funde angehörte, ist nicht mehr mit Sicherheit festzustellen.

Ueber die auf den beiden ersten Tafeln abgebildeten Grabfunde, siehe Beilage zu Tafel I. und II.

Gürtel aus Erzblech.

N° 1 ª. Verziertes Gürtelband. Die radförmigen, gestreiften und schleifenförmigen Ornamente sind durch grössere und kleinere eingeschlagene Punkte gebildet. Der
Schloss wird durch einen Haken bewirkt, welcher in eine Oeffnung des entgegengesetzten Endes eingreift.

„ 1 ᵇ. Aufgerollte Ansicht des Ganzen. Gefunden wurde der Gürtel auf dem Gute Blan-
kenburg in der Ukermark, mit einem Diadem, einem grösseren Armband, welches aus einem flachen federnden, fünfmal gewundenen Erzstreifen gebildet ist,
dessen Enden in Spirale auslaufen, einem gleichartigen konischen Gewinde von
Erz und zwei Armringen, an welchen die Spiralendungen abgebrochen sind. —
Sammlung des historischen Vereins zu Stettin.

„ 2. Bruchstück eines Erzgürtels, gefunden in einem Grabhügel des Lorscher Waldes. —
Museum zu Darmstadt.

„ 3. Bruchstück eines Gürtels aus einem würtembergischen Grabhügel. — Im Besitze
des Museums zu Mainz.

„ 4 ª. Bruchstück eines Gürtels aus einem Grabhügel bei Kipfendorf, unweit Heidenheim
in Würtemberg.

„ 4 ᵇ. Eines der verzierten Bleche, welche in den an dem Gürtel befindlichen Ringchen
eingehängt waren. — Sammlung des würtemb. Alterthumsvereins zu Stuttgart.

„ 5, 6, 7. Verzierte Gürtel aus den Gräbern bei Hallstadt. — K. K. Antiken-Cabinet zu
Wien.

Steinbilder,

gefunden bei Bamberg und aufbewahrt in dem dortigen Naturalien-Cabinet.

N° 1. Vordere Ansicht des einen Bildes, welches nach der Andeutung eines Kinnbartes
wahrscheinlich einen Mann darstellen soll. Es ist 5 bayer. Fuss hoch.

„ 2. Rückansicht } desselben.
„ 3. Seitenansicht }

„ 4. Vordere Ansicht des zweiten Bildes, ebenfalls 5 bayer. Fuss hoch.

„ 5. Rückansicht } desselben.
„ 6. Seitenansicht }

„ 7. Vordere Ausicht } des kleinsten Bildes von 3 Fuss Höhe.
„ 8. Seitenansicht }

Ueber die näheren Umstände des Fundes dieser merkwürdigen Steinbilder, deren zeitliche Bestimmung und Erklärung von anderweitigen Entdeckungen noch abhängig bleibt,
geben wir hier einen kurzen Auszug aus dem seiner Zeit von Herrn Inspector Dr. Haupt
in Bamberg veröffentlichten trefflichen Bericht:

Fundort. Im Thale der Regnitz bei Bamberg, in der Nähe der neuerrichteten Baum-
wollenspinnerei, in einer Tiefe von 15 bis 16 Schuh bayer. unter der Thalsohle im alten
Gerölle der Alluvialschicht und zum Theil zwischen Keuperscherben.

Lage. Die Bilder lagen horizontal mit der Kopfseite nach Norden; N° I und II waren
quer durchgebrochen, wahrscheinlich durch die Heftigkeit des Stosses und indem sie auf
etwas Hartes fielen. Der Stoss kam augenscheinlich von Süden her.

Steinart. Die Bilder bestehen aus Oberkeupersandstein, wie er auf der Altenburg
und in den Schwedenbrüchen im Michelsberger Walde gefunden wird. N° I und III sind
von grobkörnigem Stein und voll Eisennieren, die, zum Theil ausgelaugt, Löcher hinter-
liessen; N° II ist etwas feinkörniger.

Arbeit. Die Steine sind augenscheinlich nicht mit dem Eisen bearbeitet und stammen
wohl nicht aus einem Bruch; sie sind wahrscheinlich Findlinge. Die eingeschnittenen Linien
und Vertiefungen sind durch Reiben hervorgebracht, denn sie fühlen sich glatt an. Die
Aussenfläche der Steine ist im Allgemeinen sehr uneben und voller Löcher von ausgewitter-
ten Eisengallen.

Rannen. Im gleichen Terrainniveau des Fundortes der Bilder, auf der Scheidungslinie
des Alluviums vom Diluvium, befinden sich in der Richtung von Süden nach Norden eine
grosse Anzahl von Bäumen und Stämmen hingestreckt, meistens an der Wurzel abgebrochen,
mit keinen oder nur kurzen und dicken Aesten am Kopfende, von der Stärke von 1 bis 4
Fuss bayer. im Durchmesser, zum Theil ohne, zum Theil mit der Rinde. Diese Bäume werden in der dortigen Gegend Rannen genannt. Sie sind die Ueberreste eines durch die letzte
Alluvialfluth niedergeworfenen Waldes, welcher die Gegend des Ober- und Mittelmains und
des unteren Regnitzgebiets bedeckte. Das vom Wasser mitgeführte Gerölle hat sie bedeckt,
mitfortgeschoben, der Aeste und zum Theil auch der Rinde beraubt, und sie zugleich ver-
hindert sich zu erheben, um fortgeschwemmt werden zu können. Der Baumart nach sind
es hauptsächlich Eichen, Buchen, Weiden, Erlen, Espen, auch Fichten kommen vor.

Professor Dr. Schnitzlein in Erlangen bestimmte die vom Fundort an ihn gesendeten Eichen- (Rannen-) Abschnitte als *Quercinium Rona. Schnzl.*

Schiffsgefässe und Nachen. In der Nähe des Fundorts der Götzenbilder fand man trogartig ausgehauene Stämme, der eine davon $9^1/_2$ Fuss lang, $1^3/_4$ — 2 Fuss breit und 8 Zoll tief ausgehöhlt, war mit Steinplatten von dem schwarzen Lias, mit *monotis substriata*, wie bei Geisfeld zu Tage steht, angefüllt. Ferner einen Nachen mit Schnabelspitze von 10 Zoll Wandtiefe, ebenfalls mit Platten von schwarzem Lias mit *Belemnites digitales* beladen. Beide aus Einem Stamm, der geschnäbelte durch eine starke Lamelle Hirnholz zusammengehalten. Letzterer Nachen lag unter einer Ranne schräg in den Boden versenkt und konnte 15 — 20 Fuss lang sein.

Pfahlbau. Ferner fand man hier senkrecht eingeschlagene Pfähle von 8 Zoll Dicke, vierkantig und glatt zugehauen, und von 5 — 6 Fuss Länge. Die unversehrten Köpfe dieser Pfähle befanden sich 14 Fuss unter der Thalsohle im Niveau der Rannen, also auf der Grenzscheide zwischen der Diluvial- und Alluvialschicht. Sie sind augenscheinlich mit eisernen Werkzeugen bearbeitet und gehören daher einer viel späteren Zeitepoche an, als jener der Götzenbilder.

Thierknochen. Von Hausthieren fanden sich viele Ochsenschädel, aber die meisten am Nasenbein abgeschlagen; nur ein sehr grosser Ochsenschädel von brauner Färbung mit mächtigen Hörnern war ganz erhalten. Dr. Fraas in Stuttgart hält (nach brieft. Mittheilungen) diesen grösseren Schädel doch nur für den des gemeinen Hausthieres, nicht für den des Auer oder Wisent. Auch viele Pferdeschädel von einer kleinen Rasse kamen vor. Vom Schaf, *ovis aries*, fanden sich viele Hörner, ferner ein Horn vom Bock, *capra hircus*. Von Hausthieren kamen Knochen und Kinnladen, besonders vom Eber vor. Ebenso fanden sich mehrere Schädel des grossen Hausbundes und einer der Hauskatze.

Menschenknochen. Von Menschen fand man nur einen ziemlich gut erhaltenen Schädel ohne Unterkiefer von sehr unregelmässiger Form, ferner eine gut erhaltene femur und eine lädirte.

Gefässe. Von gebrannten Gefässen fand man theils Fragmente, theils vollständige Töpfe, alle auf der Drehscheibe gefertigt, gut gebrannt, von rothem, weissem und schwarzem Thon gemacht. Auch Fragmente von Glasgefässen kamen vor.

Metallsachen. Zwei kupferne Platten, eine kreisrund, die andere elyptisch mit Nagel am Rande und etwas concav-convex, vielleicht Theile von Schilden, ein eisernes Schwert in Stücken, zum Theil noch in der Holz-Scheide, eine eiserne Sichel und mehrere Hufeisen von einer der jetzigen sehr abweichenden Form und für Pferde nur kleinen Schlags bestimmt.

Alle diese vorgenannten Gegenstände befanden sich in dem Alluvialboden über den Rannen, meistens bis zu einer Tiefe von 8 — 9 Fuss.

Schlussfolge. Der Platz, wo die Götzenbilder standen, scheint ein heiliger Hain mit einer Opferstätte gewesen zu sein. Die daselbst gefundenen Thierknochen, besonders die zerschlagenen Ochsenschädel stammen wahrscheinlich von den geopferten Thieren. Denn es fanden sich keine ganze Skelette von diesen Thieren und keine Knochen von Raubthieren und Jagdwild vor, doch wohl starke Geweihe vom Edelhirsch (6 — 10 Ender), was der Fall gewesen wäre, wenn die Thiere von einer Ueberschwemmung plötzlich erfasst und ertränkt hierher geführt worden wären. Der Pfahlbau weist auf eine Uferbefestigung hin, die Art der Schiffsbildung auf einen Verkehr auf Fluss und See; ihre Bearbeitung auf eine bereits vorgeschrittene Anwendung eiserner Werkzeuge. Bis zu dem Eintritt jener Katastrophe muss die Gegend schon sehr früh angebaut und bewohnt und die Götzenbilder müssen als uralte heilige Bilder ein Gegenstand religiöser Verehrung der umwohnenden Bevölkerung gewesen sein.

Der Eintritt jenes Naturereignisses, des Durchbruchs eines höher gelegenen Seebeckens, durch vorhergegangene meteorologische Vorgänge eingeleitet, scheint die Bevölkerung nicht überrascht zu haben, sie muss auf dieses Ereigniss vorbereitet gewesen sein, um sich und ihre bewegliche Habe rechtzeitig in Sicherheit zu bringen. Die Wohnungen sind allerdings zerstört worden, aber keine werthvollen Utensilien sind verloren gegangen und auch kein Thier- und Menschenleben scheint gefährdet gewesen zu sein. Aber eine sehr bedeutende Veränderung in der Configuration der Oberfläche der Thalsohle muss sie hervorgebracht haben und die hydrostatischen Verhältnisse der obern Flussthäler des Mains und der Regnitz müssen eine häufige Wiederholung solcher Naturereignisse möglich gemacht haben, die bis in die historische Zeit herabreichen, wenn uns gleich eine specielle Kunde von ihrer Wirkung nicht mehr zu Theil wurde.

Gewandnadeln mit Runeninschriften

aus alamannischen und fränkischen Gräbern.

N° 1. Grosse reichverzierte spangenförmige Gewandtafel. Silber. Vergoldet mit Ausnahme der Streifen, welche mit einem niellirten Zickzack verziert sind. Die Ornamente bestehen theils aus Reminiscenzen klassischer Verzierungstheile, welche jedoch in ihrer willkürlichen Umgestaltung kaum noch zu erkennen sind, theils aus eigenthümlichen barbarischen Elementen, Thier- und Vogelköpfen: diese ohne allen Zusammenhang nebeneinander gestellten verschiedenartigsten Motive erhalten ihr einziges Verbindungsmittel durch eine gleichmässige Behandlung im Charakter der Holzsculptur, welcher alle germanischen Ornamente kennzeichnet. Die kräftige und eigenthümliche Darstellungsweise ist es, welche dem Ganzen, bei aller Ursprünglichkeit und Wildheit der einzelnen Formbildungen, eine reiche und keineswegs ungefällige Wirkung verleiht.

„ 2. Die Rückseite der Spange. An dem breiten viereckigen Theile befinden sich noch die in Rost verwandelten Ueberreste des eisernen Draht-Gewindes, welches der jetzt verlorenen Nadel, mit der das Kleid geheftet wurde, ihre Federkraft verlieh. Der hohle Bügel der Spange diente zur Aufnahme der Gewandfalte und der vorstehende gekrümmte Haken zum Festhalten der Nadelspitze.

Nur um die hergebrachte Darstellungsweise dieser Art Spangen hier nicht zum ersten Male zu verlassen, wurde dieselbe in der Lage, wie sie gegeben ist, abgebildet. Ursprünglich wurde dieselbe, wie es die Stellung gleichartiger Fibulae auf den Diptychen bezeugt, gerade umgekehrt getragen, so dass der breitere Theil, welcher hier oben steht, nach unten gerichtet war. Es wird dies durch die Stellung der Schriftzeichen des eingeritzten dreizeiligen Spruches bestätigt, welche in der hier gegebenen Lage verkehrt stehen.

Gefunden wurde die Spange 1843 in dem bei dem Bau der Eisenbahn entdeckten grossen Gräberfelde von Nordendorf, unweit Augsburg. Sie ist bereits dreimal, jedoch ungenügend abgebildet: einmal in Naturgrösse nach einer Zeichnung der Frau Registrator Sedlmaier in Augsburg in meiner Abhandlung über eine besondere Gattung von Gewandnadeln, Mainz 1851; die anderen Male bedeutend verkleinert in den Jahresberichten von 1843 und 1846 des historischen Vereins für Schwaben und Neuburg in Augsburg, in dessen Besitz die Spange mit der Hälfte der Nordendorfer Grabfunde verblieb, während die andere Hälfte an die Sammlungen der bayerischen Akademie in das königliche Antiquarium zu München gelangte.

Leider ist es während der Ausgrabungen im Jahre 1843 versäumt worden, ein genaues Inhaltsverzeichniss der einzelnen Grabstätten aufzunehmen; mindestens ist ein solches nicht veröffentlicht worden. In Folge dieses Mangels lässt sich nur nach Analogien ähnlicher Funde vermuthen, aber nicht mit voller Gewissheit annehmen, dass die Spange einem Frauengrabe angehörte.

Die Runeninschrift,

welche sich auf der Rückseite der viereckigen Platte befindet, wurde von mir bei Gelegenheit der Reinigung der Spange im September vorigen Jahres entdeckt, als dieselbe durch die Güte des Augsburger Vereins-Vorstandes dem Römisch-Germanischen Centralmuseum zur

Abformung anvertraut war. Bei der Versammlung deutscher Geschichtsvereine und Archäologen am 19. September zu Halberstadt und jener der deutschen Philologen am 28. dieses Monats zu Heidelberg, welchen ich die Spange vorlegte und die glückliche Entdeckung mittheilte, fand dieselbe allseitige Schätzung und Theilnahme, besonders als Herr Professor F. Dietrich aus Marburg sogleich die mittlere Zeile als den Namen Vodan zu erklären wusste und damit den heidnischen Charakter des Schriftdenkmals ausser allen Zweifel stellte. Diesem ausgezeichneten, um die Erklärung der Runeninschriften so hochverdienten Gelehrten, welcher sich seitdem in eingehendster Weise mit der vorliegenden beschäftigte, verdanke ich die Mittheilung seiner schliesslich festgestellten Erklärung und die Erlaubniss ihrer Veröffentlichung. Herr Professor Dietrich liest die längere Hauptinschrift, in welcher er mit zwei kleinen übergesetzten Zeichen zusammen 24 Runen findet:

LONATHIORE | VODAN | VINUTHLONATH

Den in entgegengesetzter Richtung folgenden, kürzeren, nur 12 Runen enthaltenden, aber grösseren Theil: ATHALEUBVINIS, wovon die drei ersten, etwas verriebenen Zeichen vielleicht ABA gewesen seien.

Die Hauptinschrift deutet er: *lónd thíoré* (statt *dioré*) *Vôdan vinuth lôndth*, d. h. mit theurem Lohne lohnet Vodan Freundschaft; die Nachschrift: *athal* oder *abal Leubvinis*, d. h. Besitz? oder etwa Arbeit des Leubvini.

N° 3. Bruchstück einer scheibenförmigen Gewandnadel. Vergoldetes Erz. Der frühere Einsatz, wahrscheinlich von farbigem Glasflusse, welcher sich in dem kreisförmigen Mittelfelde befand, ist ausgebrochen und verloren. Zwischen dem mit Zickzack verzierten Rande in der Mitte läuft ein Zierband, auf welchem Blätter mit Ringen abwechseln, in welchen phantastische, langgeschnäbelte Vögel sitzen.

„ 2. Die Rückseite der Gewandnadel, welche erkennen lässt, dass das Ganze aus zwei dünnen Erzblechen besteht, welche auf eine zwischenliegende Holzscheibe befestigt sind. Das äussere Blech zeigt die Rückseite seiner geprägten Verzierungen und auf dem inneren, an welchem die Heftnadel angebracht war, läuft zwischen concentrischen Kreisen eine Runeninschrift, welche ebenfalls erst längere Zeit nach der ersten Abbildung der Fibula (Heft 1, Tafel VIII, N° 4 und 5 vom Jahre 1858) bei genauer Reinigung derselben entdeckt worden ist.

Gefunden ist die Gewandnadel in den fränkischen Gräbern von Osthofen unweit Worms. Sie befindet sich in dem Museum zu Mainz. Die theilweise durch Rost zerstörte Inschrift lautet nach Herrn Professor Dietrich:

GO.. FURADIND... OFULED.

Sie ist seiner Ansicht nach zu ergänzen: GODEFURADIN DINGOFULED und zu lesen: *gôdé fûra dín dingô fulléd*, d. h. mit gutem Dinge (Geschick) sei deine Fahrt erfüllt, — ein Glückwunsch für den gesammten Lebensweg (gleich dem römischen: *utere felix!*), dessen Entwicklung aus der Inschrift Herr Professor Dietrich an anderem Orte zugleich mit der Erklärung der Nordendorfer Runen geben wird. Da wir demnach eine erschöpfende Besprechung dieser in so vielen Beziehungen hochwichtigen Inschriften zu erwarten berechtigt sind, so darf ich mir schliesslich hier nur in besonderer Beilage zu Tafel VI *) noch einige Bemerkungen über die Altersbestimmung dieser Fundstücke erlauben, bei welcher man, nach meiner Ueberzeugung, der allgemeinen Vorliebe für recht frühe Zeitstellung immer noch zu viel Einfluss gestattet.

---

*) Dieselbe ist dem III. Hefte beigegeben.

Zu Tafel I. und II.

Signa Tuscanica per terras dispersa, quae in Etruria factitata non est dubium.
Plinius, *hist. natur.* XXXIV. 7. 16.

Die grösste Anzahl der hier mitgetheilten Fundstücke sind unläugbar etruskischen Ursprungs und für die Herkunft der übrigen konnte nur auf ganz ungenügende, nirgend zu begründende Voraussetzungen hin eine andere Erklärung versucht werden.

Die Kannen von Dürkheim, wie jene gleichartigen von Weisskirchen und Schwarzenbach (Bd. I, Heft 2, Taf. III.) finden ihre nächsten Verwandten in der Sammlung des Museum Gregorianum (tav. VI. 3 a. ff.) und der Dreifuss von Dürkheim seinen Zwillingsbruder in jenem, welcher aus den Gräbern von Vulci im Jahre 1833 erhoben und im Mus. Gregor. (tavol. LXXXIV) zu finden ist. Der ganz unbedeutende Unterschied beider besteht einzig darin, dass bei dem Dreifuss von Vulci in den Ornamenten zwischen den Tragbögen vier Eicheln und bei unserem von Dürkheim nur drei vorhanden, deshalb auch bei ersterem die zwischenstehenden Palmetten um eine vermehrt sind. Die Uebereinstimmung in allen übrigen Einzelheiten ist so durchgehend, dass sich die Wiederherstellung unseres Fundstücks aus seinen zahllosen Bruchstücken, nach dem besser erhaltenen italischen, vollkommen ausführen liess, dafür aber auch Manches, was bei dem letzteren fehlt, nach vorhandenen Stücken des unsrigen seine Ergänzung und Erklärung findet, wie z. B. die Einrichtung des Kohlenbeckens und seines Ventils, welches bei dem italischen Dreifuss sehr beschädigt und grösstentheils neu herzustellen war.

Kann deshalb über die Herkunft der Bronzegefässe und Geräthe so wenig ein Zweifel walten, als über jene der prachtvollen von Gerhard (Denkmäler und Forschungen, Taf. 65) abgebildeten und besprochenen Amphora des Grabhügels von Schwarzenbach, sowie der Erzkannen des Besseringer Fundes und jener der Museen von Bonn und Mainz, so kann dies mit gleichem Rechte auch für unsere sämmtlichen Goldgeräthe gelten, die in ihrer Verzierungsweise mit dem Goldschmucke von Schwarzenbach vollkommen übereinstimmen, welchen Gerhard (Bonner Jahrbücher, 23. Heft) ebenfalls als etruskische Arbeit nachgewiesen hat.

Die so charakteristischen Lilienformen und perlumrandeten Palmblätter, diese eigenthümlichen silenartigen Menschenköpfe sind auf keinen spätrömischen oder gallorömischen Metallarbeiten zu finden. Was immerhin Aehnliches hie und da, namentlich von bärtigen Männerköpfen, auf Bronzen begegnet, muss eher gleichem Ursprunge mit unseren Goldgeräthen zugewiesen werden, als dass es diesen eine andere Zeitbestimmung und Ursprung zu geben im Stande wäre.

Ich selbst habe meine vor 14 Jahren geäusserte Ansicht über die Spätzeitlichkeit des gleichartigen Weisskirchener Fundes (Mainzer Alterthümer, III. 1852) seitdem längst aufgeben müssen, nachdem meine sorgfältige unausgesetzte Umschau nach Thatsachen, welche diese meine Annahme oder die eines gallorömischen Ursprungs dieser Arbeiten unterstützen könnten, ohne Ergebniss blieb. Weder äusserliche noch innerliche Gründe lassen sich für dieselbe mit Erfolg geltend machen, wie es immer noch in Tagesblättern sowohl, als selbst in wissenschaftlichen Zeitschriften versucht wird.

Vor Allem ist es in hohem Grade beachtenswerth, dass bis jetzt jene Goldgeräthe, welche man in Bezug auf Alter und Ursprung von den unzweifelhaft etruskischen Erzgeräthen trennen will, niemals für sich allein, sondern nur in Begleitung jener so bestimmt charakterisir:en Bronzen entdeckt wurden, und dass bei allen diesen gemeinschaftlichen Funden niemals etwas zu Tage kam, was sich mit den nach Form und Technik genugsam bekannten Erzeugnissen der Kunst und Industrie römischer Kaiserzeit in Beziehung bringen liess. Es ist dies ein Umstand von um so grösserer Wichtigkeit, da gerade in der Fundgegend unserer Geräthe römische Fabrikate und Münzen überall massenweise zerstreut sind. Dies widerlegt wohl am besten auch die Annahme eines spätzeitlichen Imports der Bronzen in Folge fortdauernder Vorliebe der Römer für archaische Formen der entsprechenden Gefässe und Geräthe, und die römischen Baureste in der Nachbarschaft jener Grabhügel können nicht mehr oder weniger bezeugen, als dass für die römischen Niederlassungen günstige und passende Orte gewählt wurden, welche sowohl vor als nach der Zeit römischer Herrschaft bewohnt waren und blieben.

Die Annahme aber, dass in Italien selbst die Ausführung von Gefässen und Geräthen hoch-alterthümlichen Styls bis gegen die Constantinische Zeit fortgedauert habe, erscheint geradezu unstatthaft. Ueber mehr als ein halbes Jahrtausend hinaus erhielt sich nirgends Technik und Form solcher Gegenstände in allen Richtungen althergebrachter Weise und sogar in solcher Menge, wie aus der bis jetzt schon vorliegenden Zahl der Funde geschlossen werden müsste.

Wie nun aber jene unleugbar etruskischen Bronzen von dem beiliegenden Goldschmucke und den übrigen Erzgeräthen dieser Funde in Bezug auf Altersbestimmung nicht zu trennen sind, so kann auch gegen den gleichen Ursprung der letzteren nicht mit Grund der Einwand einer starken Beimischung barbarischer Verzierungselemente erhoben werden. Solche sind in reichem Masse nicht allein in den Thongefässen der etruskischen Gräber, sondern auch bei ihren Metallarbeiten nachzuweisen, selbst in Thier- und Menschengestalten, namentlich bei jenen mit Stempeln eingeschlagenen Ornamenten der Blechgeräthe, und zwar in einer mit den klassischen Formen der andern Arbeiten kaum zu vereinigenden Rohheit. Wenn fernerhin unter den Verzierungsmotiven die Eichel bald als Beweis gallischen Ursprungs, bald als naturalistisches Ornament, im Gegensatz zu dem idealistischen der Palmette, betrachtet werden soll, so wird ein Blick auf die Tafeln des Museum Gregorianum schnell überzeugen, dass die tuskischen Erzbildner beide Verzierungsdetails schon in einer sehr frühen Zeit ganz in derselben Weise wie auf dem Dreifuss von Dürkheim und dem Hals der Erzkannen des Besseringer Fundes zusammenzustellen gewohnt waren.

Auch die Schlüsse, welche aus den Spuren einer Art Emailverzierung einzelner Bronzen für die Spätzeitlichkeit derselben hergeleitet werden sollen, verlieren ihre Bedeutung, wenn man bedenken will, dass diese wenigen, meist nur in ihrem Substrat erhaltenen Emailreste keineswegs genau untersucht sind, und dass die ehemalige Oberfläche allem Anscheine nach nur aus einem gefärbten harzigen Stoffe befand, welcher den Ueberzug entweder eines kittartigen Kernes, wie an einer Gewandnadel eines gleichartigen Fundes, oder einer pecharigen Masse bildete, wie ich an den Griffen von Bronzeschwertern des Schweriner Museums nachgewiesen habe und es von Lisch neuerdings wieder bestätigt ist. Ausserdem ist zu berücksichtigen, dass Einlagen von Elfenbein, Bernstein, Korallen und auch farbiger Fritte auf Metall in eine bedeutende Frühzeit hinaufreichen.

Es besteht also hier nach keiner Seite eine bestimmte Veranlassung, den Versuchen, welche neuerdings wieder dem Fundorte die ersten Ansprüche auf den Ursprung alterthümlicher Gegenstände sichern wollen, ein Zugeständniss zu machen, und irgend welchen Theil der Bronzen sowohl als der Goldgeräthe von jenen übrigen zu trennen, welche als importirte Erzeugnisse des alten Italiens unzweifelhaft zu erkennen sind.

Die ausserordentliche Wichtigkeit aller dieser Funde ist somit einleuchtend. Sie ist nach zwei Richtungen hin von weittragender Bedeutung. Einerseits weil sie für eine Menge bisher schwer zu bestimmender Verzierungsformen nahverwandter Schmuckgeräthe eine wohlbegründete Erklärung bieten, und damit die Zahl und räumliche Verbreitung gleichartiger Erscheinungen bedeutend erweitern; andererseits weil damit schon an und für sich die Reihe unzweifelhaft etruskischer Erzarbeiten diesseits der Alpen in einen immer mehr erkennbaren Zusammenhang gelangt. Von den früheren Funden in Tyrol und der Schweiz reichen dieselben jetzt mit den Bronzehelmen des Augsburger Museums nach Bayern, mit dem bei Oeringen gefundenen Kopf einer Erzstatue der Minerva, streng archaischen Styls, nach Würtemberg, mit dem prachtvollen, durch zwei nackte Ringer gebildeten Henkel einer Bronzevase aus dem Walde von Borsdorf, nach Hessen und mit der Erzkanne des Grabhügels nächst der Fasanerie bei Wiesbaden an den Mittelrhein, auf dessen linkem Ufer jetzt Funde in der Rheinpfalz, Rheinhessen und der preussischen Rheinprovinz nachgewiesen sind, bis in das Saargebiet hinab, und hier in der weitest nördlichen Gegend gerade von besonderem Reichthum und Schönheit.

Anderes von hoher Wichtigkeit, das weiter hier in Betracht käme, wollen wir vorerst nur nennen, da es für eine nähere Besprechung auch der Abbildung bedarf.

Es ist die merkwürdige Erzschaale eines niedersächsischen Grabhügels, mit ihren drei auf den Rand gesetzten, theils nach innen theils nach aussen gerichteten Greifenköpfen auf schlanken Vogelhälsen. Es sind ferner die oft besprochenen ehernen Kesselwagen, und weiter noch die in Niedersachsen und den Ostseeländern gefundenen goldenen Becken, alles Metallwerke von hochalterthümlichem Charakter, welche aber ebenso nachweisbar südlichen Ursprungs und sicher zunächst durch italische Vermittelung in den Norden gelangten.

Mit allem diesem gewinnt die Annahme einer weit über die römische Herrschaft hinaufreichenden Verbindung des Nordens mit den Kulturstaaten des Mittelmeeres eine an Zahl und Verlässigkeit immer wachsende Reihe bedeutungsvoller Zeugnisse.

Als ich in dem Jahre 1856 durch überraschende Bronzefunde längs des Rheins zu dem Schlusse auf eine uralte, an dessen Ufern hinabführende Handelsstrasse nach Süden her gelangte, und zum ersten Male im Kreise befreundeter Forscher auf die Werkstätten des alten Italiens, namentlich der Etrusker, als den Ausgangspunkt einer grossen Menge von Erzgeräthen hinwies, für deren Ursprung bisher nur ganz ungenügende, ja geradezu unmögliche Erklärungen versucht worden, da war es Niemand, welcher dieser Ansicht eine tiefere Aufmerksamkeit und Theilnahme zuwandte, als der würdige Thomsen, der Urheber jener so vielbesprochenen Hypothese einer altheimischen selbstständigen Bildung der scandinavischen Völker, der sogenannten Bronzekultur des Nordens, gegen welche gerade die Spitze dieser neuen Ansicht gerichtet war.

Während ich bei den Bewunderern seines Stein-, Erz- und Eisenalters begreiflicherweise nur Zurückhaltung, Zweifel und Widerspruch fand, war es der Schöpfer dieses Systems selbst, welcher eine Erörterung dieser Frage aufs lebhafteste verfolgte, und obgleich nach seinem Eingeständnisse anfänglich ernstlich beunruhigt durch einen Theil meiner Argumente, in seiner liebenswürdigen Weise alles aufbot, mich von der Richtigkeit der seinigen zu überzeugen. Nach längerem Briefwechsel fand sich Gelegenheit zu persönlicher Discussion und zwar an passendster Stelle, in den Räumen der comparativen Sammlung zu Copenhagen, deren Anlage und umsichtsvolle Gestaltung ihrem Begründer ein ebenso unvergängliches Denkmal bleibt, als das grosse Museum der nordischen Alterthümer selbst. Bedurfte meine Ansicht noch eine weitere Stütze durch eine ins Einzelnste gehende Vergleichung nordischer und südlicher Erzfunde, so hat sie dieselbe in jener Sammlung erhalten, deren Existenz schon an und für sich die Fortdauer jener eigenliebigen und phantastischen Vorstellung von einer vorgeschichtlichen nordischen Kultur unbegreiflich erscheinen lässt. Weniger zugänglich als das Museum dänischer Alterthümer, ist dieser ebenso kostbare als unfruchtbare wissenschaftliche Apparat das sprechendste Zeugniss, inwieweit die Forschung auf Gebieten, welche nationalen Vorurtheilen und Leidenschaften zugänglich sind, sich den Belehrungen comparativer Betrachtung und zwar auf eine Zeitdauer verschliessen kann, wie es bei keiner der anderen wissenschaftlichen Disciplinen möglich und denkbar ist. Hier im Anblick genau derselben in Italien angekauften Bronzegeräthe, wie sie wenige Schritte nebenan in dem grossen Museum auch aus dänischen Fundorten gesammelt sind, wusste der ehrwürdige Veteran der nordischen Forscher die schwierige Vertheidigung seiner Ansichten in gewohnter Freundlichkeit mit einer für die Anhänger seines Systems nachahmungswürdigen Ruhe und Objectivität zu führen.

Meine Entgegnung auf die bereits bekannten Gründe und Schlüsse, welche mit vollster Offenheit ohne Aussicht auf Erfolg ausgesprochen wurden, fand nichtsdestoweniger eine Aufnahme und Berücksichtigung, wie es nur immer von Seiten einer so fest ausgeprägten Ueberzeugung und mit so grossem Beifall aufgenommenen Ansicht zu erwarten war.

Zugegeben wurde die Möglichkeit, ja sogar Wahrscheinlichkeit eines gemeinsamen Ausgangspunktes für die südliche und nördliche Bronzekultur, wenn auch auf die Frage der näheren Bestimmung desselben nicht eingegangen wurde. Dagegen blieb ein Zugeständniss der Annahme von Handelsüberlieferungen aus dem alten Italien her von der Bedingung eines bestimmten Nachweises ganz unzweifelhaft etruskischer Bronzefunde in Deutschland abhängig gemacht. Leider war ich damals, zufällig noch unbekannt mit dem Funde bei Schwarzenbach, in der Lage, nur einiges Wenige aus weit von einander entfernten Gegenden namhaft zu machen. Der Kanne von Weisskirchen (an der Saar) konnte, als einer viel zu vereinzelten Erscheinung, eine besondere Geltung abgesprochen und die Funde von Tyrol dem nächsten Grenzverkehre zugewiesen werden. Ein Gleiches wurde gegen das sprechende Zeugniss der berühmten Vase von Gráchwyl versucht, deren Abbildung seitdem sonderbarer Weise, wie durch eine Ironie des Schicksals, auf den Titel einer Broschüre gelangte, in welcher gerade die Originalität einer alten nordalpinischen Bronzekultur durch Zusammenstellung aller bisherigen Behauptungen darzulegen versucht wird.

Wie würde es aber wohl jetzt mit den Ansichten des bereits verewigten würdigen Mannes stehen gegenüber dieser Reihe der wichtigsten Funde etruskischer Kunstwerke in Gold und Erz, die weit in das Gebiet jener uralten undurchdringlichen Waldungen hinein und darüber hinausreichen, welche er als eine Scheidewand nordischer und südlicher Kultur betrachtet wissen wollte? Was würde er bei seinem, durch eine feine Kenntniss der Kunst hochentwickelten Formensinn, mit seinem für das entscheidende Moment solcher Untersuchungen so geübten Blick, bei seiner Empfänglichkeit für die volle Bedeutung solcher Entdeckungen, wohl zu den Äusserungen jener blinden Anhänger seines Systems sagen, welche ohne alle diese zu einem Urtheile erforderlichen Eigenschaften solche Thatsachen isoliren wollen und ihr Gewicht für die ganze Frage der Stellung des Nordens zu der alten Kultur des Südens ignoriren zu können vermeinen?

Will man ja doch ganz neuerdings wieder zwei grosse abgeschlossene Kulturreiche (beide von unbegreiflicher Congruenz der Aeusserungen ihrer Kunst und Technik) diesseits und jenseits der Alpen construiren und dem südlichen allen Ernstes einen Umfang und Wirkungskreis zumessen, welcher bereits in dem oberen Italien mit dem Gebiete der älteren

Schwester, der nördlichen Kultur, zusammentrifft, „die von Britannien her in Begleitung des Zinnerzes und Bernsteins durch Gallien, die Rhone und den Ticinus herabkam." Für das spurlose Abhandenkommen dieser nordischen Bildung, „für die spätere Verschlechterung des Erzes, wie für die Erniedrigung der Bevölkerung" sollen wir nachrückende Barbaren (die Germanen?) verantwortlich machen, welche die alten Landesbewohner (jedoch nicht etwa die früher beliebten specifischen Kelten, denn diese sind endlich aufgegeben, sondern ein anonymes Volk von gleich wunderbaren Eigenschaften) in ihrer so löblich fortschreitenden Metallurgie und Technik störten und vertrieben.

Man möchte bei solchen Zumuthungen fast glauben, die antiquarische Forschung hätte volle 30 Jahre verschlafen, und wir stünden genau wieder bei Herrn Hofrath Heinrich Schreibers weiland berühmten Taschenbüchern.

Zum Glück bleiben solche Phantasien jetzt nur noch von erheiternder Wirkung. Die Sache steht bereits so, dass, wenn auch alle die alten Nachrichten über den Handelsverkehr des Südens nach dem Norden verloren wären, diese Thatsache aus den noch vorhandenen Industrieerzeugnissen gefolgert werden müsste. Von keiner Bedeutung bleibt es dabei, ob jetzt noch die alten Irrthümer immer noch einmal wieder in etwas veränderter Fassung auf die Bahn gebracht werden, und ob der stets wachsenden besseren Erkenntniss fortwährend noch mit hartnäckigen Zweifeln und einseitigen Einwürfen begegnet wird. Die Zeit ist nahe, ja sie ist theilweise schon gekommen, in welcher sogar alle Welt ihr Verdienst um die Entdeckung und Beseitigung der bisherigen Missgriffe geltend machen will, vorab diejenigen, welche am wenigsten zu solchen Ansprüchen berechtigt sind.

Der Wissenschaft aber sind Namen und Personen gleichgültig. Sie hat keinen Tadel für diejenigen, welche durch mühevolle, auf einen allzu kleinen Kreis beschränkte Untersuchungen zu Ansichten gelangten, die bei einem erweiterten Ueberblicke des Ganzen ihre Geltung verlieren müssen. Sie weiss auch solche theilweise verfehlten Resultate zu verwerthen und schätzt jede ernstliche selbstständige, überzeugungsvolle Thätigkeit, weil dieselbe immerhin belebend und fördernd wirkt.

Allein sie beachtet nicht die Variationen in den Phrasen derjenigen, welche ausser Stande, mehr als die nächstliegenden Aeusserlichkeiten der Dinge zu erfassen, ihre Stellung nach dem Wechsel der geltenden Ansichten nehmen, und um den Schein der Unabhängigkeit zu wahren, eine halb zustimmende, halb missbilligende Haltung zu behaupten für passend finden, gleich jenen, welche, vor Kurzem noch die eifrigsten Herolde der landläufigen Redensarten von der hohen Kultur des grossen Keltenvolkes, nun plötzlich sich die Miene geben wollen, als wären sie längst im Klaren über diese abgethane, viel zu wichtig behandelte Sache. Aeusserungen dieser Art gegenüber gelte ein- für allemal hier diese Erinnerung und die Bemerkung: dass jene Zeit gemüthlicher Alterthümelei längst vorüber ist, zu welcher noch mit einem sehr bescheidenen Einstand persönlicher Thätigkeit eine Betheiligung an Erörterungen möglich war, welche seitdem eine unendlich umfassendere Bedeutung gewonnen haben. Ohne eine besondere, nirgend anderswo nöthiger zu verwendende Anstrengung war es unmöglich, den ganzen Wust verkehrter Vorstellungen zu beseitigen, welche mit dem Namen der Kelten in Verbindung gebracht waren. Gegen den willkürlichen Gebrauch dieses Völkernamens allerdings, aber viel mehr noch gegen den ihm ebenso unberechtigt zugetheilten Vorzug einer nach Zeit und Verhältnissen geradezu unmöglichen Kultur waren meine Bestrebungen gerichtet. Dass aber mit ihrem Erfolge zugleich auch für jedes andere nordische Volk die Annahme einer vorhistorischen, der Kultur der Mittelmeervölker ebenbürtigen Bildung beseitigt war, dies bleibt, so wenig man die Thatsache noch begreifen will, eines der weittragendsten Ergebnisse der neueren comparativen Forschungsrichtung.

Zu Tafel VI.

Das Alter und die Nationalität des Nordendorfer Gräberfeldes, zur Zeit der Entdeckung desselben (1843—1846) der Gegenstand langdauernder und heftiger Erörterung, ist seitdem im Allgemeinen mit vollkommenster Sicherheit festgestellt und die wunderliche Annahme einer von verschiedenen Völkerstämmen während der Dauer vieler Jahrhunderte benutzten Begräbnissstätte beseitigt.

Die Bestattungsweise und die Beigaben der Todten sind übereinstimmend dieselben bei allen Frauen- und Männergräbern, nur in verschiedener Abstufung nach Stand und Vermögen, und schon allein die Art und Vollständigkeit der Bewaffnung, mit welcher die letzteren versehen sind, hätte, wie ich anderwärts gezeigt habe*), an und für sich sogleich jeden Gedanken an die Zeit römischer Herrschaft ausschliessen müssen, sowohl für die Annahme römischer als sogenannter keltischer Bewohner der Gegend.

Man weiss jetzt zuverlässig, dass jene Gräber und auch die von Osthofen, in welchen die Spange N° 8 gefunden wurde, zu der grossen Anzahl jener alten Friedhöfe gehören, auf welchen die deutschen Stämme nach ihrer Besitznahme der römischen Provinzen in Deutschland und Gallien ihre Todten bestatteten, und dass dieser Brauch eher als das Christenthum selbst, von dem er ausging, Aufnahme bei den Eroberern fand.

Die Gleichartigkeit dieser Friedhöfe in allen von den germanischen Stämmen besetzten Ländern ist so vollkommen, dass kein einziges dieser Todtenlager in Deutschland, der Schweiz, Burgund, Belgien, Frankreich und England irgend besondere und eigenthümliche Fundstücke bietet, welche sich nicht in den Grabfunden der andern Länder ebenfalls nachweisen liessen.

Die Waffenrüstung, wenn auch am reichsten und vollständigsten in dem austrasischen Theil des alten Frankenreichs, ist doch gleichartig mit jener in allen übrigen Grabfeldern. Sogar der specifisch fränkische Angon und die Wurfaxt *(francisca)* findet sich von dem äussersten Neustrien bis tief nach Alamannien herein, und Alles, was früher als besondere Seltenheit betrachtet wurde, wie z. B. die Goldwage mit ihren kleinen Gewichten in angelsächsischen und westfränkischen Gräbern, ist seitdem auch in den alten Gräbern des Schwabenlandes aufgefunden.

Technik, Form und Verzierung sind ebenso übereinstimmend bei den Glas- und Thongefässen, als bei sämmtlichen Arten der Schmuckgeräthe, sowohl jenen, welche unzweifelhaft latino-byzantinischen Ursprungs, wie denjenigen, welche als eigenthümlich germanische Arbeit zu betrachten sind.

Zu diesen gewichtvollen, an und für sich vollkommen ausreichenden Zeugnissen der Gleichartigkeit und Gleichzeitigkeit jener Grabfelder tritt noch die zustimmende Angabe der Münzfunde, von welchen die spätzeitlichsten und somit wichtigsten bis in das 7. und den Anfang des 8. Jahrhunderts, somit nahe an die Zeit der Karolinger herabreichen, mit welcher, bei den Franken wenigstens, die altnationale Bestattungsweise nach heidnischem Brauche ihr Ende erreicht, und der Charakter der Gräber im Allgemeinen ein wesentlich anderer wird.

Dass diese Angabe von so grosser Bedeutung nicht in derselben Gleichmässigkeit, wie die übrigen zeitbestimmenden Merkmale, auf allen jenen Friedhöfen nachzuweisen ist, bleibt

---

*) Die vaterländischen Alterthümer der fürstl. Hohenzollern'schen Sammlungen, Seite 120 u. ff.

aus zwei Gründen leicht zu erklären. Einmal ist erst in den Jahren 1846 und 47 in Deutschland bei den Ausgrabungen in Selzen, in Belgien bei jenen von Lede, eine besondere Aufmerksamkeit der Auffindung jener kleinen Formen von Gold- und Silbermünzen zugewendet worden, wie sie den Geprägen der byzantinischen Kaiser und der merovingischen Könige eigenthümlich sind; andererseits war die Zahl der barbarischen wie byzantinischen Münzen an und für sich weit geringer, als die Masse der damals noch in vollem Cours befindlichen älteren römischen Münzen, deren Gebrauch in Frankreich wie in Deutschland in eine bis jetzt noch nicht mit Sicherheit bestimmbare Spätzeit fortdauerte.

Schon in dem Grabe Childerichs I. († 481), welches 1653 in Tournay aufgefunden wurde, umfassen die Münzen einen ausserordentlich grossen Zeitraum: während die 100 Goldstücke nur sieben gleichzeitige ost- und weströmische Kaiser bis zu Zeno († 491) repräsentiren, reichen die 40 Silbermünzen, welche Chiflet nach Zerstreuung von 160 andern Stücken noch bestimmen konnte, mit Ausnahme einer Consularmünze, von Nero bis Constantius dem Jüngeren († 350). Unter diesen fallen 7 auf Trajan und Hadrian und 30 allein auf die Familie der Antonine. Es zeigt sich hier schon das in allen Gräbern dieser Zeit beobachtete Verhältniss: dass jene Kaisermünzen, welche in grösster Menge in Cours waren und deshalb auch sonst überall am häufigsten gefunden werden, auch in den Friedhöfen am zahlreichsten zu Tage kommen, während die Münzen der späteren und letzten Kaiser, welche man gerade hier am häufigsten erwarten sollte, ursprünglich schon in geringerer Zahl vorhanden, auch in den Gräbern seltener erscheinen. Die einzige Ausnahme bieten die Münzen der constantinischen Familie, welche aber in Gallien und den germanischen Provinzen überall, und so auch in den Gräbern der merovingischen Zeit, ausserordentlich häufig sind.

Ein rascher Ueberblick der bekanntesten Todtenfelder wird am besten den grossen Zeitabstand der hier niedergelegten Münzen klarstellen, nach welchem die Angaben der spätzeitlichsten, welche in den verschiedenen Ländern so sehr übereinstimmend lauten, auch für diejenigen Friedhöfe maassgebend erscheinen müssen, auf welchen jene immerhin seltenen, nur bei grosser Vorsicht aufzufindenden Gepräge entweder wirklich fehlten, oder unbeachtet geblieben sind.

In den angelsächsischen Gräbern Englands finden sich: bei Wilbraham römische Münzen von Trajan bis Constantinus M.; bei Gilton: von Nero bis Justinianus; bei Kingston: von Claudius I. bis Constantinus M.; bei Sibertswold: Münzen der merovingischen Könige.

In Frankreich*) in der Normandie auf den von Herrn Abbé Cochet so vortrefflich untersuchten Todtenfeldern: zwei gallische Goldmünzen als Anhänger, römische Münzen von den Grosserzen der ersten Kaiserzeit bis zu Gratianus († 383) und eine barbarische Copie einer Goldmünze des Justinianus. Merovingische Münzen: fünf goldene, einen Zeitraum von 60 Jahren, von 640 bis zum Anfange des 8. Jahrhunderts, umfassend, und sechs silberne des 6. Jahrhunderts.

In den Grabfeldern der Isle de France reichen die Münzen von Augustus bis Gratianus; in der Picardie und dem Artois von Augustus bis Valentinianus und Anastasius († 518); in der Champagne zu Scrupt: gallische und römische Münzen bis Valentinianus; zu Verrieres: von Nero bis Constantinus M.; in Burgund zu Charnay: gallische und römische Münzen bis zu einer barbarischen Copie einer römischen Goldmünze.

---

*) Siehe: Le tombeau de Childeric I. par M. l'abbé Cochet, pag. 421 u. ff.

In der Schweiz zu Belair: von Augustus bis Magnus Maximus.

In Lothringen zu Remmenecourt: von Tiberius bis Constantinus M.; im Ganzen von Claudius I. bis Honorius; zu Kirschnaumen bei Sirk: Goldmünze des Anastasius.

In Belgien zu Lede: römische Consularmünze, eine barbarische Copie einer römischen Goldmünze, eine Goldmünze von Childebert († 558).

In Deutschland zu Fridolfing: von Trajanus bis Maximianus Herculius († 316); zu Nordendorf: von Hadrianus bis Valens († 378); zu Selzen: Constantinus M. und Justinianus; zu Oberolm: 21 römische Münzen von Titus bis Magnus Maximus, eine barbarische Copie einer Goldmünze des Anastasius, eine byzantinische kleine Silbermünze, drei merovingische Gold- und zwei ebensolche Silbermünzchen, die letzten noch nicht näher bestimmt; zu Wiesbaden: eine Goldmünze des ostgothischen Königs Theodehat († 536).

Alle diese Münzfunde reichen nach der einen Seite weit über die Zeit der Grabfelder, selbst zum Theil über jene der römischen Herrschaft, und durch die gallischen Münzen noch über die Eroberung dieses Landes durch die Römer hinauf. Zum Glück hat sich keine dieser letzteren in eines der deutschen Grabfelder verloren, sie würde bei unseren Kelteufreunden die Würdigung jedes andern zeitbestimmenden Umstandes für immer unmöglich gemacht haben.

Wenn uns das Grab Childerichs I., welches wir bis jetzt unbedingt für das am sichersten datirte und als das älteste aller gleichartigen Gräber betrachten dürfen, in dem Goldstücke des Julius Nepos vom Jahre 475 die spätzeitlichste der occidentalischen Kaisermünzen aller dieser Grabfunde darbietet, so wird damit allein schon den sämmtlichen übrigen Römermünzen des 1. bis 4. Jahrhunderts ihre Beweiskraft für die Zeitstellung entzogen, und auf jene der byzantinischen Kaiser Anastasius († 518) und Justinianus († 565), sowie auf die einheimischen Münzen übertragen, welche bis zum Anfange des 8. Jahrhunderts herabgehen, insofern wir die in beiliegenden Gräbern oder in der Nähe der älteren gefundenen karolingischen Münzen ganz ausser Betracht lassen. Es begegnen uns hier Gepräge Chlodovechs, Theodebats, Theodeberts, Childeberts, Chlotars II., Dagoberts und seiner Nachfolger bis gegen das erste Jahrzehnt des 8. Jahrhunderts.

Das Einzige, was den hieraus sich ergebenden Schluss um Weniges modificiren könnte, wäre das Ergebniss einer genaueren Bestimmung jener sehr schwer zu entziffernden Silbermünzchen des Grabfeldes von Envermeu, in welchen man den Typus der ältesten ripuarischen Königsmünzen erkennen will, und von welchen gleichartige, ebenfalls nicht bestimmbare in den Grabfeldern von Oberolm bei Mainz zu Tage kamen.

Im Ganzen also ergibt sich aus den Münzen, dass die Zeit der Grabfelder vom Ende des 5. Jahrhunderts bis zum Anfange des 8. reicht. Genauer und nach dem Zeugnisse der Mehrzahl beschränkt sich dieselbe auf das 6. und 7. Jahrhundert.

Sehen wir zu, ob diese Angabe auch von den übrigen Fundgegenständen bestätigt wird, oder ob dieselbe durch irgend welche andere Verhältnisse für die einzelnen Länder Beschränkungen oder Erweiterungen erfahren muss.

Was zunächst die wichtigen Waffenformen betrifft: so gewähren sie die zutreffendste Uebereinstimmung mit dem Zeugnisse der Münzen, aber auch bei ihrer schon erwähnten durchgehenden Gleichartigkeit keinen weiteren Anhalt für genauere Abstufung des Alters innerhalb des gegebenen Zeitraums.

Gerade die ältesten dieser Grabfunde, der Scramasax und die Spatha, welche dem Westgothenkönig Theodorich zugeschrieben werden, und die Waffen Childerichs I. sind diejenigen, welche in Bezug der Goldarbeit ihrer Griffe und Scheidebeschläge eine Ausnahme dieser Gleichförmigkeit zeigen.

Die Verzierung derselben durch eingelegte Edelsteine und farbige Glasflüsse in ein goldnes Rahmen- oder Zellenwerk, der sogenannte Zellenschmelz, *verrolerie cloisonnés*, erscheint jedoch sowohl in den genannten, wie in vielen anderen unserer Gräber auch an Schnallen und Spangen, und hier nicht allein auf Gold, sondern auch auf Silber, Erz und Eisen, und diese wie die Schmuckgeräthe überhaupt sind es, bei welchen sich noch im Vergleich zu den übrigen, bereits erschöpfend erklärten Grabalterthümern jener Zeit, vielleicht noch einige Andeutungen für eine annähernde Altersbestimmung gewinnen lassen.

Im Allgemeinen ist es nachgewiesen, dass die Hauptformen aller dieser Zierstücke, der Gürtelbeschläge, Schnallen und namentlich der Gewandnadeln, *fibulae, pungae*, der scheibenförmigen und spangenförmigen, wie jener in Gestalt phantastischer Thiere, aus römischer Ueberlieferung hervorgegangen sind*), und dass ein grosser Theil besonders der scheibenförmigen Fibulae wirklich latino-byzantinischen Ursprungs sind. Darüber kann so wenig jetzt mehr ein Zweifel walten, als darüber, dass diese ursprünglich fremden Formen in einem besonderen, dem gesammten Norden eigenthümlichen Verzierungsgeschmacke umgebildet und in charakteristischer Weise zu neuen Gestaltungen entwickelt sind.

Wenn man neuerdings, um bereits Bekanntes als frische Entdeckung zu verwerthen, behaupten will, die seitherigen so vielseitigen und eingehenden Untersuchungen dieser Grabfunde hätten die Finsterniss, welche dieselben umgibt, nur vermehrt, so kann dies nur für diejenigen gelten, welche nicht davon loskommen können, die ganze nordische Ornamentik als Erfindung einiger bücherabschreibenden Mönche zu betrachten.

So gewiss aber niemals für die Ausschmückung von Schriften ein besonderer Styl erfunden wurde, ebenso wenig lässt sich ein weitverbreiteter Verzierungsgeschmack, welcher in verschiedenen Ländern überall in gleichartigem Charakter, aber in unendlich abwechselnden Gestaltungen auftritt, seinem Ursprung nach auf Bücher zurückführen. Die Ornamentik der Grabalterthümer der Angelsachsen, Franken, Burgunden und Alamannen ist aus weit mächtigeren und älteren Wurzeln herzuleiten, als die Wirksamkeit einiger „keltischen" Mönche und den geometrisch construirten Schnörkeln ihrer Manuscripte, selbst wenn diese von irischen Gelehrten mit bekannter Gewissenhaftigkeit in Zeitbestimmungen vom 9. in das 6. Jahrhundert hinaufgeschoben werden könnten.

Die Annahme eines von Alters her den mitteleuropäischen Völkern gemeinsamen originalen, so zu sagen halbwilden Verzierungsgeschmackes entspricht der Gleichartigkeit ihrer Bildung, Lebens- und Anschauungsweise. Wie es völlig sichere, in das 5. Jahrhundert hinaufreichende Nachrichten bezeugen, war derselbe zu dieser Zeit namentlich in Holzsculptur an den heiligen Säulen, Tempeln und Königshallen verwendet, und gewiss durch vielseitigste Uebertragung auf alle Geräthe des Lebensbedarfs zu jenem Grade ausgebildet, wie wir ihn in den Ornamenten der Schmuckgeräthe aus der etwas späteren Zeit der Reihengräber noch ganz in dem ursprünglichen Charakter der Holzschnitzerei auf die Metallarbeit übertragen finden.

Das überall Gleichzeitige und Gleichartige seines Auftretens zu einer Zeit, wo seine Darstellung auf dauernde Stoffe möglich wurde, findet allein aus der langen Dauer eines vorhergehenden allgemeinen Gebrauchs eine naturgemässe Erklärung. Wäre er vorzugsweise jenen

---

*) Ueber eine besondere Gattung von Gewandnadeln, 1851. pag. 18. Mainzer Alterthümer III., und Die vaterländischen Alterthümer der fürstl. Hohenzollern'schen Sammlung, pag. 63 u. ff.

Ländern eigenthümlich, welche man als specifisch keltische zu betrachten beliebt, so müsste sich gerade dort schon seit der durch die Römer bewirkten Einführung einer selbstständigen Metalltechnik, viele Jahrhunderte früher als unsere Grabfunde, die Uebertragung dieser Ornamentik auf Gold, Silber, Erz oder Eisen vollzogen haben; davon ist aber bis heute noch keine Spur zu entdecken gewesen.

Man wird zugeben können, dass dies wenig zu thun hat mit dem Streite der Gelehrten über den Versuch einer strengen Scheidung der mitteleuropäischen Völker in germanische und specifisch keltische Stämme, und man muss die Gemeinsamkeit dieser von dem Ornamentstyle der älteren importirten Erzgeräthe völlig verschiedenen Verzierungsweise anerkennen, ob man sich in jenem Streite auf diese oder jene Seite stellen, oder demselben nach seinem vorwiegend philologischen Charakter ferner überhaupt eine Bedeutung beilegen will, nachdem seine Uebergriffe in das Gebiet der Archäologie und Geschichte zurückgewiesen sind.

Wenn aber nun einmal den germanischen Stämmen die nächsten Ansprüche auf selbstständige Ausführung eines sehr grossen Theils der in ihren Gräbern niedergelegten Schmuckgeräthe nicht zu bestreiten sind, so darf ihnen dagegen mit ebenso viel Recht gerade das entzogen werden, was man ihnen neuerdings mit so vieler Zuversicht als eigene Erfindung beilegen will, nämlich den sogenannten Zellenschmelz, die *verroterie cloisonnée*, jene Einlagen zugeschnittener Edelsteine und farbiger Glasstücke in ein Rahmenwerk von Gold und Silber.

Mit vollstem Rechte sucht Herr Graf von Linas*) in seiner schönen Schrift über die Goldschmiedekunst der merovingischen Zeit diese einseitige Behauptung des Herrn Grafen von Lasteyrie**) und die ebenso einseitige des Spaniers de Los Rios***), welcher sämmtliche Arbeiten dieser Art für latino-byzantinisch erklärt, zu vermitteln. Ohne allen Zweifel ist diese von den deutschen Stämmen mit Vorliebe aufgenommene und gepflegte Technik fremde Ueberlieferung. Sie ist nicht etwa als ein barbarischer Versuch zu betrachten, durch Edelsteinsplitter und gefärbtes Glas das eigentliche Email zu ersetzen, sie gehört vielmehr schon der römischen Goldschmiedekunst des 4. Jahrhunderts an, welcher auch die Ausführung des eigentlichen Emails und der feinsten Glasmosaik noch vollkommen geläufig war.

Dass letztere Kunstzweige bei der germanischen Eroberung der römischen Provinzen verschwanden, darf als sicher betrachtet werden; was sich von Arbeiten dieser Art früherer Zeit in England, Frankreich und am Rhein in Gräbern merovingischer Zeit findet, ist durchaus nur als Erzeugniss römischen Kunstfleisses zu betrachten. Die Bulla des angelsächsischen Grabhügels von Sibertswold, der emaillirte Kopf aus den fränkischen Gräbern des Vallée de l'Eaulne, welche von den ausgezeichneten Forschern Herren Roach Smith und Abbé Cochet für einheimische Arbeit erklärt werden, und ebenso die Fibula aus den fränkischen Gräbern von Lorentzen im Elsass, bieten so wenig den Charakter der merovingischen Zeit, als jene emaillirten Fibulae mit Verzierungen von Lunulis, welche Herr von Linas aus dem Museum von St. Omer abbildet.

Von letzteren besitzt das Mainzer Museum völlig gleichartige aus unzweifelhaft römischen und zwar heidnischen Gräbern.†) Es zeigt sich freilich bei manchen derselben schon eine Veränderung des Styls und in der Ausbildung der Schlussknöpfe zu förmlichen Thierköpfen

---

*) Orfèvrerie merovingienne, les oeuvres de St. Eloi et la verroterie cloisonnée, par Charles de Linas. Paris 1864.

**) Description du trésor de Guarrazar.

***) El arte latino-byzantino en España y las coronas de Guarrazar, par Don José Amador de Los Rios. 1861.

†) Wir werden die Abbildung derselben in den nächsten Heften bringen.

bereits die Aufnahme barbarischer Formen; allein der fortschreitende Verfall des Geschmacks und die Erschöpfung eigener Production erklärt diese Erscheinung so gut, als die sinkende Macht des Reichs den Gebrauch barbarischer Hülfe.

Bei den Untersuchungen über jene verroteries cloisonnées bleibt es aber auffallend, dass bis jetzt ein in solchen Zellenschmelz gefasstes goldenes Medaillon des Maximianus Herculius unter den goldenen Phaleren des k. k. Antiken-Cabinets in Wien *) übersehen werden konnte, welches in eine spätere Zeit, als die jenes Kaisers selbst, zu versetzen jede Berechtigung fehlt. Die Randverzierungen vieler der übrigen Medaillons der Kaiser Constantius, Valens etc. zeigen, wenn auch in einfacher Goldarbeit, dasselbe barbarisirende Zickzackband, durch welches sie zugleich mit einer andern goldenen Zierscheibe, desselben Cabinets, übereinstimmen, die ebenfalls mit Zellenschmelz in rothen Steinen oder Glas ornamentirt ist **) und ausserdem alle Merkmale der Technik jener, unseren Grabfunden vorhergehenden Periode aufweist.

Wie wir aber im Allgemeinen in den Verzierungen der römischen Goldarbeiten des 4. Jahrhunderts die nächsten Vorbilder der frühesten germanischen erkennen müssen, so sind auch namentlich die Henkel jener goldenen Phaleren und die nächst denselben befindlichen, aus Goldperlen gebildeten Dreiecke genau dieselben, welche auf den barbarischen Goldbrakteaten erscheinen, die ihrer Runeninschriften wegen früher für scandinavische, nun für niedersächsische Arbeit erkannt sind, und ohne Zweifel zu den frühesten Zeugnissen germanischer Goldschmiedekunst gehören.

Bei Beurtheilung der letzteren kommen jedoch ausser der nothwendigen Beachtung jener latino-byzantinischen Muster zugleich auch die schriftlichen Nachrichten und Ueberlieferungen über die Arbeiten in edlen Metallen bei den germanischen Stämmen in Betracht. Diese bis in das fünfte Jahrhundert hinaufreichenden Ueberlieferungen stellen aber neben die germanischen Goldschmiede, die *barbari aurifices* der *vita Sancti Secermi* und jene der *leges Barbarorum*, zugleich auch die fremden Händler mit Schmucksachen, die *transmarini negotiatores*, welche Gold- und Silberwaaren und Ziergeräthe, *ornamenta et gemmas*, liefern, Gegenstände, welche noch in der karolingischen Zeit einen wesentlichen Theil des Handels bilden.

Ob bei diesem gewiss nicht unbedeutenden industriellen Verkehr des byzantinischen Reiches nach dem Norden, von Seiten des Exportlandes nicht bis zu einem gewissen Grade eine Berücksichtigung des Geschmackes der Abnehmer vorausgesetzt werden darf, steht dahin. Beachten wir aber ferner noch die grosse Masse der Kleinodien, welche als Beute in den Besitz der Eroberer gelangt waren, so finden wir uns von allen Seiten her zu grösster Vorsicht bei Beurtheilung der Grabfunde in Bezug auf Bestimmung ihres Alters und inländischen Ursprungs aufgefordert.

Mit voller Sicherheit können wir daher nur diejenigen Schmuckgeräthe für Zeugnisse einheimischer Kunstfertigkeit erklären, welche auch die unverkennbaren Merkmale des einheimischen Ornamentgeschmacks in jenem ursprünglichen Reichthum und Abwechselung der Gestaltung zeigen, die eine Wiederholung als eine seltenste Ausnahme erscheinen lässt. Im Allgemeinen bieten die scheibenförmigen, meist goldenen Gewandnadeln mit Einlagen von Edelstein, farbigem Glase und Filigranverzierungen, sowie die gleichartigen rosettenförmi-

---

*) Abgebildet bei Jos. Arneth, Die antiken Gold- und Silbermonumente des k. k. Antiken-Cabinetes in Wien, G. XV. 3, beschrieben pag. 41.

**) Wir werden dieselbe später abbilden. Veröffentlicht ist dieselbe bereits bei Jos. Arneth, a. a. O. Taf. G. XI, Nr. 127, und beschrieben pag. 39, Nr. 259, — und bei Ed. Frhr. von Sacken, Leitfaden für die Kunde der heidnischen Vorzeit, Fig. 64, als Muster der Goldarbeiten aus der „Eisenperiode."

gen Silbernadeln bei weitem die geringste Abwechselung in der Anordnung ihres Ornaments und nur wenige dem latino-byzantinischen Style fremde Elemente. Ausnahmen, zu welchen die scheibenförmige Nadel von Osthofen zählt, finden sich verhältnissmässig nur wenige.

Dagegen bewegt sich die Tauschirarbeit der eisernen Fibulae, Schnallen und Beschläge schon in einem umfangreicheren Gebiete verschiedenartiger Verzierungsmotive, und es sind zumeist die bronzenen und silbernen spangenförmigen Gewandnadeln, welche den nordischen Styl in voller Eigenthümlichkeit und Mannigfaltigkeit darstellen. Zu diesen gehört die Nordendorfer Spange. Allein für eine nähere Altersbestimmung dieser letzteren Gattung der Schmuckgeräthe können vor der Hand nur aus ihrer technischen Ausführung einige allgemeine Andeutungen gewonnen werden; denn die Frage, ob hier die besonders grossen und wilden Formen, welche am weitesten von den Verhältnissen der ursprünglich römischen Gestaltung der Spange abweichen, etwa die ältesten oder vielleicht gerade die spätzeitlicheren sind, liesse sich wohl nach Art kunsthistorischer Schönrednerei erörtern, aber vor Entdeckung näher datirter Grabfunde keineswegs zur Entscheidung bringen.

Die Spangen sind der Mehrzahl nach aus Silber gegossen und ciselirt, zeigen aber eine reiche Abwechselung der Metallfarben, indem die inneren, mit tief eingeschnittenem Ornament oder mit Filigranarbeit verzierten Felder vergoldet und die zwischenlaufenden blanken Silberstreifen mit einer Art Niello aus dunklem Schwefelsilber geschmückt sind. Dieses Farbenspiel wird bei einzelnen durch angesetzte vergoldete oder naturfarbene Kupferknöpfe erhöht und besonders leuchtend durch eingelegte Granaten oder Gläser in den Augen von Thier- oder Vogelköpfen, welche bald an dem oberen Theil, bald am Schlusse der Spange angebracht sind.

Fassen wir aber von dieser ganzen Ausstattung der Spange, wie sie auch auf dem Todtenfelde von Nordendorf vollständig repräsentirt ist, nur jene in der abgebildeten Runenfibula gegebene Art der Silberarbeit, die Vergoldung und die Niellirung ins Auge, so müssen wir gestehen, nicht zu der Annahme berechtigt zu sein, dass diese für die Germanen völlig neuen Kunstfertigkeiten wie im Fluge innerhalb eines Menschenalters, und zwar in der so sehr bewegten Zeit des 5. Jahrhunderts, bis zu geläufiger allgemeiner Verwendung gelangt sein können.

Müssen und wollen wir diese Arbeiten als einheimische betrachten, so sind wir genöthigt, im Allgemeinen der Zeit nach herabzugehen. Wir finden dies um so mehr gerechtfertigt, als auf dem unbedingt ältesten dieser Friedhöfe, jenem von Worms bei der Liebfrauenkirche, welcher sich einem römisch-christlichen unmittelbar anschloss, die Beigaben aller bei ihren Grabsteinplatten (mit deutschen Namen und der Inschriftform der ersten christlichen Zeit) bestatteten Todten nur höchst einfach erscheinen. Es fanden sich bei den Männern ausser dem Scramasax, den Messern und Pfeilen zur Erzbecken mit Haselnüssen gefüllt, und bei den Weibern der Schmuck von Thon- und Bernsteinperlen, einfache Armringe von Erzdraht, Gläser und Töpfe. Dagegen stammen alle bei dieser Stadt gefundenen Gürtelornamente und silbernen, in nationalem Style reich verzierten Schmuckstücke nur aus dem offenbar späteren fränkischen Friedhofe vor dem Andreasthore.

Es erscheint deshalb gewiss als das Aeusserste, was dem Gesammtverhalte dieser Grabfunde gegenüber zugestanden werden kann, wenn wir die ältesten der spangenförmigen Nadeln in die Mitte oder das Ende des 6. Jahrhunderts, die überwiegende Mehrzahl in das 7. Jahrhundert stellen.

Für diese Zeitbestimmung, ja noch eine weit spätere, spricht aber gerade in Bezug auf die alamannischen Todtenfelder, also auch das Nordendorfer, der Umstand, dass in diesem Lande überhaupt eine viel spätere Zeit für die Bestattung auf grossen Friedhöfen anzunehmen ist. Hier wurden lange noch die Todten mit denselben Beigaben, welche die Reihengräber zeigen, in Grabhügeln beigesetzt, bis jene Begräbnissweise, welche immer als erstes Zeichen des Uebergangs zu christlichem Brauche zu betrachten ist, Eingang fand. Im Vergleiche mit den Burgunden und Franken bewahrte das Heidenthum bei den Alamannen in allen Richtungen eine viel unzugänglichere Haltung, welche schon aus der Thatsache zu erkennen ist, dass die heidnische Ausstattung der Todten mit Speise und Trank, mit Waffen und Kleidung, wie sich dieselbe noch vollständig in den Reihengräbern darstellt, nach dem Inhalt der Todtenbäume sogar bis in das Mittelalter herein erhalten konnte, weit über die Zeit hinaus, in welcher St. Pirminius und St. Bonifacius mit aller Macht die Reste heidnischer Gebräuche bekämpften. Die Runenschrift und der heidnische Charakter ihres überaus merkwürdigen Inhalts vermag deshalb für die Nordendorfer Spange keinen Einwand gegen unsere, von der früheren Annahme so verschiedene Altersbestimmung derselben zu bieten.

Wenn sich ausserdem auch andere Runeninschriften auf Goldarbeiten eines weit spätzeitlicheren Styls nachweisen lassen, so muss dieses eher als Beweis einer längeren Dauer des Gebrauchs dieser Schriftzeichen betrachtet werden, als dass diese Inschriften eine ältere Zeitstellung jener Geräthe begründen könnten. Bis auf weitere Aufschlüsse in Folge neuer Entdeckungen glauben wir deshalb, im Ueberblick aller bis jetzt maassgebenden Verhältnisse, die Zeit unserer Nordendorfer Spange sowohl, als jener von Osthofen, nicht über die zweite Hälfte des 6. Jahrhunderts, viel eher noch in das 7. Jahrhundert bestimmen zu sollen.

Schmuckringe mit Spiralornamenten.

Erz.

N° 1. Gewundener Ring, welcher gegen vorn nach beiden Seiten in flache schlanke Blätter ausläuft, deren Vereinigungspunkt ein Ornament von 2 Spiralen krönt. Gefunden bei Turloff, nächst Sternberg (Mecklenburg). — Museum zu Schwerin.

„ 2. Ebensolcher Ring, bei welchem die flachen blattförmigen Ausläufer übereinander geschlungen sind und in Spiralverzierungen endigen. Gefunden in einem Grabe zu Brahlsdorf, Amt Wittenburg (Mecklenburg). — Museum zu Schwerin.

„ 3. Kolossaler Ring, im Ganzen wie die obigen, nur mit mächtiger Ausdehnung der blattförmigen Enden und bedeutend grösseren Spiralen. Gefunden in einem Grabhügel bei Faaborg, Insel Fünen. — Museum zu Kiel.

„ 4. Gewundener Ring mit blattförmigen fest verbundenen Enden, an welchen sich noch zwei eigenthümliche, in Spirale auslaufende Ranken abzweigen. Gefunden bei Turloff (Mecklenburg). — Museum zu Schwerin.

„ 5. Gewundener Ring. Die blattförmigen Enden sind durch eingravirte sogenannte Schiffverzierungen ornamentirt und waren ursprünglich durch ineinander verschlungene Spirale verbunden. — Aus der Warnstedt'schen Sammlung in dem Museum zu Kiel.

Diese Ringe gelten wohl mit Recht für Kopfzierden. Die Möglichkeit dieses Gebrauchs ist jedoch durch die Annahme bedingt, dass sie als Aufsatz über eine andere Kopfbedeckung oder eine besondere, für diesen Zweck passende Gestaltung des Haarputzes dienten, da ihre beinahe kreisförmige Rundung der Form und dem Umfang des menschlichen Kopfes nicht entspricht. Bis jetzt ist diese Form nur in dem Norden Deutschlands aufgefunden worden.

Aexte.

Kupfer. Erz. Gold.

N° 1 u. 2. Seitenansicht und obere Ansicht einer Doppelaxt. Erz. Fundort nicht näher angegeben, Ungarn. — Museum zu Zürich.

„ 3 u. 4. Seitenansicht und obere Ansicht einer Doppelhacke aus Kupfer mit senkrechter und wagrechter Schneide. Fundort Ungarn. — Museum zu Zürich.

„ 5 u. 6. Seitenansicht und obere Ansicht einer Axt aus Kupfer. Unfertig oder im Gusse misslungen. Nach der einen Seite ein breiter scheibenförmiger, mit einem Stachel versehener Kopf, nach der andern Seite eine lange gradlaufende, nach vorn breitere Klinge. Fundort Ungarn. — Museum zu Zürich.

„ 7 u. 8. Seitenansicht und obere Ansicht einer Axt aus Bronze mit langer, etwas gebogener Klinge; nach der andern Seite mit einem breiten konischen Knopfe. Fundort Ungarn. — Museum zu Zürich.

„ 9 u. 10. Seitenansicht und obere Ansicht einer Doppelaxt aus Bronze. Nach der einen Seite ein halbmondförmiges Beil, nach der andern eine schlanke meisselförmige Klinge. Fundort Ungarn. — Museum zu Zürich.

„ 11 u. 12. Seitenansicht und obere Ansicht eines Beiles von gediegenem Golde, 27³/₄ Loth Wiener Gewicht schwer. Gefunden 1840 zu Czofalva in Siebenbürgen, zugleich mit 8 anderen gleichartigen Goldäxten, einem Klumpen Rohgold, einer Pferdekinnkette aus Gold, 6 kleinen mit Buckeln verzierten Scheiben aus Goldblech und 2 grösseren ebensolchen mit Spiralornamenten. — K. K. Antikencabinet in Wien.

„ 13 u. 14. Seitenansicht und obere Ansicht einer Axt aus Bronze. Fundort Ungarn. — Museum zu Zürich.

„ 15 u. 16. Seitenansicht und obere Ansicht einer Axt aus Kupfer. Ebendaher. — Ebendaselbst.

„ 17 u. 18. Seitenansicht und obere Ansicht einer Axt aus Bronze mit eingravirten Bandverzierungen. Fundort Italien. — Musée d'artillerie zu Paris.

Messer.

Erz und Eisen.

In der dargestellten Lage ist bei allen die Schneide nach oben, der Rücken nach unten gekehrt.

N° 1. Messer. Erz. Gefunden zu Dielbrück bei Paderborn. — Museum zu Hannover.

„ 2, 3, 6. Messer. Erz. Gefunden in dem Pfahlbau bei Nidau. — Sammlung des Herrn Oberst Schwab in Biel.

„ 5. Messer kleinster Form. Erz. Gefunden in einem Grabhügel bei Belm (Osnabrück). Museum zu Hannover.

„ 7. Messer. Erz mit sogenannten Schiffzierrathen. Gefunden zu Wellendorf (Hannover). v. Esstorf'sche Sammlung im Museum zu Hannover.

„ 8. Ebensolches Messer, gefunden zu Gödenstorf, Amt Winsen. — Wellenkamp'sche Sammlung im Museum zu Hannover.

„ 9. Ebensolches, gefunden bei Aurich (Ostfriesland). — Museum zu Hannover.

„ 10. Messer, gefunden zu Wellendorf. — v. Esstorf'sche Sammlung im Mus. zu Hannover.

„ 11. Messer. Stahl. Gefunden in dem römischen Pfahlbau am Diemeser Ort bei Mainz. Museum zu Mainz.

„ 12. Messer. Erz mit Schiffzierrathen. Gefunden in Holstein. — Museum zu Kiel.

„ 13. Messer. Erz. Gefunden zu Lübberstedt, Amt Winsen (Hannover). — Museum zu Hannover.

„ 14. Messer. Erz. Gefunden in einem Grabhügel zu Harsefeld im Bremen'schen. — Museum zu Hannover.

„ 15. Messer. Erz. Gefunden zu Toppenstedt, Amt Winsen. — Museum zu Hannover.

Alle diese Messerklingen, mit Ausnahme vielleicht der Nummern 2, 3, 5, wurden ohne weitere Befestigung an ein Heft gebraucht. Die verhältnissmässige Schwäche der Klingen, die Schärfe ihrer Schneide und ihre ganz eigenthümliche passende Gestaltung bestätigen die Annahme, dass sie vorzugsweise zur Abnahme der Barthaare benutzt wurden. Es gilt dies vorzugsweise von den Nummern 1 und 7 bis 15. Erzmesser dieser Art werden besonders häufig an den Küstenländern der Nord- und Ostsee gefunden. Als ein Unicum unter den Funden in Deutschland bis jetzt darf dagegen das feine Stahlmesser N° 11 bezeichnet werden, dessen Arbeit und Fundort römischen Ursprung verbürgt.

Haarnadeln und Kämme.

Erz.

N° 1. **Haarnadel aus Erz gegossen.** Der radförmige Knopf ist aus 2 Ringen und ebenso vielen kreuzförmig durchlaufenden Speichen gebildet. An seinem Rande sitzen vier pfeilspitzenförmige Knöpfe. Fundort: Grossherzogthum Hessen. — Museum zu Darmstadt.

„ 2. **Haarnadel.** Erz. Der platte scheibenförmige Knopf mit einem Kreis buckelförmiger, von der Rückseite ausgetriebener Ornamente; an dem Rande 3 Kreise von eingeschlagenen Punkten. Gefunden zu Lehmke, Amt Bodenteich (Hannover). — v. Esstorf'sche Sammlung im Museum zu Hannover.

„ 3. **Reichverzierte Haarnadel.** Erz. Mit eingravirten ringförmigen Ornamenten. In der Mitte ein Kranz von Spiralverzierungen. Gefunden zu Marssel, Amt Zesum (Bremen). — Museum zu Hannover.

„ 4. **Ebensolche mit concentrischen Kreisornamenten.** An dem oberen Theil des Knopfrandes ist der vorragende hakenförmige Fortsatz besser als bei N° 2 u. 3 erhalten. Gefunden zu Sommerbeck, Amt Blekede (Hannover). — Museum zu Hannover.

„ 5. **Grosse Haarnadel von Erz,** mit hohlem, durch runde getriebene Buckeln verzierten Knopf. Die Nadel, deren oberes Ende schraubenförmige Windungen zeigt, wurde stark zusammengebogen aufgefunden und ist hier in ursprünglich grader Richtung dargestellt. Aus den Pfahlbauten des Bieler Sees. — Sammlung des Herrn Oberst Schwab in Biel.

„ 6. **Nadel von Erz,** mit hohlem Knopf, dessen runde Oeffnung wahrscheinlich in ähnlicher Weise, wie es bei anderen Bronzen beobachtet ist, mit farbigem Kitte ausgefüllt waren. Aus dem Pfahlbau von Corçelette. — Sammlung des Herrn Oberst Schwab in Biel.

„ 7. **Aehnliche Nadel aus dem Pfahlbau in Cortaillod.** — Ebendaselbst.

„ 8. **Ebensolche Nadel aus dem Pfahlbau von Niedau.** — Ebendaselbst.

„ 9. **Ebensolche Nadel aus dem Pfahlbau von Corçelette.** — Ebendaselbst.

„ 10. **Kamm von Erz,** gefunden zu Meldorf in Dietmarschen, am sogenannten Wodensberge. — Museum zu Hannover.

„ 11. **Kamm von Erz,** mit einer Verzierung in Form zweier Schwimmvögel. — Warmstedt'sche Sammlung im Museum zu Kiel.

„ 12. **Kamm von Erz,** ähnlich wie N° 10. — Boysen'sche Sammlung im Museum zu Kiel.

Erzgefässe.

N° 1. Becken aus getriebenem Erz mit beweglichem Henkel, dessen Oesenringe an einer ganz eigenthümlichen, durch Nieten befestigten Leiste angebracht sind. An dieser sitzen auf beiden Seiten zwei Scheiben wie Räder an einer Achse, so dass sie den Rand des Beckens durchschneiden und über denselben hervorragen. Auf dieser Achse, neben und zwischen den Henkelringen, erheben sich auf langen, etwas gebogenen Vogelhälsen drei Greifenköpfe, von welchen der eine nach dem Innern des Beckens, und zwei nach aussen gewendet sind. Aus einem Grabhügel im Lüneburgischen (Hannover). — Germanisches Museum zu Nürnberg.

„ 2. Gehenkelter Napf aus getriebenem Erzblech, mit Reihen von Buckeln ornamentirt. Der mit gravirten Linien verzierte Henkel 2ᵇ, ist mit vier Nieten angeheftet. Gefunden bei Dahmen (Mecklenburg). — Museum zu Schwerin.

„ 3. Aehnlicher Napf, ohne punzirte Verzierungen, mit gleichartigem aufgenietetem Henkel 36. Gefunden bei Mainz. — Museum zu Mainz.

„ 4. Schüssel aus getriebenem Erz. Auf dem breiten Rande ein Zierband mit concentrischen Kreisornamenten, abwechselnd mit phantastischen Vögeln. Profil der Schüssel 4ᵇ. Aus den Gräbern von Hallstadt. — K. K. Antikencabinet in Wien.

„ 5 u. 6. Zwei Näpfe aus getriebenem Erz. An dem obern Rande ein Streifen mit Zickzackornament. Gefunden bei Kreuznach mit sieben andern gleichartigen Erzgefässen, welche nach ihrer aufsteigenden Grösse ineinander gesetzt waren. — Fünf derselben befinden sich in dem Museum zu Mainz.

„ 7. Kleiner Eimer mit beweglichem Henkel aus Erzdraht. Das Erzblech ist in neun querlaufende reifenförmige Buckeln ausgetrieben und mit Nieten verbunden. Das Bodenstück, aus einem runden Erzblech, ist durch Umschlag des untern Gefässrandes aufs einfachste befestigt. Gefunden bei Mainz. — Museum zu Mainz.

„ 8. Grösserer Eimer derselben Art, mit Resten eines eisernen Henkels. Die Vernietung des Blechs und die Befestigung des Gefässbodens ist ganz in derselben Weise hergestellt wie bei N° 7. Selbst die Zahl der reifenartigen Buckeln ist dieselbe. Gefunden in einem Grabhügel bei Luttum, Amts Verden. — Aus der gräfl. Münster'schen Sammlung im Museum zu Hannover.

„ 9. Gefäss aus getriebenem Erz. Am Rande ein eisernes, mit vier Nieten befestigtes Band mit einem Oehre für den Henkel. Gefunden in einem Grabhügel bei Bargfeld, Amt Bodenteich. — Museum zu Hannover.

Schmuckgeräthe,

fränkische und alamannische, aus Gold und Silber.

N° 1. Hängeverzierung. Gold. In der Mitte das Bild eines phantastischen Thieres. In den offenen Räumen zwischen seinen Füssen und dem Rücken verschlungene Filigranfäden. Die neun runden, jetzt leeren Fassungen waren früher mit farbigem Glas oder Edelsteinen besetzt. Die übrigen Felder zwischen den im Zickzack eingesetzten Wänden von dünnen Goldblechstreifen sind zu unregelmässig, theilweise völlig ungeeignet zur Aufnahme von Glaseinlagen und scheinen deshalb auch nicht für solche bestimmt. Gefunden bei Wiesbaden. — Museum zu Wiesbaden.

„ 2. Scheibenförmige Gewandnadel. Gold. Um den rosettenförmigen Knopf ein Stern von Kreisbogen. Das reiche Ornament ist durch senkrecht eingesetzte Wände aus dünnem Goldblech gebildet, deren Zwischenfelder nicht wie bei ähnlichen Schmuckgeräthen durch farbigen Kitt oder Glasflüsse gefüllt sind und schon bei der Ausgrabung vollkommen leer gefunden wurden. Es schliesst dies jedoch die Annahme einer früheren Ausfüllung dieser Räume mit irgend einem farbigen Bindemittel um so weniger aus, als die Wände des Ornaments weder durch Löthung noch auf andere Weise befestigt, und deshalb nicht vor dem Herausfallen während des Gebrauchs der Nadel gesichert erscheinen.

„ 3. Rückseite der Scheibe. Gold. Nur der Bügel und die zusammengerollte Feder der Nadel, welche an dem Obertheile der Schale an einen besonderen Aufsatz von Goldblech befestigt sind, bestehen aus Erz. Das Gehäuse, in welches die Spitze der Heftnadel eingeschoben wurde, ist mit kleinen Spiralen und Ringen von Filigran reich verziert. Gefunden wurde diese prachtvolle Goldzierde in einem Frauengrabe auf dem alten Friedhofe zu Nordendorf; sie befindet sich jetzt in dem Museum zu Augsburg.

„ 4. Rosettenförmige Gewandnadel. Silber. Um den mit Filigran verzierten Knopf läuft ein Kranz von zwölf rothen und vier grünen Glaseinlagen, nach drei rothen eine grüne. Von diesem Kranze gehen kreuzförmig acht mit rothen Glasstücken belegte Strahlen aus. Die Glasflüsse, in viereckiger Fassung zwischen diesen Strahlen, sind von grüner Farbe, und von den runden, deren nur zwei noch vorhanden sind, ist jener in dem obern Felde rothes, und der auf der untern Seite blaues Glas. Die Silberscheibe, welche die dargestellte Oberfläche der Fibula bildet, ist durch eine Anzahl von 1 Centimetre langen Bronzenägeln mit silbernen Köpfen an eine Bronzeplatte befestigt, auf welcher die Heftnadel angebracht ist. Der Raum zwischen beiden Platten ist durch ein dünnes, der Rosettenform des Ganzen sich anschliessendes Goldblech bedeckt. Gefunden in den Gräbern von Odratzheim bei Strassburg. — Sammlung des Vereins für die Erhaltung der historischen Denkmale zu Strassburg.

„ 5. Ohrring von Silber. Die Einlagen von farbigem Glase sind verloren. Aus den Gräbern bei Musbach, Rheinbayern. — Museum zu Mainz.

N° 6. Ohrring von Gold. Aus einem Grabfunde in der Umgegend von Bingen, zu welchem noch der goldene Fingerring N° 11 und der Ohrring N° 15 der Tafel VIII des 11. Heftes, I. Band gehören. — Museum zu Mainz.

„ 7. Scheibenförmige Gewandnadel. Eine Platte von Gold in einer Fassung von Kupfer. In der Mitte ein blauer Glasfluss. Zwischen den sternförmig auslaufenden, mit Filigran verzierten Streifen finden sich oblonge rothe Glasflüsse eingesetzt. Die Füllung der vier grossen runden Fassungen besteht an den zwei Stellen, an welchen sie noch erhalten ist, aus einer bräunlichgrauen Masse, die noch nicht näher untersucht werden konnte. Gefunden in der Umgegend von Bonn. — Museum zu Mainz.

„ 8. Goldener Anhenker von einem Halsschmuck, mit einem eingeschlagenen barbarischen Ornament. Aus den Gräbern bei Abenheim, unweit Worms. — Museum zu Mainz.

„ 9. Ebensolcher mit Filigranverzierung. Ebendaher. — Museum zu Wiesbaden.

Zu Tafel V.

Alle die dargestellten Gefässe, wenn sie auch nach Form, Technik und Verzierungsweise verschiedenen Zeiten angehören und von den Systematikern entweder dem Bronzealter N° I und II, oder ihrer eisernen Beschläge und Henkel wegen der I. Eisenperiode zugewiesen würden, bieten ohne Ausnahme die unverkennbarste Hinweisung auf auswärtige Ueberlieferung. Entweder schliessen sie sich durch ganz bestimmte Merkmale oder im Allgemeinen durch Gleichartigkeit des Styls und der Ausführung, an die Reihe nächstverwandter Erzeugnisse der altitalischen Metalltechnik an und gewähren deshalb den Schluss auf gleichen Ursprung, oder sie bieten schon durch ihre zahlreiche Erscheinung an weit von einander entfernten Orten den Charakter importirter Fabrikwaare.

Betrachten wir zuerst das überaus merkwürdige, bisher keineswegs gehörig beachtete Becken des Lüneburgischen Grabhügels (N° 1) mit seinen langhalsigen, auf dem Rand gesetzten Greifenköpfen, so können wir unter der ganzen Masse nordischer Gefässformen nicht das geringste Gleichartige oder Aehnliche entdecken. Nur eine einzige, aber ganz bestimmte nächste Beziehung finden wir in den Gefässen etruskischer Gräber, namentlich in jenem des grossen Grabes von Caere. Die Löwenköpfe, welche hier in ganz gleicher Weise auf langen Hälsen, theils nach innen, theils nach aussen gerichtet, auf den Rändern von Becken angebracht sind, erinnern zugleich auch weiterhin, wie es schon Jul. Braun*) treffend bemerkt, an die gleiche Randverzierung jenes kolossalen Beckens im Heratempel zu Samos, welches Herodot (IV. 152) als eines der ältesten Werke hellenischer Erzplastik erwähnt, und zwar als eines Weihegeschenks für eine gewinnreiche Fahrt nach Tartessus, dem phönikischen Tarschisch, jenseits der Säulen des Herakles, aus der ersten Hälfte des 7. Jahrhunderts v. Chr. „Es war ein Erzgefäss nach Art eines argolischen Mischkruges, ringe „um den Rand mit hervorstehenden Greifenköpfen, auf einem Gestelle von drei „niebenelligen Hochbildern, welche ihre Kniee einstemmen.“ Also, wie Braun bemerkt, ein ehernes Meer auf drei knieenden Kolossen, eine phönikische Idee.

Allein nicht nur jene 2 Metallbecken von Caere, welche uns von der hochalterthümlichen Form jener Gefässverzierung eine Vorstellung gewähren, sondern auch die Thongefässe jenes etruskischen Grabes zeigen Aufsätze von langhalsigen Thierköpfen, theils Stieren und Widdern, theils Panthern oder Löwen (Museum Gregorian., tav. XCVII) und beweisen, dass die Verwendung derselben in dieser Weise den Etruskern vollkommen geläufig war.

Wir haben hier, wie bei den Kesselwagen, welche wir später abbilden und in Betracht ziehen werden, einen ganz bestimmten Hinweis auf das alte Italien, als den Ausgangspunkt der Ueberlieferung ursprünglich asiatischer Formen von Gefässen und Geräthen, welche seither vergeblich als eigenthümliche Erzeugnisse der sogenannten nordischen Bronzekultur geltend gemacht werden sollten.

Jene herkömmlichen Redensarten von allgemeinen, überall wiederkehrenden, gewissen Kulturstufen gemeinsamen Formen, mit welchen man die Gleichartigkeit der nördlichen und südlichen Erzgeräthe zu erklären versuchte, versagen hier durchaus jede Anwendung. Sie passen so wenig für diese sonst nirgend nachweisbaren Thierhäupter auf dem Rande von Gefässen, als für die eigenthümlichen Vogelgestalten auf Gefässen und Geräthen nordischer

---

*) Geschichte der Kunst von Julius Braun, Seite 154.

Funde, deren Ursprung ebenfalls nur da zu suchen ist, wo diese Ornamente in weit überwiegender aufschlussgebender Fülle erscheinen, und wo zugleich die Mittel zu ihrer gleichartigen, massenhaften Ausführung vorhanden waren.

Diese Vogelbilder, welche auf Erzgefässen deutscher Funde bald in massivem Gusse aufgesetzt, bald mit Stempeln eingeschlagen sind, begegnen uns auf N° 4 dieser Tafel, der Schüssel aus den Gräbern von Hallstadt, bei welchen sie überhaupt sehr zahlreich in beiden Arten der Darstellung und in verschiedenster Verwendung auf den Erzgefässen und Geräthen erscheinen.

Das Ornament von concentrischen Kreisen, welches auf unserer Schüssel mit den Vogelgestalten abwechselt, zeigt sich auch sonst überall auf den alten Erzblecharbeiten mit den letzteren in nächster Verbindung, entweder in der vorliegenden Form oder als radförmige Verzierung mit 4 oder 6 Speichen.

Die Vögel selbst sind von wenig verschiedener Bildung, mit mehr oder weniger entwickeltem Federschopf auf dem Haupte, theils mit gradem, theils mit mehr oder weniger aufwärts gekrümmtem Schnabel. Der Schweif ist meistens aufwärts gebogen oder, wie bei den übrigen, getheilt. Oefter auch finden sich zwei Körper der Thiere mit verlängertem Rücken vereinigt, so dass die Köpfe nach zwei Seiten gerichtet sind[*]; alles nur untergeordnete Verschiedenheiten, welche bei der vollkommenen Uebereinstimmung der Darstellung und Ausführung die Gemeinsamkeit des Styls, der Technik und somit auch des Ursprunges dieser in den weitentferntesten Fundorten vollkommen gleichartigen Arbeiten nicht im Geringsten beeinträchtigen. Es sind diese Varietäten eher aus einer Verschiedenheit der Zeit ihrer Ausführung und der einzelnen Fabriken, denen sie ihre Entstehung verdanken, zu erklären, als aus einer Verschiedenheit ihrer immerhin sehr fraglichen symbolischen Bedeutung.

Fragen wir nun nach dem Ausgangspunkte dieser eigenthümlichen Ornamente und dem Lande, in welchem die zahlreichsten und gewichtvollsten Zeugnisse ihrer Verwendung auf Erzgebilden zu finden sind, so werden wir auch hier auf das Bestimmteste nach dem alten Italien hingewiesen.

Wenn der gelehrte Herausgeber der in diesem Style reich verzierten steirischen Erzbleche[**]) bei seiner Zusammenstellung aller Funde solcher Vogelfiguren und Radornamente sich nur auf Deutschland und Scandinavien beschränkt und den Süden ganz übergeht, so hat er zu unserm Bedauern gerade die Länder ausser Acht gelassen, in welchen schon bei einem raschen Umblick die reichste Ausbeute zu finden war.

Die Verwendung von Vogelgestalten zur Verzierung von Gefässen und Geräthen erscheint bei den Griechen zu homerischer Zeit, wie bei den Etruskern aus gleicher Quelle phönikischer Ueberlieferung.

Nestors Becher ist mit Tauben verziert[***]), und an dem Rande der grossen etruskischen Goldspange hochalterthümlichen Styls (Mus. Gregor., tav. 85) sitzen zwei Reihen von neun solchen Vögeln. Andere, sowohl taubenartige als Schwimmvögel, finden sich auf zahlreichen

---

[*]) Von solchen bronzenen Doppelthieren gleichen Styls finden sich kleine Stiere, Pferde, Widder, Hunde etc. in grosser Menge aus Italien in allen Museen. Schon Caylus erklärte sie für etruskische Arbeit.

[**]) Die Alterthümer von Klein-Glein in Untersteiermark, von K. Weinhold. Mittheil. des histor. Vereins für Steiermark. X. Heft. 1861.

[***]) „Auch ein stattlicher Kelch, den der Greis mitbrachte von Pylos,
„Den rings goldene Buckeln umschimmerten, aber der Henkel
„Waren Vier und umher zwo pickende Tauben an jedem,
„Schön aus Golde geformt, zwei waren auch unten der Boden.“
Ilias, XI. 633.

Gold- und Erzfibeln von jener Form, wie sie schon das grosse Grab von Caere zu Tage brachte und welche diesseits der Alpen bis nach Holstein hinab gefunden wird. (Dieses Werkes I. Theil, XL Heft, Fig. 1, 3, 4.*) Sie zeigen sich auf allen möglichen italischen Gefässen, Geräthen und Werkzeugen bis auf die Meissel oder Celts. (Comparative Sammlung in Kopenhagen und Vereinigte Sammlung in München.)

Ueberraschen konnte deshalb nicht die ungemein grosse Anzahl solcher Vogelgestalten, welche in Vollguss sowohl, als in getriebener Arbeit auf Schüsseln und Geräthen der Gräber des Salzkammerguts und Steiermarks zu Tage kamen, zumal da sich dieselben in Gesellschaft von Erzhelmen mit etruskischer Inschrift und jenen schlanken und schmalen Erzpanzern fanden, deren emporstehender Nackenschirm nur den gleichartigen Waffen etruskischer Gräber eigenthümlich ist.

Alles, was aus diesen Gräbern an getriebener Erzarbeit vorliegt, zeigt in fortlaufender zeitlicher Reihenfolge der Formen, die zutreffendste Uebereinstimmung mit den Erzeugnissen des alten Italiens in so augenfälliger Weise, dass es nur einer Andeutung der betreffenden Vergleichungsobjecte bedarf, um diese Thatsache sicher zu stellen.

Namentlich sind es die, wie es scheint, einen grossen Zeitraum umfassenden Gräber von Hallstadt, welche in ihren Erzgefässen von dem assyrisch-phönikischen Style zu eigenthümlich etruskischen Vasenbildungen und bis zu jenen Gefässformen herabführen, welche als italische Fabrikwaaren zu römischer Zeit weit nach dem Norden hin verbreitet erscheinen.

Jene Ornamente von geflügelten Löwen und hochalterthümlich stylisirten Thiergestalten finden Gleichartiges zunächst in den Metallgefässen des grossen Grabes von Caere. Für die bedeutende Menge gehenkelter Schalen, Becken und Amphoren, welche aus mehreren Theilen zusammengesetzt und meistens mit Reihen konischer Nietnägel in Gestalt von Tutulis verbunden sind, können in dem ganzen Bereiche antiker Gefässbildnerei keine näher verwandten Erscheinungen aufgefunden werden, als die Vasen der Gräber von Vulci, Bomarzo und Caere (Mus. Gregorian., tav. VI, 2, 3, 5 etc.), wie überhaupt Erzkessel von den kolossalen Verhältnissen und Formen der Hallstädter Gräber auch nur aus den etruskischen Nekropolen bekannt sind.

Von den gerippten Eimern, wie wir sie aus rheinischen Funden und niedersächsischen Grabhügeln unter Fig. 7 und 8 abgebildet haben, finden sich in Hallstadt genau dieselben

Formen mit der nämlichen Art der beweglichen Henkel, wie Fig. 7, und auch mit festgenieteten, wie sie die älteren italischen Gefässe haben.

Aber diese Uebereinstimmung erstreckt sich nicht allein auf die Form und Technik der Gefässe, auch die mit Stempeln eingeschlagenen Verzierungen, welche sich auf einer Menge von unsern Landesfunden, namentlich auf den Gürtelblechen (Heft 2, Taf. III) und vielen anderen aus süddeutschen Grabhügeln zeigt, begegnen uns auf den grossen etruskischen Erzschilden, und in vollster Eigenthümlichkeit auf der merkwürdigen Flasche von Cosa (Mus. Gregor., tav. X), von welcher wir hier die Hälfte ihrer Verzierung in Holzschnitt geben.

Diesen sonderbaren barbarischen Styl mit seinen auffallenden Menschen- und Thierfiguren des Judenburger Kesselwagens, des Schwertgriffes von Hallstadt (Heft 2, Taf. IV, N° 3), der Schilde von Glein und zahlreicher Grabfunde in Süddeutschland, sowie mit seinen eigenthümlichen Vogelgestalten und vogelartigen Bildungen, welche wir bisher nur an zerstreuten etruskischen Bronzen nachweisen konnten, finden wir in überraschender Gleichartigkeit in jenen überaus merkwürdigen Erzgebilden vereinigt, welche aus altitalischen Gräbern das Britische Museum besitzt und deren Veröffentlichung wir Herrn M. Kemble zu verdanken haben (Horae ferales, plate XXXIV).

An einer dieser Bronzen zählen wir allein nahezu 70 dieser Erzvögel, an andern 14, und einige Fibeln haben 8 solcher Aufsätze im Kreise um einen stierköpfigen Vogel, ja es zeigen sich auch die nämlichen Gestaltungen, wie die Stierhörner an den Gabeln des sogenannten Wagens von Frankfurt an der Oder und den Henkeln einiger steirischer Erzgefässe.[*]

Von Allem, was wir bisher in jenen deutschen Grabfunden für besonders eigenthümlich und trotz aller Deutungsversuche für ganz alleinstehend und unerklärt halten mussten, finden wir den Ausgangspunkt in dem alten Etrurien und Campanien. Wir haben hier jenen sonderbaren Styl in seinem vollsten Charakter, in allen seinen zum Theil unverkennbar fremden asiatischen Bestandtheilen, und zwar aus einem Lande, in welchem jene fremden phönikisch-asiatischen Elemente[**] schon in bedeutender Frühzeit Boden und Wurzel fassten.

Die gleichartigen Erscheinungen des Nordens aus einem Einfluss der Etrusker erklären zu wollen, bleibt ungenügend und unstatthaft. Einflüsse sind nur auf eine bereits vorhandene namhafte Grundlage technischer Fertigkeiten denkbar. Ob aber von einer solchen diesseits der Alpen zur Zeit dieser Bronzen die Rede sein kann, müsste erst aus einheimischen Denkmalen alter Metallarbeit bewiesen werden, welche einen wesentlichen Unterschied von den Formen des Südens kundgeben. Bis dahin haben wir deshalb wohl die besprochenen Bronzen als Erzeugnisse altitalischer Technik zu betrachten, und es bleibt von ganz untergeordneter Bedeutung, ob ihre Erscheinung in den Gräbern unseres Landes aus Handels-überlieferung, oder aus directer Verpflanzung italischer Industrie in die diesseitigen Alpenländer zu erklären ist. Die Betheiligung der Landesbevölkerung an denselben kann als keine andere betrachtet werden, als jene der Gallier bei den in ihrem Lande errichteten römischen Fabriken; denn dasjenige, was man als gallo-römische Arbeiten zu bezeichnen beliebt, ist in allem Wesentlichen vollkommen conform mit den gleichzeitigen Erzeugnissen der übrigen römischen Provinzen, mit alleiniger Ausnahme der asiatischen, in welchen uralte heimische Bildung theilweise ihre originalen Formen behaupten konnte.

Wenn wir bisher nur das Becken und die Schüssel, N° 1 und 4 der vorliegenden Tafel, sowie die Ornamentik dieser Gefässe in Betracht zogen, so haben wir bezüglich der übrigen abgebildeten Bronzen noch einige Bemerkungen beizufügen, welche das bisher gewonnene Resultat in anderer Weise bestätigen.

Die gehenkelten Näpfe N° 2 und 3 aus Mecklenburg und dem Rheinlande sind Produkte einer unverkennbar vorzüglichen Metallarbeit, welche eine treffliche Schule und unausgesetzte Uebung voraussetzt. Die Verschiedenheit der Ausführung ist nur von jener Art, welche die verschiedenen Sorten derselben Fabrikwaare charakterisirt. Wollte man im Sinne der Systematiker voraussetzen, die Gefässe von Schwerin und Mainz, sowie ein gleichartiges

---

[*] Keltische Alterthümer aus dem Sagganthale, von Ed Pratodevera. Mittheil. des historischen Vereins für Steiermark. VII. 1857.

[**] Zu diesen zählt auch die Verwendung der zahlreichen, an Ketten befestigten Klapperbleche.

von Wiesbaden seien durch einzelne Arbeiter an diesen weit entfernten Orten ausgeführt, so müssten wir zugleich den jetzigen handwerklichen Verhältnissen unseres Landes ein Hinaufreichen um vierthalb Jahrtausende zugestehen, denn so weit mindestens müsste die sogenannte Bronzeperiode, bei der immer wachsenden Ausdehnung der Eisenzeit, hinaufgeschoben werden. Da aber bis jetzt nicht Jedermann eine solche Erweiterung der Chronologie nordischer Bildung den thatsächlichen und historischen Verhältnissen entsprechend findet, so ist gewiss die Annahme einer Herstellung jener Erzblechgefässe in den alten Kulturstaaten sicherer und begreiflicher; wie denn offenbar ihre Henkel massenweise gleichartig ausgeführt und dann den verschiedenen Fabriksorten angepasst und aufgenietet erscheinen.

Noch grösser ist die Uebereinstimmung der Gefässe N° 5 und 6 und der übrigen, welche mit ihnen, nach aufsteigender Grösse zusammengestellt, bei Kreuznach entdeckt wurden, sowohl im Einzelnen, als im Charakter des ganzen Fundes, mit einer gleichen Anzahl solcher Erznäpfe, welche unter ganz den nämlichen Umständen in der Umgegend von Augsburg zu Tage kamen und in das dortige Museum gelangten.

Die antike Form des Gefässes N° 9 spricht für sich selbst. Sie wird bald in gleicher Einfachheit, bald mit reichem Ornament, unverkennbar klassischen Styls, im ganzen Norden gefunden.

Von den gerippten Eimern aber, N° 7 und 8, gelangten 5 gleiche wie N° 8 aus den Grabhügeln bei Luttum und Nienburg in den Besitz des Grafen Münster und aus demselben zum Theil in das Museum zu Hannover. Alle zeigen, wie der Bericht bemerkt[*]), in ihrer Ausführung eine grosse mechanische Fertigkeit und alle Merkmale genau derselben fabrikmässigen Herstellung.

Diese treffende Beobachtung findet durch den Umstand ihre Bestätigung, dass, wie schon oben bemerkt, die nämlichen eimerförmigen gerippten Kessel auch unter den Erzgefässen der Hallstädter Gräber erscheinen.

Wir haben damit eine Verbreitung derselben eigenthümlichen Technik und Form von den Alpenländern bis nahe an die Peripherie des alten Handelsverkehrs.

Wird man nach allem diesem die besprochenen Metallgefässe noch für germanisch oder keltisch, und zwar mit besonderem Nachdruck für entschieden keltisch erklären wollen, so mag man seine Freude in dem Beharren bei vorgefassten Meinungen finden.

Wir unseren Theils glauben nicht, dass Handelswaaren, wie solche Erzeugnisse der Metallarbeit, jemals unbedingt nach ihrem Fundorte zu beurtheilen sind, sobald alle unerlässliche Bedingungen inländischer Production fehlen, und wir hegen nicht den geringsten Zweifel, dass, sowie unsere Bronzen, so auch jene aus noch weit nördlicher Fundgegend, wie die Erzgefässe von Siem und Rönning[**]) mit ihren entenschnäbligen Vögeln und Radornamenten, mit ihren kegelförmigen Nietnägeln und ihren, den steirischen Gefässen ganz gleichartigen Henkeln, genau auf dieselbe Weise aus dem alten Italien gekommen sind. Der Weg von daher war für sie nicht weiter, als für die durch ihren Fabrikstempel legitimirten Geräthe römischer Metallarbeit und für die arabischen und byzantinischen Münzen und Schmucksachen, welche in Dänemark gefunden werden.

---

[*]) Zeitschrift des historischen Vereins für Niedersachsen. 1850: Ueber einige im Königreich Hannover gefundene römische Bronzearbeiten in der Sammlung des historischen Vereins. Mit Abbildungen. Von Amtsassessor C. Einfeld.

[**]) Siem Fundet und Rönninge Fundet, in trefflicher Abbildung. 4. Heft der Afbildninger of Danske Oldsager og Mindesmaerker ved A. P. Madsen.

Die Annahme ihres einheimischen Ursprungs bedeutet in der That nichts Anderes, als eine Gleichstellung, sogar zeitweilige Ueberordnung nordischer Kultur über jene des Südens.

Es ist bezeichnend, dass man wirklich zu dem naiven Ausspruch dieser Idee gelangen konnte, und zwar gerade in Ländern, welche während des ganzen Verlaufs der historischen Zeit eine mehr receptive als active Stellung zu der Bildungsentwicklung des Welttheils gezeigt haben.

Der Versuch, ihnen für diese Rolle eine Entschädigung durch eine glanzvolle Kultur in nebelhafter Fernzeit zuzuweisen, wird unfehlbar später mit demselben Lächeln betrachtet werden, mit welchem wir jetzt auf gleichartige Phantasien früherer Zeit zurückblicken.

Lanzenspitzen.

N° 1. Erz. Schafthülse rund. Fundort unbestimmt. — Musée d'artillerie zu Paris.
,, 2. Eisen mit eingravirten Ornamenten. Schafthülse rund. Der Ring am Schlusse derselben von Erz. Aus dem Pfahlbau von Mörigen. — Sammlung des Herrn Oberst
Schwab in Biel.
,, 3. Erz. Schafthülse achteckig. Aus einem etruskischen Grabe. — Museum in Carlsruhe.
,, 4. ,,   ,,   rund. Gefunden im Torfe bei Wolfskehl. — Museum in Darmstadt.
,, 5. ,,   ,,   ,, Aus Irland. — Museum in Zürich.
,, 6. ,,   ,,   oval. Fundort unbestimmt. — Museum in Hannover.
,, 7. ,,   ,,   rund. Fundort unbestimmt. — Musée d'artillerie zu Paris.
,, 8. ,,   ,,   ,, Aus Ungarn. — Museum in Zürich.
,, 9. ,,   ,,   ,, Aus Ungarn. — Museum in Pesth.
,, 10. ,,   ,,   ,, Fundort unbestimmt. — Musée d'artillerie zu Paris.

Schmuckgeräthe aus Grabhügeln.

N° 1. Gürtelhaken, Erz, aus einem Grabe bei Nierstein. Zu diesem ohne Zweifel früher von einem Grabhügel bedeckten Funde zählen noch eine emaillirte Fibula mit Schwanenhälsen (abgebildet im ersten Bande Hft. 4, Taf. III, Fig. 1 u. 2) zwei Schwertkuppelringe aus Eisen, mit Erzblech überzogen, welches auf der äussern Kante der Ringe mit Zickzackstreifen verziert ist, wie sie sich auf der Platte des hier dargestellten Gürtelhakens finden; ferner ein kleines Messer, Eisen mit Beingriff, und ein Schwert von Eisen in einer Eisenscheide. — Museum in Mainz.

„ 2. *a.* Nebenansicht, *b.* vordere Ansicht einer Fibula von Erz mit Spuren einer Email-Verzierung in den Augen des Thierkopfes. Aus einem Grabhügel in Nassau. — Museum in Wiesbaden.

„ 3. *a.* Vorderseite, *b.* Nebenseite einer Fibula von Erz. Ober- und Untertheil endet in einen phantastischen Kopf. Der obere ist unter *c.* ohne die bei *a.* sich ergebende Verkürzung dargestellt. Die runden Vertiefungen zeigen Spuren einer früheren farbigen Emaillirung. — Museum in Wiesbaden.

„ 4. *a.* Nebenansicht, *b.* Vorderansicht einer Fibula von Erz, mit vier phantastischen Köpfen verziert. Auf dem Bügel ein runder und zwei birnförmige Aufsätze von einer Art hellrothen Emails, welches durch die Oxydirung des Erzes theilweise grün gefärbt ist. Aus einem Grabhügel bei dem Forsthaus Weissenthurm im Taunus, in welchem ausser einer Anzahl von Thongefässen Reste von grossen Messern mit leicht gekrümmter Klinge und Bruchstücke eines eisernen Schwertes gefunden wurden. — Museum in Wiesbaden.

„ 5. *a.* Nebenansicht, *b.* Vorderansicht einer Fibula, mit vier phantastischen Köpfen verziert. Fundort unbestimmt. — Museum in Darmstadt.

„ 6. *a.* Vordere Ansicht, *b.* Seitenansicht einer Fibula von Erz. Aus einem Grabhügel bei Kerschbach (Oberpfalz, Bayern.) — Museum in Mainz.

„ 7. Gürtelhaken, Erz, mit einem phantastischen Menschenkopfe und vier geflügelten löwenartigen Thiergestalten verziert. Die Ornamente des Feldes, auf welchem der Kopf steht, und die viereckigen Abtheilungen in den horizontalen Streifen des Randes bestehen aus einem früher weissen, jedenfalls hellfarbigen, nunmehr trübgrün gewordenen Email. Gefunden in dem Grabhügel bei Weisskirchen an der Saar, aus welchem auch die Heft 4, Taf. III, Fig. 3, abgebildete emaillirte Fibula zu Tage kam, sowie das Goldblechornament Bd. II, Heft 2, Taf. 1, Fig. 6, und die etruskische Erzkanne, abgebildet Heft 2, Taf. III, Fig. 1. Die übrigen Fundstücke bestanden in einem emaillirten Schwertkuppelring von Erz, einem Messer von Eisen, drei Lanzenspitzen und einem später abzubildenden Dolche von Eisen in reichverzierter Erzscheide. — Museum in Mainz.

„ 8. *a.* Nebenansicht, *b.* vordere Ansicht einer Fibula. Erz. Aus einem Grabhügel aus der oberen Maingegend. — Museum in Mainz.

„ 9. Bruchstück eines Gürtelhakens. Erz. Aus einem Grabhügel bei Langenlohnsheim, unweit Creuznach. — Museum in Mainz.

„ 10. *a.* Nebenansicht, *b.* vordere Ansicht einer Fibula aus Erz, an dem oberen und unteren Theile mit einem phantastischen Kopfe verziert. Aus der Umgegend von Mainz. — Museum in Mainz.

Römische Schwertgriffe und Scheidebeschläge.

N⁰ 1. Ortband (unterer Scheidebeschlag) aus Erz. Gefunden bei Alkofen, Landgericht Kelheim (Bayern.) — Sammlung des historischen Vereins zu Landshut.

„ 2. Ebensolches aus Bein. Fundort Heddernheim. — Museum in Wiesbaden.

„ 3. Ebensolches aus Erz. Fundort unbestimmt. — Museum in Darmstadt.

„ 4. Schwertgriff aus Elfenbein. Gefunden in den römischen Gebäuderesten oberhalb der Steinbrüche bei Weisenau, unweit Mainz. — Museum in Mainz.

„ 5. Beschlag einer Schwertscheide. Erz. Aus Rheinbayern. Fundort nicht näher bezeichnet. — Hepp'sche Sammlung im Museum zu Mainz.

„ 6. Die Hälfte eines Schwertknopfes. Bein. Fundort: Umgegend von Mainz. — Museum in Mainz.

„ 7. Mittelstück eines Schwertgriffs. Bein. Fundort: Umgegend von Mainz. — Museum in Mainz.

„ 8. Bügel eines Schwertgriffs. Bein. Fundort: Umgegend von Mainz. — Museum in Mainz.

„ 9. Ortband einer Schwertscheide. Erz. Umgegend von Mainz. — Museum in Mainz.

„ 10. Ortband einer Schwertscheide. Erz. Aus Rheinzabern. — Sammlung des Herrn Wagner daselbst.

„ 11. Scheidebeschlag. Bein. Gefunden auf dem Kästrich zu Mainz. — Museum in Mainz.

Römische Messer.

Eisen und Erz.

Nᵒ 1. Messer. Klinge: Eisen, Griff: Bein. Gefunden in Heddernheim. — Museum in Mainz.

„ 2. Messerklinge. Eisen mit einer Art von Bogenornament längs des Rückens, wie dasselbe sonst nur auf Erzmessern gefunden wird. Aus dem römischen Pfahlbau im Rheine am Dimeser Ort bei Mainz. — Museum in Mainz.

„ 3. Messerchen. Klinge und Griff von Eisen. Aus dem Rheine beim Dimeser Ort. — Sammlung des Hrn. Jehring in Mainz.

„ 4. Messerchen. Klinge und Griff von Eisen. Aus einer römischen Graburne. Umgegend von Mainz. — Museum in Mainz.

„ 5. Messerchen. Klinge und Griff von Eisen. Die Griffschale ist abgefallen. Aus dem Rheine beim Dimeser Ort. — Sammlung des Hrn. Jehring in Mainz.

„ 6. Messer aus Eisen mit Beingriff. Ebendaher. — Ebendaselbst.

„ 7. Kleines Einschlagemesser. Klinge: Eisen, Griff: Bein. Gefunden in Heddernheim. Museum in Mainz.

„ 8. Elfenbeingriff eines Instruments von der Art der Einschlagemesser. Gefunden in den römischen Gebäuderesten bei Weisenau, unweit Mainz. — Museum in Mainz.

„ 9. Messer. Erz mit eingeschlagenen punktirten Ornamenten. Aus dem Rheine beim Dimeser Ort. — Sammlung des Hrn. Jehring in Mainz.

„ 10. Eisenklinge mit Resten eines Beingriffs. Ebendaher. — Ebendaselbst.

„ 11. Eisenmesser. Ebendaher. — Ebendaselbst.

„ 12. Eisenklinge. Ebendaher. — Ebendaselbst.

„ 13. Messerchen. Klinge: Eisen, Griff: Erz. Ebendaher. — Ebendaselbst.

Römische Fibulæ.

Erz mit Email.

Nº 1. Scheibenförmige Fibula mit 4 quadratischen Ansätzen. Erz. Der innere Kreis der Scheibe, zunächst unter dem vorspringenden Kopf im Centrum, ist von lichtgrüner Farbe. In dem folgenden Raum sind die 4 dunkel schattirten Felder cobaltblau mit weissem Punkt in der Mitte und die hell gelassenen Stellen weiss mit blauem Punkte; das Innere der viereckigen Ansätze hat ein warmes lichtes Grün. Der mittlere der in jedem befindlichen 5 Punkte ist blau, die übrigen vier sind weiss. Gefunden zu Heddernheim. — Museum in Mainz.

„ 2. Spangenförmige Fibula. Erz. An dem oberen und unteren Theil haben die äussersten vorspringenden Knöpfe ein weisses Email; die beiden nebenstehenden sind roth. Die Streifen neben der gerippten Mitte des Bügels zeigen auf lichtblauem Grunde abwechselnd gelbe und rothe Blumen. Aus dem römischen Gräberfelde bei Dingerbrück. — Sammlung des Hrn. Jehring in Mainz.

„ 3. Die wagrecht abgetheilten Felder der Bügelplatte zeigen von oben abwärts die Farben Grün, Blau, Roth und Weiss; hierauf folgt eine Lücke, unterhalb derselben nochmals ein weisses und rothes Feld. Das Innere der angesetzten Halbkreisbogen ist mit hellgrünem Schmelze gefüllt. Aus der Umgegend von Mainz. — Im Besitze des Hrn. Antiquar Jourdan.

„ 4. Scheibenförmige Fibula. Erz. Die Schmelzeinlage des innersten Kreises ist völlig verschwunden. In dem äusseren Randfelde ist die Farbe des Emailgrundes durch die Verrostung des Erzes stark verändert; sie scheint lichtblau gewesen zu sein. Die vier Blattornamente haben ein feuriges Roth und in der Mitte einen tiefblauen Kreis. Aus der Umgegend von Mainz. — Museum in Mainz.

„ 5. Fibula in Gestalt einer Wasserschlange. Erz. Die Farbe der Felder ist abwechselnd von oben her roth und weiss, letzteres durch den Rost gräulich gefärbt; die Felder an den Schwanzflossen sind roth. Gefunden in Worms. — Ins Ausland verkauft.

„ 6. Scheibenförmige Fibula. Erz. Der vorspringende Knopf im Centrum hat einen mennigfarbigen Grund mit 5 weissen Punkten. Der innere Kreis der Scheibe ist von grüner Grundfarbe; seine speichenförmigen Streifen sind alle weiss bis auf einen einzigen, welcher auf der Abbildung dunkel schattirt und auf dem Original von tiefblauer Farbe ist. Von den schachbrettartigen Feldern der äussern Umkreisung sind die am dunkelsten gehaltenen blau, die etwas lichteren gelb und die übrigen weiss. Gefunden in Gelb, und dort im Besitze des Hrn. Schönwasser.

„ 7. Sternförmige Fibula. Erz. Der Kreis im Centrum ist von grüner Farbe. In dem nächstfolgenden sind die am dunkelsten gehaltenen Felder cobaltblau, die etwas lichteren roth und die übrigen weiss. Das Innere der 4 sternförmigen Spitzen ist mit blaugrünem und ihre Knöpfe mit rothem Email ausgefüllt. Aus einer Urne in dem römischen Gräberfelde bei Zahlbach. — Museum in Mainz.

„ 8. Scheibenförmige Fibula mit zwei Ansätzen, welche aus kleinen Halbmonden (lunulis) gebildet sind. Erz. Der drehbare Knopf im Centrum hat die Gestalt eines Vogels, dessen Schweif mit 3 roth emaillirten Punkten verziert ist. Der innere Kreis der Scheibe ist roth, der äussere grün. Die 4 lunulæ und die beiden sie verbindenden Knöpfe haben rothes Email. Das Feld zwischen den beiden Halbmonden oben und unten ist von grüner Farbe. Aus einer Urne des römischen Gräberfeldes bei Zahlbach. — Museum in Mainz.

N° 9. Sternförmige Fibula. Erz. Das Innere des vorspringenden Knopfes im Centrum ist grün. Der Grund der Scheibe selbst hat die nämliche Farbe mit tiefblauen radförmigen Streifen. Die strahlenförmigen Spitzen sind abwechselnd roth und grün, ihre Knöpfe von denselben Farben, doch so vertheilt, dass ein rother Knopf auf einem grünen Felde und ein grüner auf einem rothen Felde steht, mit einziger Ausnahme desjenigen, welcher auf der Darstellung besonders dunkel schattirt, von dunkelblauer Farbe ist und sich über einem rothen Felde befindet. Aus Rheinbayern. — Hepp'sche Sammlung im Mainzer Museum.

Schmuckgeräthe

aus fränkischen und alamannischen Gräbern.

Nº 1. Gewandnadel in Gestalt eines Kreuzes. Erz. Aus den Gräbern von Abenheim. — Museum in Mainz.

„ 2. Ovale Schnalle, Eisen, auf der oberen Fläche mit purpurfarbenem Glase belegt, an dem Rande mit Erz tauschirt. Aus den Todtenbäumen am Lupfen bei Oberflacht. Museum in Stuttgart.

„ 3. Viereckige Schnalle, Eisen, auf den vier Ecken mit Einlagen aus purpurfarbigem Glase; der Rand und der Schnallendorn mit Erz tauschirt. Ebendaher. — Ebendaselbst.

„ 4. Spangenförmige Gewandnadel, Silber, mit Ausnahme der angesetzten Knöpfe von vergoldetem Kupfer. Die mit Schlangenornamenten und verschlungenen Bändern verzierten Felder sind vergoldet, sowie auch der Thierkopf am Schluss der Spange. Auf den am Rande umlaufenden blanken Silberstreifen ist ein Zickzackornament durch Einlage von dunkelm Schwefelsilber gebildet. Aus den Gräbern bei Heidingsfeld, unweit Würzburg. — Im Besitze des Herrn Director J. von Hefner-Alteneck in München.

„ 5. Spangenförmige Gewandnadel. Silber. Alle Ornamente, bis auf die mit Schwefelsilber eingelegten Zickzackstreifen, sind vergoldet. Aus Bayern. Fundort nicht näher bezeichnet. — Bayerisches Nationalmuseum in München.

„ 6. Bruchstück eines mit Glas belegten Gürteltaschenbeschlags, einer *Crumena gemmata.* Das Schnällchen und das Rahmenwerk ist Erz, die Farbe der Glasstücke ist purpurroth, mit Ausnahme eines grünen, welches, mit senkrechten Linien abschattirt, sich in dreieckiger Form in der Mitte unter dem Schnällchen befindet. Aus den Gräbern bei Selzen. — Museum in Mainz.

„ 7. Ebensolcher Gürteltaschenbeschlag. Das Rahmenwerk ist Erz, und alle Glaseinlagen sind purpurfarbig, mit Ausnahme von 3 kleinen dreieckigen grünen Stücken an den beiden Enden und in der Mitte, welche auf der Darstellung mit doppelter Strichlage abschattirt sind.

Bezüglich dieses Fundstücks aus den Gräbern von Selzen, verfehle ich nicht, hier einen schon seit lange erkannten Irrthum wiederholt zu berichtigen. Der hier abgebildete Theil einer Crumena wurde mir von dem ersten Entdecker des Todtenlagers bei Selzen, Hrn. Lehrer Krafft, in einer schon damals auffallenden Verbindung mit einem Eisenmesser, als eines der wichtigsten Fundstücke der ersten Nachgrabung, vorgelegt. Seine Versicherung des ursprünglichen Zusammenhangs der festverbundenen Gegenstände war so bestimmt und nachdrücklich, dass ich damals, zu einer Zeit, in welcher die genauere Untersuchung dieser Art von Grabfeldern kaum erst in Angriff genommen und nach allen Seiten unvollständig war, keine Aenderung in der Bestimmung der einzelnen Theile dieses ungewöhnlichen Fundes mir erlauben zu dürfen glaubte. Bald aber hatte ich das Unrichtige der Zusammensetzung und die eigentliche Bestimmung des Beschlags erkannt. Sofort wurden beide Theile wieder in der Weise getrennt, wie sie auch seit Jahren in dem

Museum zu Mainz aufliegen. Es ist somit die in meiner Schrift: „Das germanische Todtenlager zu Selzen", Seite 4, gegebene Abbildung eines Messers mit glasbelegtem Griffe dahin zu berichtigen, dass man diesen Theil des Griffes von der Klinge vollständig getrennt und als das Beschläge einer *crumena gemmata* zu betrachten hat, welches zufällig nahe bei dem Messer lag und wahrscheinlich sogar an dasselbe festgerostet war.

Schmuckringe

aus Grabhügeln.

N° 1. Halsring, Erz, reich verziert. Die drei Scheiben auf der vorderen Seite waren mit hochrothen Perlen aus einer Art Porzellanmasse besetzt und mit Knöpfen, welche jetzt fehlen, befestigt. Die eine dieser Perlen ist herausgefallen, die zwei andern sind zum Theil zersprungen und beschädigt. Auch die Vertiefungen des eingeschnittenen Ornaments scheinen früher mit einem farbigen Stoffe ausgefüllt gewesen zu sein. Der Ring lässt sich auf einer Seite öffnen, zunächst der Scheibe, auf welcher die Perle fehlt. Er schliesst sich mit dem Eingreifen der dort sichtbaren Spitze in eine Vertiefung des gegenüberstehenden Knopfes.

Der Torques wurde gefunden in einem Grabhügel bei Unter-Iflingen in der Nähe einer römischen Niederlassung. Er lag bei den Resten eines menschlichen Skeletts und einem andern ähnlichen Ring, den wir Band I, Heft VI, Tafel 3, Figur 7 abgebildet haben. Es fanden sich in dem Hügel noch Ohrringe, Fibulae, Bruchstücke von Hohlringen, ein verzierter hohler Rasselring, in welchem Steinchen eingeschlossen sind, und eine thönerne Hohlkugel mit ähnlichem Inhalt. — Sammlung vaterländischer Kunst- und Alterthumsdenkmale in Stuttgart.

„ 2. Offener Armring, Erz, in seltener Weise mit 10 aufgesetzten rosettenartigen Ornamenten verziert, welche aus je fünf Scheibchen gebildet werden, von welchen vier aufrecht gestellt und mit dem fünften überdeckt sind. — Gefunden bei Göttersdorf, Landgericht Straubing. — Sammlung des historischen Vereins für Nieder-Bayern zu Landshut.

„ 3. Aehnlicher, etwas kleinerer Armring, Erz, verziert mit vier vierblätterigen und acht dreiblätterigen rosettenartigen Ornamenten. — Ebendaher. — Ebendaselbst.

„ 4. Halsring, Erz, reichverziert im Style wie N° 1, mit drei eingesetzten Ringen von rother Thonmasse, deren Mitte ein runder Erzknopf bildet. — Gefunden in einem Grabe zu Röti bei Bülach. — Museum zu Zürich.

„ 5. Offener Armring, Erz. Das eine Ende scheint den Kopf eines phantastischen Thieres darstellen zu sollen, in dessen vertieften Augenhöhlen früher wohl eine farbige Ausfüllung den Glanz der knopfförmig vorstehenden Augensterne noch erhöhen mochte.

„ 5ᵇ Profilansicht des Ringendes. — Fundort nicht genannt. — Musée du Louvre zu Paris.

„ 6. Gürtelhaken, Erz. Die Nieten, mit welchen das Leder festgehalten wurde, scheinen die Augen eines phantastischen Thierkopfes zu bilden.

„ 6ᵇ Profilansicht des Hakens. — Von dem Funde bei der alten Salzsiederei in Nauheim, welchen wir noch weiter zu besprechen haben werden. — Museum zu Darmstadt.

Die auf dieser Tafel gegebenen Gegenstände zählen zu der Reihe jener theilweise mit einer Art von Email verzierten Bronzen unserer Grabhügel, deren Abbildung wir schon in dem I. Bande dieses Werkes begonnen und in dem II. weiter gefördert haben. Wir müssen denselben eine erhöhte Aufmerksamkeit zuwenden, seitdem ein bedeutender Forscher, Herr Augustus Franks, von der Direction des britischen Museums, einer der Herausgeber der Horae ferales, in diesem nachgelassenen Werke Kemble's eine Anzahl ähnlich verzierter Bronzen veröffentlicht hat und dieselben für Zeugnisse des Ornamentgeschmacks und der Technik der letzten keltischen Periode erklärte.

Die Art der Begründung dieser Auffassung und die Wichtigkeit der hiermit angeregten Frage erfordern eine Prüfung durch den Thatbestand ähnlicher und gleichartiger Funde in Deutschland, und wir gedenken, sobald uns die Abbildung noch einer weiteren Anzahl von Gegenständen möglich geworden ist, welche, unserer Ueberzeugung nach, hier nothwendig in Betracht kommen müssen, diese Untersuchung aufzunehmen.

Es kann nur als höchst erwünscht erscheinen, dass die Frage über den Charakter, den Umfang und das Alter der sogenannten keltischen Bronze- und Emailarbeit endlich aus dem Bereiche vager Behauptungen auf die Untersuchung vorhandener Denkmale hingeleitet wird.

Etruskische Bildwerke

diesseits der Alpen.

N° 1. Henkel einer Bronzevase, gebildet durch zwei nackto Ringer, welche sich an den Armen fassend, das eine Knie gebogen, das andere ausgestreckt, in vollster Anstrengung ihrer kräftigen Körper, sich mit ihren Köpfen, nach Art der Widder, gegenseitig zurückzudrängen suchen. Jede der Figuren hat als abgesonderte Basis ein Ornament von zwei Ranken, welche in der Mitte durch ein Band zusammengehalten, nach oben sich nach beiden Seiten ausschwingen und an dem einen Ende mit einem rosettenförmigen Knopf abschliessen, an dem andern einfach umgerollt sind. Unterhalb laufen sie in Spiralwindungen auseinander und lassen einer spitzblättrigen Palmette Raum zur Entfaltung.

Die Darstellung der Figuren ist höchst lebendig und ausdrucksvoll; ihre vortreffliche Ausführung zeigt jedoch mehr als es die verkleinerte Abbildung wiedergeben konnte, besonders in den Köpfen, den Charakter des archaischen Styls.

Der Henkel muss ursprünglich an der Vase, zu welcher er gehörte, durch Löthung befestigt gewesen sein, da sich keine Spuren von Verniethung zeigen) Auch die Henkel der Vase von Dürkheim (Band II, Heft II, Tafel 2, Fig. 8) waren mit Silber aufgelöthet.

Gefunden wurde diese schöne Bronze beim Ausstöcken eines früher mit Wald bestandenen Feldes, nahe beim Harbwalde in der Gemarkung Borsdorf bei Nidda in Oberhessen. Sie befindet sich jetzt in dem Museum zu Darmstadt.

„ 2. Verzierung einer Erzvase. In der Mitte einer reichen Gruppe von Thieren zeigt sich nach vorn gewendet in strenger und starrer Haltung eine beflügelte weibliche Gestalt. Die weitgeöffneten vortretenden Augen mit ihren stark markirten, rund gewölbten Brauen, die grosse scharf gebildete Nase und die gehobenen Mundwinkel geben ihrem Antlitz etwas ungemein Fremdartiges und einen beinahe larvenhaften Ausdruck. Der auf dem Scheitel emporragende Kopfputz oder Haarschopf ruht auf einer querlaufenden Flechte, die übrigen Haare sind theils auf der Stirne in vier streng geschiedene Abtheilungen aufgerollt, theils fallen sie hinter den Ohren bis zur Schulter in quastenartigen Wulsten herab, welche aus mehreren Reihen kleiner Locken, wie auf den assyrischen Bildwerken, zu bestehen scheinen. Den Hals umgibt eine dem etruskischen Torques radiatus ähnliche Verzierung. Die Brüste sind stark hervorgehoben. Neben ihnen, von den Hüften über die Achseln hinaus, entfalten sich zwei Flügel mit einwärts gebogenen Spitzen, von jener alterthümlichen Form, wie sie bei den geflügelten Sphinxen und andern Thieren etruskischer Bildwerke begegnen. Von den schmalen, mit einem geflochtenen Gürtel umschlossenen Hüften senkt sich bis zu den Füssen straff herabfallend ein Gewand von gewürfelten und gestreiften Mustern, mit breitem Saume. Die Gestalt hält mit jeder ihrer Hände einen Hasen, mit der linken das Thier bei den Hinterläufen, mit der rechten bei den Vorderläufen. Neben ihr sitzen zwei Löwen, welche abgewendeten Hauptes mit einem gehobenen Vorderfusse ihre Hüfte berühren. Auf ihrem Kopfputze ruht ein Falke oder

Adler und hinter ihrem Haupte hervor legen sich nach beiden Seiten zwei bärtige Schlangen heraus, welche auf ihrem Rücken zwei kleine sitzende Löwen tragen. Die ganze Gruppe steht auf einem Ornamente aus zwei grossen, von der Mitte auslaufenden Blättern mit rund gekerbtem Rande, welches auch die Palmette zeigt, die sich zwischen den spiralförmig gerollten Rippen der beiden Blätter nach unten zu entfaltet und den Abschluss des Ganzen bildet.

Wie die geflügelte Figur, so zeigen auch die Thiere unverkennbare Merkmale hochalterthümlichen Styls, vorzüglich die Löwen sowohl in ihrer Kopfbildung und der scharfen Angabe der Schenkelmuskeln, als auch in der eigenthümlichen Darstellung der Mähne, welche theils als ringförmiger Bartkranz das Haupt umgibt, theils als scharf begrenzter Kragen, in regelmässige Reihen blattförmiger Locken getheilt, die Schultern bedeckt.

Die Erklärung der Gruppe bietet manche Schwierigkeit, da Bildwerke dieser Frühzeit, die Attribute der Gottheiten, zu welchen wir die Mittelfigur unbedingt zählen müssen, nicht mit jener Bestimmtheit und Vollständigkeit geben, wie wir dieselben bei Darstellungen späterer Zeit finden. Die Verbindung der Göttin mit den verschiedenen Repräsentanten der Thierwelt, der Vierfüssler, Vögel und Reptilien, bietet die nächste und wohl auch sichere Hinweisung für die Annahme einer Darstellung der asiatischen Diana als Erhalterin und Ernährerin alles Lebendigen, wie sie namentlich in ihrem Bilde zu Ephesus in ähnlich alterthümlicher und hieratischer Auffassung erscheint, und bis in die spätzeitlichsten Darstellungen diese streng gebundene Haltung der ältesten Götterbilder zeigt. Weiter zu gehen bleibt unsicher, da sich gegen jede bis jetzt versuchte nähere Erklärung gewichtige Einwände erheben. So können wir auch der Annahme nicht beipflichten, welche in der Wahl des Hasen und Löwen eine Andeutung finden will von der weisen Anordnung der Natur, welche die Vermehrung der schwachen, am meisten verfolgten Thiere begünstigt und jene der Raubthiere beschränkt. Es spricht dagegen wohl am bestimmtesten gerade die überwiegende Anzahl der Löwen, welche an dem vorliegenden Bildwerke doppelt so oft als der Hase, und ausserdem an den Henkeln der Vase noch in weiteren zwei Paaren auftreten.

Auch die Fundverhältnisse dieses merkwürdigen Bildwerks sind eigenthümlich und lehrreich. Wir geben sie nach dem Berichte des Herrn Alb. Jahn, welchen derselbe unter dem Titel: »Ausgrabungen bei Grächwyl, im Kanton Bern«, in den Mittheilungen der Antiquarischen Gesellschaft von Zürich veröffentlichte.

Auf einer mässigen Anhöhe, welche den Auslauf eines längeren Erdrückens bildet und von diesem durch einen Erdgraben getrennt ist, fanden sich ein grösserer und ein kleinerer Grabhügel. Die Gräberstellen in ihrem Innern waren mit einer Menge grosser Rollsteine und Bruchsteine, welche dicht in einander verkeilt waren, bedeckt. In dem grösseren Hügel zeigten sich in der oberen Schichte zwei gegen Osten gewendete Skelette. Das eine hatte bei der rechten Hand ein zweischneidiges Eisenschwert von der Form der Spatha in merovingischer Zeit, mit Spuren einer Holzscheide. Bei demselben lag, ganz von Rost zerstört, wie man glaubt, ein Eisendolch in einer Eisenscheide. Eine bronzene Heftnadel ist leider nicht abgebildet. Ein einzelner Eisensporn am rechten Fuss stimmt in Bezug auf Altersbestimmung mit der Form der Spatha überein. Ob die vielen beiliegenden verrosteten Eisenfragmente ursprünglich Rüstungen angehörten, bleibt ungewiss. Nahe bei diesem Grabe fand sich ein anderes, wie zu vermuthen, von einer Frau. Es ergab nur einen kleinen einfachen Armring aus Erz. In den übrigen grösseren und kleineren Grabstellen dieser Schichte wurden nur vollkommen vermoderte Ueberreste gefunden.

In der zweiten Schichte von 6 Fuss Tiefe entdeckte man wieder unter einer Ueberdeckung von Steinen bei einer grossen Menge gänzlich verrosteten Eisenwerks viele eiserne Radschienen und zahlreiche kleine, nur drei Zoll grosse Eisenstücke, ungefähr in der Mitte aber die Ueberreste einer grossen Urne von dünnem Erzblech und das von uns abgebildete massiv gegossene Reliefbildwerk.

In weiterer Nachbarschaft fanden sich bei vielen vermoderten Leichnamen nur zwei bronzene Heftnadeln mit Buckeln in Form hohler Halbkugeln aus dünnem Erze.

Sieben Fuss tief traf man auch das Eisenwerk eines zweirädrigen Wagens, sehr schmale Radschienen, Nabenringe etc.

In einer unteren Schichte des Hügels von 10 Fuss Tiefe folgte abermals eine sehr grosse Grabstelle, deren Bedeckung und Einfassung wenigstens 20 Fuder Steine ergab. Sie enthielt neben vielen zerstreuten Scherben von roher Arbeit eine grosse zerbrochene weitbauchige Aschenurne von dünnem, schwach gebranntem Thon, nicht ohne Geschmack mit zwei Reihen auf die Spitze gestellter Rauten verziert.

Die unterste Schichte brachte noch zerstreut liegend ein kranzartiges Bronzeblech, ein geschmolzenes Stück Weissmetall und ein wohlerhaltenes Hufeisen. In der tiefsten Stelle des Hügelmittelpunktes lag, wie in vielen gleichartigen Grabbauten Norddeutschlands, ein 4 Fuss hoher unregelmässiger vierseitiger Steinblock.

Das bei weitem älteste Fundstück des Hügels zeigte sich hiernach nahezu in der Mitte seiner Tiefe. Ober und unter ihm lag offenbar Spätzeitlicheres sowohl zerstreut, als in Gräberstellen.

Wir erkennen hier einen abermaligen sehr sprechenden Beweis für die Erfahrung, dass die ältesten Gegenstände eines Grabhügels nicht unbedingt jedesmal in seiner untersten Schichte zu suchen sind, und dass die Lagerungsverhältnisse an und für sich keineswegs als entscheidend für die Beurtheilung der einzelnen Fundstücke zu betrachten sind.

Jetzt befindet sich dieses merkwürdige Bronzerelief des Grabhügels bei Grächwyl in dem Museum zu Bern.

Römische Ringe.

Erz und Eisen.

N° 1. Armring, Erz. Die runde Platte in seiner Mitte zeigt auf vergoldetem Grunde eine silberne radförmige Verzierung. Die beiden starken Bronzedrähte, welche den eigentlichen Ring bilden, sind durch Scharniere mit der Platte verbunden. Die verjüngt zulaufenden Enden dieser Drähte sind übereinander gelegt und durch spiralförmiges Umrollen gegenseitig befestigt, ein Verfahren, welches eine Erweiterung oder Verkleinerung des Ringes möglich macht.

Der Ring ist in dem römischen Pfahlbau am sogenannten Dimeser Ort, im Rheine unterhalb Mainz, gefunden und in dem Museum zu Mainz aufbewahrt.

„ 2. Geschlossener Armring, Erz. Die grosse Platte hat in ihrer Mitte ein radförmiges Ornament von geperltem Silberdraht auf vergoldetem Grunde. Neben der Platte, auf der Ringspange selbst, finden sich auf beiden Seiten zwei runde Knöpfe, ähnlich wie die Knöpfe der Scharnierniethen bei N° 1; vielleicht als Andeutung von solchen. — Aus den römischen Ueberresten auf dem Rosenauberge. — Museum zu Augsburg.

„ 3. Ebensolcher Armring. In der runden Platte fehlt das früher hier befindliche Ornament. Auf beiden Seiten derselben (wie bei N° 2) zwei runde Knöpfe, welche durch kreuzförmige Einfeilungen verbunden sind. — Gefunden bei Ottenhausen. — Museum zu Zürich.

„ 4. Fingerring, Erz. Der runde Draht, aus welchem er gebildet ist, wird von seiner stärkeren Mitte aus nach beiden Seiten zu immer dünner bis zu den Enden, welche mehrmals übereinander gelegt spiralförmig gedreht und schliesslich in entgegengesetzter Richtung aufgewickelt sind. — Umgegend von Mainz. — Museum zu Mainz.

„ 5. Fingerring, Erz, von ähnlicher, aber einfacherer Bildung. — Ebendaher. — Ebendaselbst.

„ 6. Armring von Eisen. Die Enden des Drahts sind übereinander gelegt und eines über das andere spiralförmig aufgerollt. — Ebendaher. — Ebendaselbst.

„ 7. Armring, Erz, von ähnlicher Construction, nur mit dem Unterschiede, dass jedes der Enden des Drahts vor seiner Befestigung eine Reihe von vier kleineren Ringen bildet. — In dem römischen Ueberreste bei Weisenau, unweit Mainz. — Museum zu Mainz.

„ 6. Armring, Erz, genau von der Bildung des Fingerrings N° 5. — Umgegend von Mainz. — Ebendaselbst.

Den beiden hier dargestellten Ringformen glauben wir, ganz abgesehen von dem Zeugnisse ihrer Fundstellen, schon deshalb, weil sie durch N° 1 in nächste Verbindung gebracht sind, eine gleiche Zeitstellung zuschreiben zu müssen, obgleich Formen wie N° 2 und N° 3 bis jetzt entschieden seltener sind als jene von der Art von N° 1 und N° 4 — 8. In diesen

Letzteren aber können wir keine ungewöhnliche Eigenthümlichkeit und noch weniger den Charakter gallischer Arbeit erkennen, welcher ihnen neuerdings von einem französischen Gelehrten zugewiesen werden soll.

Herr Gabriel de Mortillet hat in der Revue archéologique XII. Décembre 1866, eine Abhandlung unter dem Titel: »Recherches sur une série d'annaux d'une forme particulière« veröffentlicht, welche gerade diese Form der Ringe unserer Tafel N° 4 — 8 zum Gegenstande hat. Er gibt die Beschreibung und theilweise Abbildung von 8 ganz analogen Schmuckgeräthen: 4 Armringen, 3 grösseren, welche er für Beinringe erklärt, und einen Ring von einem Kinde. Es sind: 1) Der goldene Armring von Frauenbrunnen, im Besitze des Herrn Dr. Uhlmann in Münchenbuchsee. 2) Ein etwas kleinerer Goldring des Museums zu Besançon. 3) Ein Bronzearmring, gefunden in dem Doubs bei Besançon. 4) Ein solcher in der Sammlung des Herrn Baudot in Dijon. 5) Ein noch grösserer Ring aus dem Tempel des Mercurius Canetuous zu Berthouville im Musée gallo-romain von St.-Germain-en-Laye, welcher sich von den übrigen nur dadurch einigermaassen unterscheidet, dass das Metall in der Mitte des Ringes platt ausgehämmert und seine Ränder umgebogen sind, so dass sie einen hohlen Wulst bilden — ganz wie an einem gleichen Exemplar des Museums zu Mainz. — 6) Ein Armring aus Kertsch, in dem kaiserlichen Museum der Eremitage zu St. Petersburg, aus achteckig geformtem starken Golddraht. 7) Ein Kinderarmring aus Bronze, ebenfalls aus der Krimm. 8) Ein goldener sehr enger Fingerring aus dem phönikischen Grabfelde bei Tharos, bei Oristano auf Sardinien.

Herr Mortillet findet mit Recht die Form dieser Ringe äusserst praktisch, weil sie eine beliebige Vergrösserung und Verkleinerung der Oeffnung zulässt, und wir haben hier in der That die einfachste und ursprünglichste Bildung des Ringes.

Wenn aber dieser Forscher sich weiterhin äussert: ,,Donc si quelque chose doit étonner, c'est moins de rencontrer ce type, que de le voir si peu répandu", so hätte ihn von dem Gegentheil des Letzteren ein aufmerksamer Blick in jede Sammlung römischer Alterthümer überzeugen können, welche überhaupt bei den Forschern, die sich mit der Alterthumskunde der nordischen Völker beschäftigen, noch lange nicht die allseitige Beachtung finden, welche sie verdienen. Wäre dies der Fall, so würde es nicht so unsägliche Mühe und einen steten Kampf mit nationalen Vorurtheilen veranlassen, die bedeutende Menge unläugbar italischer und römischer Erzeugnisse aus der Masse der Fundobjecte des Nordens auszuscheiden, welche man ohne Weiteres je nach den einzelnen Ländern für britische, gallische, germanische, scandinavische und wendische Alterthümer zu erklären beliebt.

Zum Glücke kann diese Ausscheidung bezüglich der vorliegenden Ringform ohne Schwierigkeit geschehen, und zugleich an diesem Beispiele dargelegt werden, welchen geringen Grad von Verlässigkeit Schlussfolgerungen bieten, die keine andere Stütze haben, als das bekannte System des Stein-, Erz- und Eisenalters. Herr Mortillet motivirt seine Annahme, dass diese Ringe gallische seien, in folgender Weise: Von den acht ihm bekannten Exemplaren sind fünf in dem Bereiche des alten Galliens gefunden, davon zwei von Gold und drei von Bronze. Dieses Verhältniss bezeichnet seiner Ansicht nach die eigentliche gallische Epoche (l'époque gauloise proprement dite). In der Bronzeperiode und der ersten Eisenperiode ist das Gold sehr selten. Dagegen besassen die Gallier, welche erst nach dieser Periode auftraten, zur Zeit ihrer Unabhängigkeit viel Goldschmuck. (Ausschliesslich von eigner Arbeit? darf man fragen.) Auch die Form der Ringe bestätigt diese Zeitbestimmung, weil das Exemplar des Gallo-römischen Museums mit seinem hohlen Wulste aus gehämmertem Erz an die Industrie der ersten Eisenperiode erinnert, welche eine grosse Menge von Schmuckgerathen aus getriebener Bronze aufweist.

So soll auch der gewundene Draht des Ringes von Herrn Baudot durch seine Aehnlich-keit mit dem Torques eine vollkommene Uebereinstimmung mit dem gallischen Ornament-style bezeugen, und das Vorkommen dieser Ringe in der Krimm wie in den Gräbern von Tharos auf ihren Ursprung aus dem Orient hindeuten, von welchem sie aller Wahrschein-lichkeit nach die Gallier bei ihrer Rückkehr von Griechenland und Kleinasien zugleich mit den Goldmünzen Philipps von Macedonien mitgebracht hätten.

Gegen diese Aufstellungen ist zu bemerken, dass zuvörderst von einer ausschliesslichen Beziehung der gewundenen Ringe zu einem speciellen gallischen Ornamentstyle nicht wohl die Rede sein kann, da solche Ringe bei den meisten Völkern des Alterthums nachgewiesen sind, lange vor und nach der Zeit, welche als die eigentliche gallische bezeichnet wird.

Für die Beurtheilung des Ursprungs und der Zeitbestimmung unserer vorliegenden Ringform aber haben die Grabfunde des kimmerischen Bosporus deshalb kein entscheidendes Gewicht, da sich unter den merkwürdigen Grabfunden dieses Gebietes auch viele aus der römischen und byzantinischen Zeit finden. Macpherson gibt in seinen Antiquities of Kertsch, plate V, sogar Zierstücke im Geschmack der merovingischen Periode aus Gräbern, welche er mit allem Schein der Berechtigung den Warägern zuschreibt.

Von den Goldringen, welche bei vorliegender Frage in Betracht kommen, werden in den »Antiquités du Bosphore cimmérien conservées au Musée Impérial de l'Ermitage« drei Exemplare abgebildet. Ausser dem von Herrn Mortillet angeführten noch zwei andere, pl. XXIV, 3 und 4. Unter diesen ein gewundener Kinderarmring, in welchem noch ein anderer Gegenstand aus Gold in gleicher Ringverbindung eingehängt ist. Die Fundverhält-nisse aller dieser drei Ringe bieten jedoch keineswegs einen Anhalt zu dem Schluss auf eine besondere Frühzeit, sondern manche beachtenswerthe Andeutungen auf die Periode der römischen Ansiedlungen.

Mit ebenso wenig Bestimmtheit kann der von Herrn Mortillet abgebildete Ring aus Sardinien für phönikisch erklärt werden. Er stammt zwar aus denselben Ausgrabungen, wie ein anderer, aber ganz verschiedenartiger Fingerring — mit dem sogenannten mystischen Dreieck — jedoch nicht aus demselben Grabe. Es ist dies wenigstens nicht angegeben und es müsste zugleich nachgewiesen werden können, dass jene sogenannten phönikischen Gräber bei Tharos von jedem späteren Zugange strenger abgeschlossen waren, als die skytisch-hellenischen in der Krimm.

Allein ganz abgesehen von dem immerhin möglichen orientalischen Ursprung der frag-lichen Ringform, so ist doch in viel höherem Grade die sichere Thatsache zu beachten, dass dieselbe in Italien und den Provinzen des römischen Reichs die ausgedehnteste Verwendung fand. Es beweisen dies nicht nur die Bronzen von Pompeji durch die Ringe der Lampen-ketten, der Waagen, Gewichte und vieler anderer Kleingeräthe, sondern auch gleichartige Ueberreste in allen römischen Niederlassungen bis an die äussersten Grenzen des Reiches.

Diese Form war so weit verbreitet und so fest eingebürgert, dass sie noch in den Grab-funden der merovingischen Zeit zahlreich nachzuweisen ist.

Das Museum zu Mainz besitzt aus römischen Bauresten allein acht Armringe dieser Art aus Erz, einen aus Eisen und drei Fingerringe aus Bronze, ausser einer namhaften Zahl von gleichartigen Erzringen an den verschiedensten römischen Geräthen. Die fränkischen Grab-felder lieferten ihm einen solchen Armring aus Erz, verschiedene Ohrringe und viele Ringe von Gürtelgehängen, alle von gleicher Construction.

Sogar im Norden, an der Ostsee, begegnen wir dieser Ringform unter den römischen Geräthen, welche als Handelswaare, Kriegsbeute oder Raub dorthin gelangten. Wir sehen

sie in den Moorfunden von Schleswig (Engelhardt: Denmark in the early Ironage, Taf. V,
Nydam) und selbst in dem Museum von Kopenhagen, wo sie freilich mit manchen andern
Gegenständen aus viel jüngerer Zeit, der sogenannten Bronzeperiode eingereiht ist. (Prof.
J. J. Worsaae: Afbildninger fra det kongelige Museum of nordiske Oldsager i Kjobenhavn.
S. 51, N° 211.) Wir finden diese Art Ringbildung sogar dort noch in der Abtheilung
Middelalderen I. Seite 133, N° 516 an einem Silberkreuze und in den Mémoires de la société
des antiquaires du Nord 1840 — 43. Kopenhagen 1844. Tafel X, Fig. 3, ebenfalls an einem
Kreuze befestigt.

Es ist demnach sicher, dass diese Ringform nicht als eine ungewöhnliche und seltene,
sondern als eine sehr häufige und weit verbreitete zu betrachten ist. Ebenso gewiss ist es,
dass die gallische Industrie keinen besonderen Anspruch an dieselbe hat, und dass, wenn
dieser Typus wirklich auf orientalischen Ursprung zurückgeführt werden kann, seine Vermittelung nach dem Norden zunächst von Italien ausging. Es wäre zu wünschen, dass sich
der Eifer mancher Forscher, welche stets bereit sind, alle Metallfunde für Erzeugnisse
gallischer oder doch nordischer Industrie zu erklären, durch diese Thatsache zu etwas
grösserer Vorsicht und einer umfassenderen Beachtung der Denkmale italischer Technik
aufgefordert fände.

Nachtrag.

Während des lange verzögerten Druckes dieser Zeilen ersehen wir zu unserem Bedauern
aus dem Aprilhefte der Revue archéologique, dass auch der verdienstvolle Forscher Herr
Abbé Cochet die irrthümliche Ansicht des Herrn Mortillet über die besprochene Ringbildung weiter zu begründen sucht. Wir geben unserem verehrten Freunde zu bedenken,
dass er selbst einen Ring desselben Systems aus einer römischen oder angelsächsischen Urne
in seinen Sépult. gaul. rom. francs et normandes, Seite 119, veröffentlicht hat, und dass, so
weit die Abbildung es zu beurtheilen erlaubt, auch die Ringe an der römischen Bronzevase
von Menil dieselbe Form haben. (Normandie souterr. Seite 136 und Tafel VI, N° 3.) In
Baudot, Sépult. des Barbares etc. sind ausserdem aus fränkischen oder burgundischen Gräbern
Pl. XVIII und Seite 166 ganz die nämlichen Ringe gegeben. Wir finden sie weiterhin, schon
bei flüchtiger Durchsicht, zahlreich in den Werken über angelsächsische Alterthümer: Fair-
ford Graves von W. M. Wylie, Pl. IX; Pagan Saxondom von Yonge Ackermann, Pl. XXVIII;
Collectanea antiqua von Roach Smith, Vol. III, Seite 16 und in dem von diesem ausgezeichneten Gelehrten herausgegebenen Inventorium Sepulcrale schon allein 17 solcher Ring-
bildungen, als Fingerringe, Ohrringe und Ringe zum Einhängen verschiedener Kleingeräthe.
Einleitung, Seite 12, 44, 47, Pl. VII, XI, XII, XVI.

Zierscheiben

aus fränkischen und alamannischen Gräbern.

No 1. Zierplatte, Erz, mit Spuren von Versilberung. — Aus den Gräbern von Nordendorf. — Königl. Antiquarium zu München.

„ 2. „ Erz, mit der Darstellung eines Reiters. — Aus den Gräbern von Heidenheim. — Museum zu Stuttgart.

„ 3. „ Erz, mit Schlangenornamenten. — Aus den Gräbern bei Basel-Augst. — Museum zu Zürich.

„ 4. „ Erz, mit eben solchen Verzierungen. — Aus den Gräbern von Pfronstetten, Amt Minsingen. — Museum zu Stuttgart.

„ 5. „ versilbertes Erz. — Aus den Gräbern bei Pfullingen. — Sammlung Sr. Erlaucht des Grafen Wilhelm von Würtemberg.

„ 6. „ Erz, mit Vogelgestalten verziert. — Aus den Gräbern bei Ottenbach. — Museum zu Zürich.

„ 7. „ Erz. — Aus den Gräbern von Pfullingen. — Sammlung Sr. Erl. des Grafen Wilhelm von Würtemberg.

„ 8. „ Erz. — Aus den Gräbern von Mundenheim (Rheinpfalz). — Sammlung des Alterthumsvereins zu Mannheim.

„ 9. Knopf von Erz. Aus den Gräbern von Pfullingen. — Museum zu Mainz.

„ 10. „ „ „ Aus den Gräbern von Fronstetten. — Sammlung Sr. Königl. Hoh. des Fürsten von Hohenzollern-Sigmaringen.

„ 11. „ „ „ Aus fränkischen Gräbern in Rheinhessen. — Privatkabinet Sr. Königl. Hoheit des Grossherzogs von Hessen.

Fränkische Grabsteine.

N° 1. Grabstein aus einer nur gespaltenen, nicht behauenen Sandsteinplatte von sehr unebener wellenförmiger Oberfläche. Die Verzierungen und die Schrift sind von sehr ungleicher Tiefe, die ersteren an manchen Stellen mehr eingekratzt oder eingeschliffen, als ausgehauen. Der Stein zeigt am Rande einen Rahmen von einem Zickzackornament, und ist durch zwei querlaufende Streifen einer Gitterverzierung in drei Felder abgetheilt. In der Mitte der oberen Abtheilung ist ein herabhängendes gleicharmiges Kreuz dargestellt. An dem untern Theile seines Längebalkens und an den beiden Seiten seines Querbalkens zeigen sich vier senkrechte Streifen, welche als Strahlen und als Andeutungen der Wundmale des Herrn an Händen und Füssen erklärt werden. Gewiss ist, dass das Kreuz schon als ein hängendes, die grösste Aehnlichkeit mit jenen Votivkreuzen bietet, welche gerade an den Stellen, wo auf unserem Steine jene Streifen angegeben sind, gewöhnlich auch Anhenker von Perlen und Edelsteinen an Kettchen befestigt zeigen, wie die Kreuze an den Kronen der Gothen-Könige Recesvinth und Svinthila und überhaupt an allen den goldenen Votivkronen von Guarrazar.

Die vier radförmigen Ornamente zu beiden Seiten des Kreuzes können freilich auch als vier mit Kreuzen bezeichnete Kreise betrachtet werden. Unserer Ansicht nach aber sind in denselben doch nicht wohl die vier Zonen der durch Christus erlösten Erde, sondern einfache barbarische Ornamente zu erkennen, wie sie, an Grabsteinen der Karolinger Zeit förmlich zu vierblätterigen Rosetten ausgebildet, genau an derselben Stelle und in derselben Zahl nachzuweisen sind.

In dem mittleren Felde zwischen den zwei Gitterstreifen findet sich die Inschrift, in sieben Zeilen zwischen ungleichen, wie mit freier Hand gezogenen Querlinien. Sie lautet:

> INHUNCTITOLORE
> QVIISCITBONEMEMO
> RIAEBERTISINDISQVI
> VIXXITANUSXXRANDO
> ALDVSQVIVIXXITAN
> NVS...............E
> TER.

d. h.: In hunc (hoc) titulo requiescit bonae memoriae Bertisindis qui vixit annos viginti. Randoaldus qui vixit annos....... feliciter.

Die untere Abtheilung des Steins ist durch zwei mit Schlangenlinien verzierte Bänder, welche aus den beiden oberen Ecken nach der Mitte der Basis in eine Spitze zusammenlaufen, in drei Felder getheilt.

Ausser ihrer Inschrift erscheint die vorliegende Grabplatte auch dadurch anziehend und merkwürdig, dass sie manche Uebereinstimmung in Ornament und Technik mit einem Denkmale zeigt, welches zu einer neuerdings wieder angeregten wichtigen Frage in nächster Beziehung steht. Bedecken wir die Inschrift und das Kreuzzeichen, so bleibt die Aehnlichkeit unverkennbar, welche die ganze Erscheinung unseres Steins mit der vierten und sechsten Platte des Kivikmonumentes bietet. Wir sehen auf einer gleich roh gespaltenen Steintafel, wie sie die Wände jenes Denkmals bilden, dieselben Zickzackbänder und die nämlichen vierspeichigen Radornamente, und es ist klar, dass durch diese Gleichartigkeit eines sehr primitiven Charakters unserer merovingischen Skulptur auch die übrigen Andeutungen einer viel zu hohen Altersstellung jenes schwedischen Monuments einen weiteren, sehr beachtenswerthen Anhalt gewinnen.

Wir glaubten hierauf aufmerksam machen zu müssen, gerade weil wir die Ansichten Nilsons über die eigentliche Natur und den Umfang der alten Kultur des Nordens längst getheilt haben, und seine Beobachtungen der Spuren des phönikischen Verkehrs vollkommen anerkennen. Nur im eigensten Interesse dieser seiner Forschungen müssen wir wünschen, dass die einzelnen Beweise der genauesten und vielseitigsten Prüfung unterzogen, und die verlässigen von den zweifelhaften ausgeschieden werden. Diejenigen, welche ihre Geltung behalten müssen, genügen, um den Werth seiner Resultate zu sichern.

Der Fundort unseres Steins, jedenfalls in der nächsten Umgebung von Mainz, ist nicht näher bezeichnet. — Museum zu Mainz.

N° 2. Grabsteinplatte aus Kalk. Die Inschrift lautet:

†INHVNCTITOLO
REQIISCITAV
DOLENDISQVI†
VIXITINPACE
ANNVSIII†
FILICITER.

In hoc Titulo requiescit Audolendis qui vixit in pace annos tres. feliciter.

Gefunden bei Anlegung des jetzigen städtischen Kirchhofes von Mainz im Jahre 1803, in der Nähe der ehemaligen St. Aureuskapelle. Der Stein stand zu Füssen eines aus Platten gebildeten Sarges, in welchem sich die krankhaft verwachsenen Gebeine eines Kindes fanden. — Museum zu Mainz.

„ 3. Kalksteinplatte, oben abgerundet. Längs des Randes läuft ein bandartiger Rahmen mit einer Reihe von buchstabenartiger Zeichen, welche bis jetzt noch keine Erklärung gefunden haben. Oben in der Mitte, innerhalb des Rundbogens, befindet sich ein Kreuz in einfachen Linien, von dessen Winkeln vier Striche und Strahlen auslaufen. Längs der linken Seite des Rahmens und in einem Halbkreise unterhalb des Kreuzes zeigen sich dieselben buchstabenartigen Zeichen. — Fundort jedenfalls in der Nähe von Mainz, nicht näher angegeben. — Museum zu Mainz.

„ 4. Grabsteinplatte von Kalk. Die Buchstaben der dreizeiligen Inschrift sind zwischen zwei ihre Grösse bestimmende Linien eingetragen. Sie lautet:

HICINPACE
QVIESCET . G
RVTILO.

(Hic in pace quiescit Grutilo.) Unten das Monogramm Christi zwischen zwei Tauben. — Gefunden auf dem alten Friedhofe bei der Liebfrauenkirche zu Worms.

Haarnadeln und Haarzängchen

aus Gräbern der merovingischen Zeit.

N⁰ 1. Haarnadel, Erz. Das obere Ende ist mit einem phantastischen Thierkopfe verziert. — Aus den alamannischen Gräbern in Sigmaringen. — Sammlung Sr. Königl. Hoheit des Fürsten von Hohenzollern-Sigmaringen.

„ 2. Nadel, Erz. — Aus einem fränkischen Grabe bei dem Armader Hofe unweit Walluf im Rheingau. — Im Besitze des Herrn Oberstlieutenant von Gemming in Nürnberg.

„ 3. Haarnadel, Erz. — Gefunden in dem Steinbruche bei Darstadt, Landgericht Ochsenfurth, höchst wahrscheinlich in einem nicht weiter beachteten Grabe. — Sammlung des historischen Vereins zu Würzburg.

„ 4. Haarzängchen, Erz. — Sammlung des historischen Vereins in Augsburg.

„ 5. Haarzängchen, Erz, mit Thierköpfen verziert. — Aus einem alamannischen Grabe. — Sammlung vaterländischer Kunst- und Alterthums-Denkmale zu Stuttgart.

„ 6. Haarnadel, Erz. — Aus den alamannischen Reihengräbern zu Pfullingen bei Reutlingen. — Sammlung Sr. Erl. des Grafen Wilhelm von Würtemberg.

„ 7. Haarnadel, Silber. Der vierkantige Knopf der Nadel ist bis zum Ende der querlaufenden Streifen unterhalb desselben vergoldet. a) Die obere Ansicht des Knopfes; b) und c) zwei verschieden ornamentirte Seitenflächen des Knopfes. — Aus den Reihengräbern bei Wahlheim, Amt Besigheim. — Sammlung des würtembergischen Alterthumsvereins zu Stuttgart.

„ 8. Haarnadel, Silber. Der vierkantige Knopf hat einen Aufsatz in Gestalt eines Vogelkopfes mit stark gekrümmtem Schnabel. Das Auge desselben ist durch eine Niellirung mit Schwefelsilber gebildet. Der ganze Obertheil der Nadel bis zum Ende der querlaufenden Streifen ist vergoldet. — Aus den Reihengräbern von Pfullingen. — Sammlung Sr. Erl. des Grafen Wilhelm von Würtemberg.

„ 9.
„ 10. Haarzängchen, Erz. — Aus den fränkischen Gräbern bei Oberolm. — Museum zu
„ 12.   Mainz.

„ 11. Haarzängchen, Erz. — Aus den Gräbern bei Wallstadt. — Sammlung des Alterthumsvereins zu Mannheim.

Haarnadeln von der Form und Zierweise wie N⁰ 1, 3, 6, 8 zählen zu den charakteristischen Fundstücken der Grabfelder merovingischer Zeit. An den Thier- und Vogelköpfen zeigen sich öfter die Augen mit Einlagen von farbigem Glase ausgelegt. Der obere Theil ist entweder abgeplattet oder durch Facettirung und tief eingravirte Ornamente verziert, vielleicht zum besseren Anfassen der Nadel.

Unser Freund, Herr Abbé Cochet, hielt die Nadeln von der Form wie N⁰ 2 unserer Tafel für Schreibgriffel, nicht nur ihrer ursprünglichen Bestimmung nach, sondern auch in Bezug ihrer Benützung von Seiten derjenigen, in deren Grab wir sie niedergelegt finden. (Note sur la sculpture d'un jeune guerrier franc découverte à Envermesn par M. l'Abbé Cochet.) Ganz abgesehen davon, dass wir das fragliche Grab, auf dessen Befund er diese seine Annahme stützt, mit unserem gemeinschaftlichen Freunde Herrn Wylie nicht für das eines Kriegers, sondern eines Weibes halten müssen, so bedauern wir auch weiterhin, in Bezug seiner Ansicht über den Gebrauch dieser Nadeln hier nicht, wie mit seinen übrigen Beobachtungen der fränkischen Grabfunde, übereinstimmen zu können.

Der Umstand, dass diese Nadeln vorwiegend in Gräbern vorkommen, über deren Eigenschaft als weibliche kein Zweifel sein kann, ist von grösserer Wichtigkeit für die Bestimmung ihres Gebrauchs, als die Thatsache, dass einige derselben als wirkliche römische Styli zu betrachten sind. Auch diese können gewiss ebenso gut als Haarnadeln gebraucht worden sein, wie in gleicher Weise auch andere römische Geräthe zu anderen Zwecken als ihren ursprünglichen dienen mussten, wie z. B. Zimmermannsbeile als Waffen in den Gräbern fränkischer Krieger erscheinen. Wenn einige dieser Nadeln auf der Brust der Todten gefunden werden, so dienten sie gewiss an dieser Stelle eher zur Befestigung des Gewandes, als dass man voraussetzen dürfte, dass sie als Schreibgeräthe gerade dort ihren Platz erhalten hätten. Am häufigsten zeigen sich jedoch diese Nadeln ganz in der Nähe des Kopfes, manchmal noch mit Ueberresten der Haare.

Herr Abbé Cochet glaubt nun, dies als den gebräuchlichen Ort für die Niederlegung der Schreibgeräthe in den Gräbern betrachten zu dürfen, da auch Karl der Grosse die Schreibtafeln, welche er beständig mit sich führte, des Nachts unter sein Haupt zu schieben pflegte. Dieser Umstand aber, denken wir, beweist nichts anderes, als die Ausdauer des grossen Mannes in der Erlernung einer ihm schwierigen Fertigkeit, und zeigt deutlich genug, dass die letztere zu seiner Zeit noch selten genug, selbst in den höchsten Kreisen, sein musste und früher gewiss noch viel weniger bei der Bevölkerung verbreitet war, welche in den Gräbern der grossen Friedhöfe bestattet ist. Wir halten daher unsere Annahme für vollkommen gerechtfertigt, nach welcher wir diese sämmtlichen Nadeln für Nestnadeln des Frauenhaares, für die discriminalia der alten Gesetze erklären, sowohl diejenigen, welche in nationaler Weise verziert, ihre unverkennbare Bestimmung kundgeben, als diejenigen, welche sich der Form des Stylus nähern, und die wenigen wirklichen römischen Styli selbst, sobald die letztern in der Nähe des Kopfes gefunden sind.

Wie diese Nadeln nur in Gräbern von Frauen beobachtet werden, so finden sich die unter N° 4, 5, 9, 10, 11, 12 abgebildeten Zängchen vorzugsweise in Männergräbern.

Das reichverzierte N° 5 darf als ein Unicum bis jetzt betrachtet werden. Die übrigen Formen fanden sich gleichmässig in den angelsächsischen, fränkischen, burgundischen und alamannischen Gräbern, und dieses Zängchen zählt zu den Gegenständen, welche mit verhältnissmässig wenig verändertem Charakter von einer weit älteren Zeit in die Periode der Reihengräber herabreichen.

Was die Bestimmung dieses Geräthes betrifft, so mögen allerdings die wenigen Stücke, welche in Frauengräbern gefunden sind, auch zum Zwecke kleiner Scheeren für mancherlei weibliche Arbeiten benutzt worden sein, der Gebrauch der Mehrzahl jedoch muss wohl zur Entfernung des Bartes gedient haben.

Die von Herrn Abbé Cochet angeführte Stelle eines Briefs des Sidonius Apollinaris (Epist. lib. I. ep. 2) lässt darüber kaum einen Zweifel. Sie lautet: *„Tonsor barbam genas usque expensam forcipibus exollit"*, und an anderer Stelle desselben Briefs: *„Pilis infra narium antra fructuantibus quotidiana succisio"* findet durch die schmäleren Formen unserer Zängchen ihre Erläuterung. Auch darin erhält diese Annahme eine Bestätigung, dass sich häufig in demselben Ringe, an welchem diese Zängchen befestigt sind, noch andere Kleingeräthe eingehängt finden, welche ebenfalls nur zur Körperpflege bestimmt scheinen, da sich unter denselben öfters Zahnstocher und Ohrlöffelchen erkennen lassen.

Gürtelhaken und Gürtelketten.

Erz.

N⁰ 1. Gürtelbeschläge, Erz, in zwei Theilen, an welchen einerseits die Haken, anderseits die Ringe sich befinden. Jener mit den Haken besteht aus einer viereckigen Platte, deren innerstes Feld in Umrissen zweier phantastischer Thiere ausgeschnitten ist. Die halbmondförmigen und dreieckigen Vertiefungen an dem Rahmen, welcher diese durchbrochene Arbeit umgibt, waren dem Anscheine nach früher mit einer farbigen Einlage ausgefüllt. Auf der einen Seite dieser Platte befindet sich eine Vorrichtung zur Befestigung des Gürtelleders, auf der andern sitzen die Haken in Form von Thierköpfen mit lang geschlitzten Augen und spitzen Ohren. Ihr Rachen, welcher im Profil weit geöffnet erscheint, ist mit einer elliptischen Fläche glatt abgeschlossen. Der andere Theil des Beschlägs besteht aus einem starken Rahmen, welcher auf der einen Seite die Ringe trägt, in welche die thierköpfigen Haken eingreifen, auf der andern Seite eine schmale Platte, mittelst welcher er durch 10 Nietnägel auf das Gürtelleder befestigt war.

„ 1 ᵇ Profilansicht der Thierköpfe an der Spitze der Gürtelhaken. — Fundort ungenannt, Frankreich. — Musée d'Artillerie zu Paris.

„ 2. Gürtelbeschläge aus zwei starken Erzrahmen, von welchen der eine die zwei Haken, der andere die Ringe trägt. Die Haken bilden zwei Thierköpfe auf gekrümmten Hälsen mit einer Art von Mähne. Die lang geschlitzten Augen sind schief nach Innen geneigt, die Zunge hängt aus dem breiten Rachen hervor und die Ohren sind durch halbmondförmige Aufsätze angedeutet.

„ 2 ᵇ Seitenansicht der Thierköpfe an den Haken. — Gefunden bei Moosburg (Bayern), jetzt im Museum zu Mainz.

„ 3. Kleiner Haken von einer Gürtelkette, Erz. Viereckiger Rahmen mit Knöpfen an den abgerundeten Ecken, an welchen auf langem Halse ein schmaler Thierkopf mit breitem Rüssel den eigentlichen Haken bildet. — Fundort Umgegend von Kreuznach. — Museum zu Mainz.

„ 4. Platte, Erz, von einer Gürtelkette mit Spuren von Email. — Umgegend von Mainz. — Museum zu Mainz.

„ 5. Vollständiger Gürtelkette, Erz. Der Haken in Form eines langhalsigen Thierkopfs mit Ohren und knopfförmiger Schnauze, sitzt auf einem Beschläge von zwei querlaufenden Spangen, welche noch Spuren farbigen Emails zeigen. Die einfache Kette, welche an diesen Spangen befestigt ist, endigt bei einem andern Beschläge, in welches drei kleinere Kettchen mit kugelförmigen Schlussknöpfen eingehängt sind. — Gefunden in einem Grabe bei Kreuznach mit einem Armring aus blauem Glase und einer Bronzefibula von der Form wie N⁰ 4, Tafel III dieses Heftes, nur mit dem Unterschiede, dass das aufwärts gebogene Ende des Bügels nicht eine flache Scheibe, sondern vollrunde Knöpfe trägt. — Museum zu Mainz.

N° 6. Haken von einer Gürtelkette. Aehnliche Bildung eines Thierkopfes mit spitz vorstehenden Ohren und Resten von Email in den dreieckigen Vertiefungen der querlaufenden Spange. — Ebendaher. — Ebendaselbst.

„ 7. Gürtelhaken an einem ringförmigen Rahmen. — Umgegend von Mainz. — Museum zu Mainz.

„ 8. Ring mit lyraförmigem Aufsatz, von einer Gürtelkette. — Ebendaher. — Ebendaselbst.

„ 9. Haken mit Thierkopf von einer Gürtelkette. — Ebendaher. — Ebendaselbst.

„ 10.
„ 11. } Aehnliche Gürtelhaken. — Aus der Umgebung von Kreuznach. — Museum zu Mainz.

Von diesen Gürtelbeschlägen mit Haken in Form phantastischer Thierköpfe musste lange Zeit das Exemplar des Musée d'Artillerie als das einzig vorhandene betrachtet werden. Erst in neuester Zeit sind gleichartige Funde in Deutschland zu Tage gekommen, von welchen der merkwürdigste jedoch erst nach Vollendung der vorliegenden Tafel in den Besitz des Mainzer Museums gelangte. Wir werden dieses mit d r e i Haken versehene Gürtelbeschläge in einem der nächsten Hefte zur Abbildung bringen, da es für die Beurtheilung aller dieser eigenthümlichen Gestaltungen, wie der sogenannten keltischen Bronzen überhaupt von grosser Bedeutung ist. Zu beachten bleibt es vor der Hand schon, dass diese ohne Zweifel gleichzeitigen und gleichem Styl angehörigen Bronzen durch die Hakenform der Gürtelketten mit jenen Erzfibeln in nächste Beziehung treten, welche aus süddeutschen und italischen Funden in dem I. Bande dieser Schrift, IX. Heft, Tafel II, N° 2, und in der Fürstl. Hohenzoller'schen Alterthümersammlung, Tafel XXII und XXXVII, N° 9 und 13 abgebildet sind. Es darf ferner für die spätere Untersuchung dieser Gegenstände nicht übersehen werden, dass die Gürtelhaken 5, 6, 10 dieser Tafel unverkennbare Spuren farbigen Emails zeigen, ein Umstand, welcher dadurch besondere Bedeutung erhält, dass die Form der Geräthe selbst keine Berührung mit den bekannten Gestaltungen des römischen Geschmackes zeigen.

Bis jetzt erscheint die räumliche Verbreitung dieser Gürtelkrappen und Ketten in Deutschland hauptsächlich im mittleren Rheinland, einem Theile von Thüringen, dem Maingebiete und in Bayern nachweisbar.

Armringe.

Erz.

N° 1. Offener, durch ein Scharnier schliessbarer Armring, aus grossen hohlen Buckeln in
Form von halben Eiern. Das Original besteht nur aus zwei solcher Buckeln mit
Andeutung fortgesetzter Verbindung mit gleichartigen, jetzt verlorenen Theilen.
Die Ergänzung durch einen dritten, wie sie hier versucht ist, ergibt ein brauch-
bares Verhältniss. Möglicherweise aber kann das Ganze aus einer Zusammen-
setzung von vier oder selbst fünf solcher Theile gebildet und von grösserem
Umfang gewesen sein. — Fundort nicht genannt, Schweiz. — Museum zu Zürich.

„ 2. Offener, durch ein Scharnier schliessbarer Armring, aus sechs hohlen halbkugelförmigen Buckeln von sehr reicher eigenthümlicher Verzierung. — Fundort nicht
genannt, Bayern. — Nationalmuseum zu München.

„ 3. Geschlossener Armring aus 17 grossen halbkugelförmigen Knöpfen. Im Innern
platt mit einer Aushohlung, welche auf der Abbildung etwas zu schmal angegeben ist. — Fundort nicht genannt. — Hôtel Cluny zu Paris.

„ 4. Offener, nach den Enden hin verjüngt zulaufender Armring mit senkrechten scharf
vortretenden Rippen längst seiner Wölbung nach Aussen. — Aus einem Grabhügel bei Agolfing bei Straubing. — Sammlung des historischen Vereins in
Landshut.

Die vorliegenden Ringformen ergeben die nächste Verwandtschaft zu jenen, welche in
dem I. Bande, X. Heft, Tafel I abgebildet sind, nur zeigen sie sich hier zu ungewöhnlicher Grösse entwickelt. Auf jener Tafel des I. Bandes erscheint namentlich die Ringform
N° 1, wie sie in der Gegend von Passau und Linz gefunden ist, als dieselbe Bildung,
welche hier den Ringen von Zürich und München, N° 1 und 2, zu Grunde liegt. Die Verzierung des letzteren findet sich auch schon angedeutet auf jener früher gegebenen Tafel bei
den Ringen von Wiesbaden und Gauting. Auf dem vorliegenden Armringe des Nationalmuseums gibt sie in ihrer vollen Ausbildung ein höchst bezeichnendes Beispiel des Ver-
zierungsgeschmacks jener Metallarbeiten, welche neuerdings wieder als keltisch bezeichnet
werden.

Der Charakter dieser eigenthümlich gewundenen Formen, dieser so zu sagen verwil-
derten Spiralen, welche, statt in Rollen, in Wulste und Gruppen von Knöpfen auslaufen,
ist unmöglich mit Worten zu bezeichnen. Durch diese Ornamentbildung treten zugleich die
von Herrn A. Franks (horae ferales) veröffentlichten Bronzen mit den Verzierungen der
eisernen Schwertscheiden, der Pfahlbauten und Grabhügel sowohl, als auch mit den von uns
Band I, Heft 10, Tafel 6 abgebildeten barbarisirenden römischen Ornamenten in nahe
Beziehung.

Ueber diesen Zusammenhang und den eigentlichen Ursprung der betreffenden Geräthe
wird wohl nur eine übersichtliche Zusammenstellung aller vorhandenen Denkmale, mit
welcher auch wir uns fortwährend beschäftigen, Licht geben können.

Gewandnadeln.

Erz.

N° 1. Gewandnadel. Der mit Kreisornamenten und gestreiften Bändern verzierte Bügel
ist unterhalb des Hakens, in welchen die Nadel eingreift, nach vorn und
aufwärts umgebogen. Er trägt an seinem Ende einen scheibenförmigen
Knopf, der sich dem Obertheil des Bügels wieder anschliesst. Auf dieser
runden Platte ist eine Scheibe aus hochrother Fritte mit einem kleineren
Plättchen von Erz befestigt, welches in drei bogenförmige Abschnitte auf
eine Weise getheilt ist, die als charakteristische Verzierung gewisser
Bronzegeräthe unserer Grabhügel zu beachten ist, und sich auch auf den
Eisenscheiden der Pfahlbauschwerter des Bieler Sees zeigt. — Fundort
Hard bei Zürich. — Museum zu Zürich.

„ 2.   „   Mit breitem flachem Bügel, verziert mit Kreisornamenten zwischen querlaufenden Bändern mit senkrechter Streifung. Der unterhalb des Hakens
aufgebogene Fortsatz des Bügels endigt in einen kleinen Knopf. — Ebendaher. — Ebendaselbst.

„ 3.   „   Der Bügel zeigt längs der Mitte eine Vertiefung zur Aufnahme eines hochrothen, noch näher zu untersuchenden Stoffs, einer Art Fritte oder Ko-
ralle. Dieser Einsatz bildet einen den Bügel überragenden quergerippten
Zierstreifen. Das aufgebogene Ende des Bügels trägt eine Scheibe, auf
welcher mit einem Bronzeknöpfchen eine flache Rundplatte aus hochrother
Fritte befestigt ist. — Ebendaher. — Ebendaselbst.

„ 4.   „   Mit glattem rundem Bügel und einem Knopfe wie N° 1. — Ebendaher. —
Ebendaselbst.

„ 5.   „   Mit quergripptem Bügel, das aufgebogene Ende desselben schliesst mit
einer Schlinge, in welcher früher wohl noch ein anderer Gegenstand eingehängt war. — Fundort ungenannt, Hessen. — Privatkabinet Sr. Königl.
Hoheit des Grossherzogs.

„ 6.   „   Der Bügel ist mit Spiralornamenten reich verziert. Das Ende desselben
ist gewaltsam herabgebogen und abgebrochen. — Fundort nicht genannt,
Bayern. — Museum zu Mainz.

„ 7.   „   Der Bügel ist mit gestreiften Bändern verziert. Auf der Scheibe an dem
aufwärts gebogenen Fortsatz ist die in der Mitte derselben befestigte
Verzierung herausgefallen. — Gefunden auf dem burgundischen Friedhofe
von Yverdon. — Sammlung des Herrn Baron von Bonstetten zu Thun.

„ 8.   „   Der nach der Mitte zu stärker anschwellende Bügel ist an seinem Ende
aufwärts gebogen, abgeplattet und mit querlaufenden Rippen verziert. —
Aus dem Pfahlbau von Peschiera. — Museum zu Zürich.

„ 9.   „   Der Bügel bildet eine dünne hohle Halbkugel mit aufgesetztem Knopf in
ihrer Mitte. — Aus einem Grabhügel in Würtemberg. — Museum zu
Stuttgart.

N° 10. Gewandnadel. Wie N° 3 mit vollständig erhaltenem rothem Einsatz längs der Mitte des Bügels. Der strahlenförmig verzierte flache Knopf am Ende desselben dient zugleich zur Befestigung einer Scheibe aus hochrother Fritte.

„ 11. „ Mit plattem Bügel, mit radförmig verziertem Erzplättchen zur Befestigung der rothen Scheibe.

„ 12. „ Der Bügel hat die Form eines hohlen Rundschildes. — Aus einem bayerischen Grabhügel. — Thun'sche Sammlung des königl. Antiquariums, jetzt im Nationalmuseum zu München.

Von den hier gegebenen Gewandnadelformen sind jene mit hohlen schildförmigen Bügeln, N° 9 und 12, nördlich des Maingebietes noch nicht beobachtet worden, sie scheinen den Grabhügeln Süddeutschlands und der Schweiz eigenthümlich und finden sich besonders häufig in der oberen Donaugegend. Die fürstlich Hohenzoller'sche Sammlung auf Schloss Sigmaringen besitzt solche aus den Grabhügeln von Cappel, Kreenheinstetten und Habsthal.

Weit ausgedehntere Verbreitung über ganz Deutschland ergibt sich für die andere Form dieser Spangen, welche der vorwärts und aufwärts gebogene Fortsatz des Bügels charakterisirt. Auch die Spangen mit Darstellungen phantastischer Thier- und Menschenköpfe, welche wir im I. Band, Heft IV, Tafel 3, und in diesem Bande Heft IV, Tafel 2 abgebildet haben, müssen dieser eigenthümlichen Bildung ihres Bügelschlosses wegen zu dieser Gattung gezählt werden.

Die Andeutungen, die sich für die Zeitstellung derselben aus dem Gesammtinhalt der betreffenden Grabfunde ergeben, werden wir versuchen, in kurzer Uebersicht zusammenzustellen, sobald wir auch die nahe verwandten, in vieler Hinsicht wichtigen eisernen Gewandnadeln dieser Gattung zur Abbildung gebracht haben werden.

Grosse Messer.

Erz und Eisen.

N° 1. Messer aus Eisen. — Aus einem Grabhügel im Lüneburgischen. — Museum zu Hannover.

„ 2. „ Erz. — Fundort ungenannt, Italien. — Vereinigte Sammlung in München.

„ 3. „ „ „ „ „ Musée du Louvre zu Paris.

„ 4. „ Klinge aus Eisen, Griff und Scheide aus Erz. — Fundort ungenannt. — Cabinet de Médailles zu Paris.

„ 5. „ Griff und Klinge aus Eisen. — Gefunden in einem Steinhügel bei Maidbrunn. Sammlung des historischen Vereins zu Würzburg.

„ 6. „ Eisen. — Aus einem Grabhügel beim Forsthaus Weissenthurm hinter Rüdesheim. — Museum zu Wiesbaden.

„ 7.⎫ „ Griff und Klinge aus Eisen. — Aus Grabhügeln im Lüneburgischen. —
„ 8.⎭ Museum zu Hannover.

Die Form von Eisenmessern, wie sie uns die Nummern 1, 5, 6, 7, 8 unserer Tafel zeigen, ist nicht allein auf die Gegend der Grabhügel, welchen sie enthoben wurden, beschränkt, sie reicht über ganz Deutschland, mit Ausnahme vielleicht des Ostseegebieten. Ausser Niedersachsen, wo schon Spangenberg (Archiv für Niedersachsen) solcher Messer erwähnt, hat auch das Voigtland in den Grabhügeln bei Wernburg, und namentlich Oberfranken aus jenen bei Lichtenfels, Scheslitz und Weissmain zahlreiche Funde derselben Art geliefert. Es reichen dieselben den Main herab bis in die Rheingegend. Mehr im Süden, gegen die Alpen zu, herrschen andere Formen mit theils graden Klingen, theils mit N° 4 verwandten Formen vor, bei welchen öfter Scheiden aus Erzblech gefunden werden.

Wenn wir die leichte Zerstörbarkeit des Eisens und die Sorglosigkeit berücksichtigen, mit welcher früherhin zerbrochene Eisenstücke von Grabfunden behandelt und conservirt wurden, so müssen wir die Zahl der Messer von der Art wie jene der niedersächsischen, fränkischen und rheinischen Grabhügel für so bedeutend halten, um berechtigt zu sein, in dieser Form eine nationale oder national gewordene Waffe zu erkennen.

Für das Letztere spräche die Aehnlichkeit mit italischen Fundstücken, von welchen wir einige Abbildungen vorlegen. Unter diesen ist namentlich N° 3 zu beachten, dessen Klingenform auf eine überraschende Weise mit der Darstellung jener germanischen Waffen übereinstimmt, welche wir sowohl als Beutestücke unter den Füssen des Imperator auf der Silberscheibe des Neuwieder Signum (Band I, Heft VII, Tafel 5), als auch in der Hand eines überwundenen Kriegers auf einem römischen Grabsteine (Band I, Heft XI, Tafel 6, Figur 2) erblicken.

Berücksichtigen wir ferner, dass diese eigenthümlich gebogenen Klingen bereits aus den nationalen Waffenformen des 5. und 6. Jahrhunderts verschwunden sind, wie so viele andere, offenbar früher von auswärts überkommene Gestaltungen aus den Schmuckstücken und Geräthen dieser Zeit, so liegt die Annahme einer auswärtigen Ueberlieferung, mindestens der Form dieser Messer, nahe genug. Wir scheuen uns nicht, dem sogenannten „berechtigten Patriotismus" gegenüber diese Ansicht auszusprechen, weil wir Täuschungen jeder Art auf dem Gebiete unserer Forschung zu melden streben und aus diesem Grunde eine besondere Abneigung gegen einseitige Beachtung des Fundortes hegen, welcher die so festhaftende irrthümliche Vorstellung einer frühzeitigen selbstständigen und weit entwickelten Metallarbeit diesseits der Alpen zur Last fällt. Mag die Eitelkeit unserer Nachbarn es nicht zugeben wollen, in den Alterthümern ihrer Länder etwas Anderes als Zeugnisse selbsteigner altheimischer Bildung zu finden, und mögen sie dieselbe um so glänzender auszustatten suchen, je weniger sie auch nur im entferntesten mit jener der alten Kulturstaaten in Vergleichung zu bringen wäre, so bleibt es doch nur eine Frage von rein wissenschaftlicher Bedeutung, ob unsere Vorfahren bei Behauptung ihrer Unabhängigkeit neben ihren vorherrschend noch sehr primitiven Waffen auch mit Schwertern und Messern fremder Form, vielleicht theilweise auch fremder Arbeit, ihre Kämpfe gefochten haben.

Römische Schnallen.

Nᵒ 1. Schnallenrahmen mit Bruchstück des Beschlägs. Die Zunge fehlt. Erz. — Umgegend von Mainz. — Museum zu Mainz.
„ 2. Schnallenrahmen, Erz. — Ebendaher. — Ebendaselbst.
„ 3. Schnallenrahmen, Erz, mit grünem Email auf den vorspringenden Knöpfen und in den sechs runden Feldern der Querspange. — Ebendaher. — Ebendaselbst.
„ 4. Vollständige Schnalle mit Beschläg, Erz, mit tauschirten Ornamenten aus Schwefelsilber. — Fundort Mainz. — Museum zu Mainz.
„ 5. Vollständige Schnalle mit Beschläg, Erz. — Aus dem römischen Pfahlbau am Dimeser Ort. — Privatbesitz zu Mainz.
„ 6. Schnallenring, Erz. — Umgegend von Mainz. — Privatbesitz zu Mainz.
„ 7. Schnalle, Erz, mit einem Ornament von Bocksköpfen. — Fundort unbekannt. — Privatbesitz zu Mainz.
„ 8. Schnalle, Erz. — Fundort alter Kästrich zu Mainz. — Privatbesitz zu Mainz.
„ 9. Schnalle, Erz. — Ebendaher. — Ebendaselbst.
„ 10. Vollständige Schnalle aus Bein. — Alter Kästrich zu Mainz. — Privatbesitz zu Mainz.
„ 11. Vollständige Schnalle, Erz. — Römischer Begräbnissplatz bei Bingerbrück. — Museum zu Wiesbaden.
„ 12. Schnalle, Erz. Die Zunge ist theilweise abgebrochen. — Fundort Mainz. — Museum daselbst.
„ 13. Schnallen, Erz, mit Spuren von Versilberung. — Alter Kästrich zu Mainz. — Im Privatbesitz daselbst.
„ 14. } Schnallen kleinster Form, Erz. — Fundort Mainz. — Museum daselbst.
„ 15. }

Die Abbildung solcher keineswegs gerade seltenen römischen Geräthe halten wir deshalb für empfohlen, weil dieselben an Orten, an welchen sie weniger bekannte Fundstücke sind, häufig eine unrichtige Erklärung und Zeitbestimmung erhalten. Die vorliegenden Arten und Formen repräsentiren zugleich eine namhafte Anzahl derjenigen, welche in den merkwürdigen und reichen Moorfunden in Schleswig, zu Thorsberg und Nydam zu Tage kamen. Dieselben finden sich abgebildet auf den schönen Tafeln des Werkes von K o n r a d E n g e l h a r d t: »Denmark in the early Iron Age«, neben einer Masse von Geräthen und Waffen, von welchen nur wenige eines anderen als römischen Ursprungs sind.

Schnallen

aus fränkischen und alamannischen Gräbern.

№ 1. Schnalle. Der Ring ist Eisen, mit Gitterwerk aus Erz tauschirt und mit einem geperlten Erzstreifen eingefasst. Die Zunge ist Erz, ihre runde Platte war früher mit Glaseinlagen besetzt. Das Beschlägstück der Schnalle ist Eisen, mit Silber in Zickzackbändern tauschirt. Die grossen runden Knöpfe sind aus Erz und mit einem geperlten Ring aus Silberdraht umfasst. — Aus den fränkischen Gräbern in Westhofen. — Museum zu Mainz.

„ 2. Kleine Schnalle, Erz, aus einem Stücke mit ihrem breiten etwas convex gebogenen Beschläge, dessen Rand aus einem schlangenartigen Band mit zwei phantastischen Thierköpfen gebildet ist. — Aus den fränkischen Gräbern von Abenheim. — Museum zu Mainz.

„ 3. Schnalle, Erz, mit ovalem Beschläg und eiförmigem tief eingeschnittenem Ornament. — Aus den alamannischen Gräbern bei Ulm. — Sammlung des historischen Vereins zu Ulm.

„ 4. Schnalle, Erz, mit reich ornamentirtem Beschläg aus den alamannischen Gräbern bei Pfullingen. — Sammlung Sr. Durchlaucht des Herzogs Wilhelm von Würtemberg auf Schloss Lichtenstein.

„ 5. Ebensolche Schnalle, Erz. — Ebendaher. — Museum der Universität Tübingen.

„ 6. Prachtvolle Schnalle aus vergoldetem Erz. Die Augen des Thierkopfes am Schlusse des Schnallenringes sind mit dunkelblauen Glasperlchen ausgelegt. Die Peripherien und Centren der kleinen Kreise und ihre Verbindungslinien auf den Kanten der tief eingeschnittenen schräg laufenden Felder, sowie die Ränder dieses Zierbandes, welches jene Kreisornamente umfasst, sind aus feinen Silberstreifen gebildet. Ebenso die Einrahmung und die Hochkanten des Zickzackbandes an dem Beschläge. — Fundort unbekannt. — Museum zu Mainz.

Gefässe

aus Gräbern der ältesten Bevölkerung des Rheinlandes.

Nº 1. Bruchstück eines verzierten Gefässes, schwarzer Thon. Die vertieften Linien des Ornaments sind mit einem weissen Farbenstoff ausgefasst.

„ 2. Topf von bräunlicher Farbe, unten unregelmässig abgerundet, mit vier kleinen vorspringenden Knöpfen am Obertheil.

„ 3. Bruchstück eines schwarzen Gefässes mit rautenförmigen Strichverzierungen.

„ 4. Unten abgerundeter Napf von brauner Farbe mit Zickzackverzierung.

„ 5. Unten abgerundetes verziertes Gefäss von birnenförmiger Gestalt mit nach obenhin abnehmender Ausdehnung. Aus grauem Thon mit drei kleinen durchbohrten Henkelknöpfen.

„ 6. Unten abgerundeter Napf aus schwärzlichem Thon mit einem Ornament von Zickzackbogen.

„ 7. Bruchstück eines verzierten braunen Thongefässes.

„ 8. Ein solches von einem schwarzgrauen Gefässe.

„ 9. Unten abgerundeter grauer Topf mit drei vorspringenden Knöpfen an der Stelle seines weitesten Umfangs.

„ 10. Schwarzer Napf mit Zickzackornament.

„ 11. Braungrüner Topf mit drei kleinen durchbohrten Henkeln.

„ 12. Tasse aus grauem Thon mit abgerundetem Boden.

„ 13. Schwarzer Napf mit weiss ausgefasstem Strichornament.

„ 14. Kleines schwarzes Thongefäss.

„ 15. Bruchstück eines grösseren graubraunen verzierten Gefässes.

„ 16 und 17. Ebensolche mit verschiedenem Ornament.

„ 18. Ebensolches mit pflanzenähnlichem weiss ausgefasstem Ornament.

Sämmtliche Gefässe konnten ihres abgerundeten Bodens wegen nur in weichen Sand oder in Einsatzringe aufgestellt werden, welche entweder aus Holz, geflochtenen Binsen, Weiden u. dergl., oder aus gebranntem Thon bestanden, wie solche in den Pfahlbauten der Schweiz mehrfach aufgefunden sind. Die Verzierungen, welche theils eingeritzt, theils mit verschieden geformten Stiften eingedrückt sind, waren mit einer weissen Farbe, wahrscheinlich Kreide, und einem ziemlich festhaltenden Bindemittel ausgestrichen; es bezeugen dies nicht nur einzelne wohlerhaltene Stücke, sondern deutlich erkennbare Sporen an allen übrigen. Allem Anscheine nach ist jene Färbung erst nach dem unvollkommenen Brennen auf die Gefässe gebracht, welche aus dem Thone der Umgegend mit einem starken Zusatze von Quarzkörnern geformt sind.

Es bilden dieselben einen wichtigen Theil der Fundstücke eines Gräberfeldes ältester Zeit bei dem sogenannten Hinkelsteine auf einer Höhe nächst Monsheim (Rheinhessen), über welches wir in dem nächstfolgenden Hefte die nöthigen Mittheilungen geben werden, zugleich mit Abbildung der Waffen und Werkzeuge aus Stein und des Schmuckes aus durchbohrten Muscheln, welche ausser den hier abgebildeten Gefässen die einzigen Beigaben der beinahe völlig verwitterten Skelette bildeten.

Ringe.

Erz.

N° 1ᵃ Vorderseite und N° 1ᵇ Rückseite eines massiven geschlossenen, reichverzierten Ringes,
der gegen die verbundenen Schlussknöpfe hin auf eigenthümliche Art einwärts
gebogen ist. Das Innere ist glatt, die Aussere mit Gravirungen verzierte Rän-
dung ist auf beiden Seiten der Schlussknöpfe mit zwei Gruppen scharf vortreten-
der Reifen besetzt, von welchen die der Mitte zunächst stehenden drei, die folgenden vier solcher kantig vorspringenden Aufsätze zählen. — Gefunden unweit
Lindenstruth, bei Grünberg in Hessen. — Grossh. Museum zu Darmstadt.

„ 2. Rückseite eines gleichartigen Ringes mit etwas verschiedener Verzierung. - - Gefunden mit N° 1 und jetzt in demselben Museum.

„ 3ᵃ und 3ᵇ Rückseite und Vorderseite eines hohlen geschlossenen Ringes, dessen vereinigte Knöpfe eine Kugelform bilden. Die umlaufenden Verzierungen bestehen
in einem erhabenen Mäanderornament und eingravirtem Zickzack. Der Ring ist
in Guss ausgeführt und fein ciselirt. — Gefunden in Mecklenburg. — Museum
zu Schwerin.

„ 4ᵃ und 4ᵇ Vorder- und Rücktheil eines massiven geschlossenen Ringes, auf dessen
stark eingebogener Vorderseite fünf vorspringende Aufsätze angebracht sind.
Das Innere ist glatt, die aussere Rundung ist mit fein gravirten Strichverzierungen und concentrischen Kreisornamenten bedeckt. — Aus den Pfahlbauten
des Neuenburger See's. — Sammlung des Herrn Präsidenten Forel in Morges.

„ 5ᵃ und 5ᵇ Vordere und Rückseite eines hohlen geschlossenen, breiten, gegen die
verbundenen Schlussknöpfe hin schmal zulaufenden Ringes. — Gefunden in
Pommern. — Museum zu Stettin.

Die Form dieser auf der Seite ihrer Schlussknöpfe stark eingebogenen Ringe gehört zu
den seltensten. Ein mit N° 1 und 2 beinahe gleichartiger befindet sich in Braunschweig unter
N° 356 der dortigen Sammlung, welche ausserdem noch einen ähnlichen grösseren besitzt.
Ein anderer von noch bedeutenderem Umfang war bei der Ausstellung in Paris in der Abtheilung *Histoire du travail* unter den sogenannten gallischen Bronzen aufgelegt, welchen
der Catalog unter N° 532 bezeichnet als ein „très-grand bracelet creux, partie de la circon-
férence déprimée. Il est orné de groupes de filets de très-fort relief, et d'annelures
finement gravées au trait. M. Danjou à Fougères (Isle-et-Villaine).“ Zwei mit der Form
von 1, 2 und 4 nah verwandte, in gleichem Styl verzierte offene Ringe besitzt ausserdem
das Museum zu Mainz. Es finden sich jedoch an denselben die scharf vorspringenden Aufsätze auch auf die innere Seite fortgesetzt und der vordere Theil hat statt einer Einbiegung
eine völlig grade Richtung. Diese letztere Form erscheint häufiger, namentlich an offenen
Ringen römischer Zeit, welche zum Einhängen von mancherlei Geräthen dienten.
Der Gebrauch der dargestellten Ringformen hat bis jetzt noch keine genügende Erklärung gefunden. Ihre Verwendung als Armbänder erscheint durch die Einbiegung und die nach
innen vorspringenden Schlussknöpfe geradezu unmöglich, und alle anderweitigen Annahmen
ihrer Bestimmung, zu Schwurringen, ja sogar zu Handwaffen, entbehren jeder sicheren
Begründung.

Gewandnadeln.

Erz, Eisen, Silber.

N° 1. Eisen. Durch die gerollte Feder läuft ein Stift, an dessen beiden Seiten Knöpfe von Bronze befestigt sind. Das aufgeschlagene Ende des Bügels ist wie der obere Theil desselben aufgerollt. — Aus den Funden bei Edendorf, Sammlung des Herrn v. Estorff. — Museum zu Hannover.

„ 2. Erz. Der Bügel ist mit aufgehefteten Stückchen von Korallen verziert. — Aus dem Lüneburgischen, v. Estorff'sche Sammlung. — Museum zu Hannover.

„ 3. Erz. — Gefunden in der Feldmark Molzen, in einem Urnenhügel, v. Estorff'sche Sammlung. — Museum zu Hannover.

„ 4. Erz. — Aus derselben Gegend und derselben Sammlung.

„ 5. Erz. — Aus einem Grabhügel bei Langwedel, Amt Verden. — Museum zu Hannover.

„ 6. Erz. — Aus der Umgegend von Kreuznach. — Grosshzgl. Museum zu Darmstadt.

„ 7. Erz. — Grabfund aus dem Lüneburgischen, v. Estorff'sche Sammlung. — Museum zu Hannover.

„ 8. Eisen. — Fundort nicht näher bekannt, Umgegend von Mainz. — Museum zu Mainz.

„ 9. Silber. — Fundort nicht genannt, aus Hessen. — Grosshzgl. Museum zu Darmstadt.

„ 10. Erz. — Aus einem Grabe bei Monsheim, Rheinhessen. — Im Besitze des Herrn Postmeister Wimmer zu Alzey.

„ 11. Erz. — Aus einem Grabe bei Grosswinternheim, Rheinhessen. — Museum zu Mainz.

„ 12. Eisen. — Fundort nicht genannt, Bayern, Wellenberg'sche Sammlung. — Königl. Antiquarium zu München.

„ 13. Eisen. — Aus Gräbern in Rheinhessen. — Museum zu Mainz.

„ 14. Eisen. — Ebendaher. — Ebendaselbst.

„ 15. Erz. — Aus einem Grabe auf dem Hausberge bei Butzbach, Hessen. — Museum zu Darmstadt.

Die hier dargestellten Gewandnadeln zeigen dieselbe Hauptform wie die auf Tafel III des vorhergehenden Heftes unter N° 1—8 und 10—11 abgebildeten Fibulae. Das Charakteristische derselben besteht darin, dass die Spange, welche nach oben in eine gerollte horizontal liegende Feder mit dem Nadeldorn ausläuft, nach der andern Seite, unterhalb der Falze, in welche die letztere eingeheftet wird, wieder aufwärts nach dem gewölbten Bügel zurückgelegt ist und sich mit einem verschieden gestalteten Schlussknopfe demselben anschliesst. Untergeordnete Varietäten und der Umstand, dass der aufgeschlagene Theil mit dem Bügel bald eng verbunden, bald nur angelegt und beigebogen ist, kommen dabei nicht in Betracht, da dieses Verhältniss keine wesentliche Verschiedenheit in der eigenthümlichen, von allen andern Gestaltungen der Fibula abweichenden Bildung dieser Spangen begründen kann.

In Erz und Eisen, seltener in Silber, und in verschiedenen Abstufungen einer sorgfältigen Ausführung erscheint diese Form von Gewandnadeln in einer Verbreitung, welche den ganzen Bereich des alten Handelsverkehrs nach dem Westen und Norden unseres Welttheils umfasst. Sie ist in Italien und Frankreich ebenso gut nachgewiesen, wie in Britannien (Franks in den Horae ferales, plate XXI. 3, 4.), und andererseits in der Schweiz (Pfahlbauten der westlichen Seen), in Süddeutschland (Bayern), in dem ganzen Rheinlande bis nach Holland (Janssen, Oudheedkundige Mededeelingen II.) und in Niedersachsen weiter östlich in dem ganzen Elbgebiet (Fundstücke in den Museen von Prag und Berlin), in Kurland (Kruse, Necrolivonica, Tafel 33) und in Dänemark, wo sie in Worsaae's Abbildningen in der Abtheilung Broncealderen unter N° 176 dargestellt ist.

Auf diese Thatsache hin verlieren alle Schlüsse, welche aus lokalen Verhältnissen für die Zeitbestimmung dieser Gewandnadelform und für ihre Bezeichnung als specielle Eigenthümlichkeit einzelner Länder combinirt werden, alle Begründung. Im Gegentheil muss diese allgemeine Verbreitung und vorherrschend gleichartige Technik derselben auch auf einen gemeinsamen Ausgangspunkt und damit zugleich auf eine im Ganzen gemeinsame Zeitstellung hinweisen. Wir werden auf diese Frage in einem besondern Excurse zurückkommen, welchen wir als nachträgliche Beilage zu vorliegendem Hefte mit dem nächstfolgenden ausgeben werden.

Gewandnadeln (Fibulae)

aus römischen Niederlassungen.

№ 1. Ein Reiter auf einem gezäumten Pferde, versilbertes Erz. — Gefunden zu Kleinwinterheim, Rheinhessen. — Museum zu Mainz.

„ 2. Zwei Greife bei einer Vase, versilbertes Erz. — Gefunden zu Windisch. — Museum
zu Zürich.

„ 3. Rennwagen, mit vorgespanntem gezäumten Pferd, Erz. — Gefunden bei Mainz. —
Museum daselbst.

„ 4. Sitzende Taube, Erz. — Gefunden in Mainz. — Privatbesitz daselbst.

„ 5. Nach oben und unten zwei gegenübersitzende Vögel mit rückwärts gewandtem Kopf,
versilbertes Erz. — Gefunden in Heddernheim. — Museum zu Wiesbaden.

„ 6. Taube, Erz. — Gefunden bei Mainz. — Fürstliches Museum zu Sigmaringen.

„ 7. Fliegender Pfau oder Pfautaube, Erz. — Gefunden in Rheinhessen. — Museum
zu Darmstadt.

„ 8. Reiter mit einem Mantel auf einem gezäumten Pferde, Erz. Eine gleiche Fibula
wurde in dem Brodelbrunnen zu Pyrmont gefunden. — Privatcabinet Sr. Königl.
Hoheit des Grossherzogs von Hessen.

„ 9. Vogel mit ausgebreiteten Flügeln, Erz, mit rothem und grünem Email. — Fundort
nicht genannt. — Museum zu Wiesbaden.

„ 10. Pferd, Erz. — Gefunden in Heddernheim. — Museum zu Wiesbaden.

„ 11. Rehbock, Erz, mit rothem und grünem Email. — Gefunden in Rheinhessen. —
Privatcabinet Sr. Königl. Hoheit des Grossherzogs.

„ 12. Ziege und Ziegenbock, aus gemeinsamem Körper nach zwei Seiten vorspringend,
wie solche gekuppelte Doppelthiere unter den etruskischen Alterthümern häufig
vorkommen, versilbertes Erz. — Gefunden zu Eppach in Bayern. — Königl.
Antiquarium zu München.

„ 13. Phantastisches Thier (Eber?) mit Spuren jetzt verschwundenen Emails in den
Vertiefungen. — Gefunden zu Heddernheim. — Museum zu Mainz.

„ 14. Fisch, Erz, mit rothem und braunem Email. — Gefunden zu Bretzenheim bei
Mainz. — Museum zu Mainz.

„ 15. Stier, mit gelbgrünem, schwarzem und hellblauem Email. — Gefunden zu Heddernheim. — Museum zu Mainz.

„ 16. Pfau, versilbertes Erz mit Einlagen von Schwefelsilber. — Gefunden zu Kleinwinterheim, Rheinhessen. — Museum zu Mainz.

„ 17. Adler, versilbertes Erz. — Gefunden zu Windisch. — Museum zu Zürich.

„ 18. Pfau, versilbertes Erz. — Gefunden zu Kleinwinterheim. — Museum zu Mainz.

„ 19. Haase, versilbertes Erz, in den vertieften Stellen, welche die Gestalt von kleinen
sitzenden Haasen oder Kaninchen haben, finden sich Spuren von grünlichem
Email. — Gefunden in Kleinwinterheim. — Museum zu Mainz.

„ 20. Schlange, versilbertes Erz. — Fundort Weisenau. — Museum zu Mainz.

„ 21. Fliegende Taube, Erz, mit grünem und rothem Email. — Gefunden zu Heddernheim. — Museum zu Mainz.

Schuhe, Leder

und sogenannte Todtenschuhe aus Holz.

N° 1ª und 1ᵇ Reich verzierter Schuh aus einem einzigen Stück Leder, welches nur an der sogenannten Kappe bei der Ferse zusammengenäht, von beiden Seiten über den Fuss gelegt und von den Zehen aus nach dem Fussgelenke hin mit Schnürung verbunden wurde, welche leider nicht mehr vollständig erhalten und erkennbar ist.

Der Fund dieses Schuhes, welcher sich jetzt in dem Museum von Hannover befindet, ist in jeder Beziehung merkwürdig. Wir geben ihn nach der Abhandlung von Herrn Dr. L. J. F. Janssen: Bydrage tot de Kennis van het Schoeissel der Ouden. Amsterdam 1851, welche alle verlässigen Angaben vereinigt. Im Jahr 1817 wurde bei Friedeburg in der Gemeinde Etzel, Ostfriesland, beim Torfgraben, mitten im Moore tief unten auf dem Sandboden ein menschlicher Körper entdeckt, dessen Fundverhältnisse und Kleidung ein hohes Alter bezeugen. Er lag in einer Vertiefung des Urbodens mit übergelegten starken eichenen Pfählen bedeckt. Das Gewand bestand aus einem groben wollenen gewalkten, nicht gewobenen Zeuge ohne Naht und Knöpfe, mit Oeffnungen für den Hals und die Arme. Die Hose, von demselben Stoffe, war mit einem Zuge und einem Riemen, um sie um den Leib zu befestigen, versehen. Die Schuhe hatten von den Zehen an bis an das Fussgelenk hin Oeffnungen, um Riemen durchzuziehen. Gegenüber jeder solchen Oeffnung fand sich auf der andern Seite ein kleiner Stern ausgeschnitten und über diese Reihe von Sternen liefen Streifen anderer geschmackvollen Verzierungen.

Die Maasse des gefundenen jugendlichen Körpers ergaben in Uebereinstimmung mit dem Verhältniss der Schuhe eine Grösse von 4 Pariser Fuss 8 Zoll. Ueber das Geschlecht können einzelne Theile der Bekleidung, namentlich die Hose, keine Entscheidung geben, da wir noch viel zu wenige Anhaltspunkte für die Beurtheilung germanischer Tracht aus den Grabfunden selbst haben, und die Beobachtungen der Römer grossentheils nur eine auf gewisse Gegenden und Zeiten beschränkte Bedeutung haben. Die Vermuthung Mone's (Geschichte des Heidenthums II. 64), welcher in dem Körper einen jener ignavi und corpore infames finden will, welche nach germanischer Sitte unter geflochtenen Hürden in Moore versenkt wurden, hat keinen weiteren scheinbaren Anhalt, als die auf dem Körper ruhenden Holzstücke. Diese aber können keinesfalls als Flechtwerk, sondern recht wohl als Stücke von Eichenbohlen betrachtet werden, die, wie Untersuchungen anderer Gräber ergaben, zu einer Art von Sarg oder einer Umsetzung des Grabzaunes gedient hatten. Auch Herr Dr. Janssen verwirft die Annahme Mone's, wiewohl aus anderem Grunde, indem er die Tracht und namentlich die Schuhe als entschieden römisch darzulegen bestrebt ist. Der ebenso gelehrte als unbefangene Forscher würde in Bezug der letzteren anderer Ansicht geworden sein, hätte er bei Abfassung seiner Schrift von dem erst später bekannt gewordenen Schuhen der alamannischen Gräber bei Oberflacht, und anderseits von den römischen aus der Themse erhobenen Schuhen, sowie von dem reichen Fund römischen Schuhwerks in Mainz und jenem in dem Braruper Moor Kenntniss haben können.

Selbst die einfachste Form der römischen Solea liegt in ganz anderer Gestalt vor, als die hier abgebildeten Schuhe zeigen, welche wie alle übrigen, die bis jetzt in Deutschland gefunden wurden, nach Art der Mocassins der Wilden aus einem einzigen Stücke Leder geschnitten sind, während die römischen mindestens mit e i n e r untergelegten Sohle versehen und meistens noch eine sogenannte Brandsohle haben, welche im Innern des Schuhes oberhalb der Lederschichte angebracht ist, von deren Rändern die geschlitzten Riemenbänder zum Einschnüren auslaufen.

Wir werden näher auf diesen Punkt zurückkommen, wenn wir die Abbildungen dieser Schuhformen in den nächsten Heften bringen werden.

N° 2. Aehnlicher Schuh, aus einem einzigen Stück Leder geschnitten, dessen geschlitzte Bänder über dem Fusse zusammengelegt und durch Schnürung zusammengehalten werden. Gefunden wurde derselbe im Sommer 1789 beim Torfgraben unweit Uetersen (Holstein), in dem sogenannten Aegyptenmoor, auf dem Grunde desselben, wo der schwarze Torf auf dem Sande liegt. Der Fund ist in den Jahren 1789 und 1832 durch gerichtliche Vernehmungen constatirt und dem Schuh selbst der Gerichtssiegel des Klosters Uetersen aufgedrückt. Er befindet sich jetzt im Museum zu Kiel.

Herr Dr. Handelmann, Conservator dieses Museums, dem wir obige Notiz verdanken, schenkte uns auch die fernere Mittheilung, dass während der letzten Jahre in Schleswig, südlich vom Dannenwerk, zu wiederholten Malen solche Schuhe tief im Torfmoore gefunden wurden. Sein Berichterstatter hatte deren drei gesehen und beschreibt sie als Schuhe, welche aus e i n e m Stücke Leder bestehen, auf der Höhe des Fusses bis an die Spitze aufgeschlitzt und mit Löchern für Riemen zum Zusammenbinden versehen sind.

„ 3. Aehnlicher Schuh, gefunden mit einem gleichen zu Roswinkel, Provinz Drenthe (Holland), in einem Moore. Beide haben keine Sohlen und besonders angesetzte Kappen. An Stelle der letzteren ist das Leder, um die Form der Ferse zu erhalten, in geeigneter Weise ausgeschnitten und wieder geschickt zusammengenäht. An dem Vorfusse ist der Schuh in viele geschlitzte Bäudchen ausgeschnitten, welche oberhalb der Zehen mit einem Bande zusammengezogen wurden, dessen beide Enden durch die Löcher der entsprechenden Seitentheile des Schuhes gezogen, hinter der Ferse gekreuzt und vorwärts über der Reihe zusammengebunden den Schuh an dem Fusse festhalten.

Derselbe ist in der genannten Schrift des Herrn Dr. Janssen ausführlich besprochen und befindet sich in dem Museum zu Leyden.

„ 4. Die sogenannten Todtenschuhe aus einem Sarge (Todtenbaum) der alamannischen Gräber am Lupfen bei Oberflacht.

Reichverzierte Holzplatten, deren Hauptform eine entfernte Aehnlichkeit mit einem Schnabelschuh von stark gekrümmter Spitze zeigt. Auf der dieser Spitze entgegengesetzten Seite befindet sich ein Vorsprung mit einer Falze zur Befestigung eines andern Gegenstandes und auf ihrer höchsten Stelle ein vorspringender Zapfen, zwei Vorrichtungen, welche die Benutzung dieser Holzplatten zu einem bestimmten Gebrauche verbürgen und jeden Gedanken an eine ausschliessliche

Absicht der Darstellung eines Schuhes beseitigen. N° 4 gibt die Abbildung des jetzigen Zustandes einer dieser Holzplatten, N° 4ᵇ und 4ᶜ ihre ursprüngliche, bei der Ausgrabung noch wohlerhaltene Gestalt, wie sie in dem Berichte der Herren W. Menzel und von Dürrich, Jahreshefte des Würtembergischen Alterthumsvereins III. Tafel IX. mitgetheilt sind.

Eine Wiederholung ihrer Darstellung ist hier hauptsächlich in der Absicht gebracht, um damit zu endlicher Beseitigung der noch immer fortlaufenden irrthümlichen Bezeichnung dieser Geräthe beizutragen. Vergeblich blieb der vielseitige Protest, welcher sogleich nach ihrer Bekanntgebung gegen die phantastische Annahme erhoben wurde, dass neben den wirklichen Lederschuhen an den Füssen der Bestatteten, denselben weiterhin noch diese vollkommen verschieden gestalteten Holzarbeiten als symbolische Todtenschuhe beigegeben seien, während es nahe genug liegt, dass diese eigenthümlichen Hölzer zu einem jener zahlreichen Geräthe gehörten, welche von der Spindel bis zum Schusterleisten in diesen Gräbern zu Tage kamen. Von diesen Dingen sind zwar nicht alle mit Sicherheit zu erklären, aber für den vorliegenden Fall ist gewisslich eine Spur zu richtiger Deutung eher aus einer Beachtung der heute noch in jener Gegend gebrauchten Holzgeräthe zu gewinnen, als aus dem gewaltsamen Hereinziehen symbolischer Vorstellungen.

Schwerter

mit Scheiden aus Eisen und Erz.

N° 1ᵃ und 1ᵇ Vordere und Rückseite eines Schwertes von seltener Länge. Eisen, in einer Scheide von Erz; die abgebrochene Angel des Griffs fehlt. — Gefunden in der Donau bei Ulm. — Im Besitze des Herrn Obermedizinalrath Dr. Hölder in Stuttgart.

„ 2ᵃ und 2ᵇ Vorder- und Rückseite eines Eisenschwertes in einer Erzscheide. Dasselbe war einem starken Feuer ausgesetzt, welches die Scheide völlig zum Schmelzen brachte, so dass die Klinge stellenweise mit Erz überzogen ist. Die Klinge war dreimal zusammengebogen, konnte aber wieder gerade gestreckt werden, da sie durch das Ausglühen vollkommene Biegsamkeit erhalten hatte, obgleich sie ursprünglich, aus einem Bündel Drähte zusammengeschmiedet, eine vorzügliche Stärke und Festigkeit haben musste. — Gefunden in einem Grabe in Rheinhessen. — Museum zu Mainz.

„ 3ᵃ Rückseite eines gleichartigen Schwertes von trefflicher Arbeit, mit einem Bruchstück des obern Theils seiner Scheide von Eisenblech, an welchem das Beschläg zur Befestigung des Kuppelriemens beinahe vollkommen erhalten ist.

„ 3ᵇ Vorderseite des Obertheils der Klinge, mit dem verzierten Bügel des Griffes, in dessen vertieften Ornamenten noch Reste von rothem, durch den Rost braun gefärbten Emails erkennbar sind. Auf der Klinge befindet sich ein Fabrikstempel eingeschlagen, der auch auf den Eisenschwertern der Schweizer Pfahlbauten mehrfach beobachtet ist. (Dr. Ferd. Keller, Pfahlbauten. Sechster Bericht. Tafel XI. Fig. 24, 25.)

„ 3ᶜ Rückseite des Scheidebeschlägs.

„ 3ᵈ Vorderseite desselben.

„ 3ᵉ Der eingeschlagene Fabrikstempel in Naturgrösse.

Die Klinge war, wie jene von N° 2, dreimal zusammengebogen und konnte wieder vollkommen gerade gestreckt werden. Sie ist, wie versichert wird, bei den Bauten am Dome zu Speyer gefunden und befindet sich jetzt im Museum zu Mainz.

„ 4ᵃ Eisenschwert mit Bruchstücken seiner Scheide aus Eisenblech. Die letzteren lagen bei der zweimal zusammengebogenen und zerbrochenen Klinge.

„ 4ᵇ Vordertheil des Mundstücks der Scheide, dessen gravirte Verzierungen durch Rostblasen grösstentheils zerstört sind.

„ 4ᶜ Rückseite dieses Stücks, mit dem Kuppelbeschläge, von einfacher Form, aber sehr sorgfältiger geschickter Arbeit.

Gefunden wurde dieses Schwert in einem Grabe bei Heidesheim, unweit Ingelheim, zugleich mit mehreren eisernen Gewandnadeln in der Form von N° 13 der dritten Tafel dieses Heftes, zwei eisernen Ringen, einer Schildbuckel von oblongem, in der Mitte gewölbtem Eisenblech, genau von der Art wie die Schildbeschläge der Pfahlbautenfunde, und einer jener Eisenspitzen, welche Herr Dr. Ferd. Keller (Pfahlb. VI. S. 299. Tafel XV. Fig. 10) für Lanzenfussspitzen erklärt, deren Gewicht aber hier so bedeutend und deren Dorn so stark ist, dass sie einen Schaft von ausserordentlicher Stärke bedingen würde.

N° 5ᵃ. Rückseite eines schon zerbrochen aufgefundenen Eisenschwertes in eiserner Scheide.

„ 5ᵇ. Ein Stück der Vorderseite der Scheide mit Resten von eigenthümlichen, aus gewundenem Eisendraht gebildeten, erhaben aufgesetzten Ornamenten. — Aus einem Grabhügel am Taunus. — Museum zu Wiesbaden.

„ 6. Rückseite eines grossen, vielfach zusammengebogenen, wieder gerade gerichteten Eisenschwertes mit einer Eisenscheide, von welcher das Mundstück mit dem Kuppelbeschläge und das Ortband erhalten sind. — Fundort unbekannt. — Museum zu Wiesbaden.

———————

Ueber das Alter und die Herkunft der Schwerter in Scheiden von Metall ist man bis jetzt zu keinem allseitig genügenden Resultate gelangt und wir werden deshalb über diese seit den Pfahlbaufunden des Neuenburger und Bieler See's lebhaft erörterten Frage einen besonderen Excurs als Beilage des nächstfolgenden Heftes geben, in welchem wir die bisherigen Erklärungsversuche und alle für die Beurtheilung dieser Waffen maassgebenden Verhältnisse, ihre geographische Verbreitung, ihre Technik, die Form und Verzierung ihrer Scheidebeschläge, die Stempel ihrer Klingen, sowie auch die mit ihnen meistens zugleich aufgefundenen Gegenstände, namentlich die eigenthümliche Gattung von Gewandnadeln (Tafel 3 dieses Heftes), in Betracht ziehen werden.

Geräthe

aus den Gräbern der ältesten Landesbevölkerung.

N° 1. Obere und Seitenansicht einer Hammeraxt aus Kieselschiefer. Das durchbohrte runde Schaftloch sitzt weit von der Schneide, nahe am entgegengesetzten Rande des Werkzeugs. Die Seitenflächen sind ungleich, die eine nahezu gradlinig und durch einen stumpfen Winkel mit der Schneide verbunden, die andere gleichmässig flach gewölbt. Aus dem Gräberfelde von Monsheim (Rheinhessen). — Museum zu Mainz.

       Ueber diese Art von Steinäxten s. die Beilage zu diesem Hefte.

„ 2. Obere und Seitenansicht eines Instrumentes aus rothem Sandstein. In der Mitte eine durchlaufende, in scharfem Winkel vertiefte Rille. Zwei der gefundenen Stücke sind genau von derselben Grösse, so dass ihre Ränder und die eingeschnittene Vertiefung auf einander passen. Aus dem Gräberfeld von Monsheim. Museum zu Mainz.

„ 3. Obere und Seitenansicht einer Hammeraxt aus Diorit. Das Schaftloch sitzt beinahe in der Mitte zwischen Schneide und Rücken. Ebendaher. — Ebendaselbst.

„ 4. Spanförmiges Feuersteinmesser. Fundort: Algesheim (Rheinhessen). — Museum zu Mainz.

„ 5. Ebensolches kleineres aus dem Gräberfelde von Monsheim. — Ebendaselbst.

„ 6. Wohlerhaltener Holzschaft von einer Form, welche sowohl für Beile von Erz als von Stein verwendet wurde. Aus dem Salzbergwerke von Reichenhall. — Sammlung des historischen Vereins für Oberbayern in München.

„ 7. Axt von Feuerstein mit dem grössten Theile ihres Holzschaftes. Aus dem Plattenhause eines Grabhügels bei Langen-Eichstätt (Provinz Sachsen). — Museum zu Mainz. — Näheres über diesen Fund in der Beilage zu diesem Hefte.

„ 8 u. 8ᵃ Halsschmuck aus Muschelschalen, welche zu kleinen Scheibchen geschliffen und durchbohrt sind. N° 8ᵃ Naturgrösse dieser Muschelringe. Aus dem Gräberfelde von Monsheim. — Museum zu Mainz.

„ 9. Halsschmuck aus durchbohrten Thierzähnen. Gefunden mit N° 7 bei einem weiblichen Skelette in dem Grabhügel bei Langen-Eichstätt. — Museum zu Mainz.

„ 10. Halsschmuck aus Muschelstücken in Form roher Berlocken, aus dem Schlosse der Schale geschliffen und durchbohrt. Aus dem Gräberfelde von Monsheim. — Ebendaselbst.

„ 11. Obere und Seitenansicht einer Hammeraxt aus Kieselschiefer, mit einer gradlinigen und einer gewölbten Seitenfläche. Das Schaftloch beinahe in der Mitte. Ebendaher. — Ebendaselbst.

„ 12. Obere und Seitenfläche eines meisselförmigen Werkzeugs aus Kieselschiefer. Ebendaher. — Ebendaselbst.

„ 13. Ebensolche Darstellung eines gleichartigen Instrumentes mit dem Versuche einer Durchbohrung. Ebendaher. — Ebendaselbst.

„ 14. Flache keilförmige Steinaxt aus Diorit, mit der breiten Schneide gegenüber in eine Spitze auslaufend. Ebendaher. — Ebendaselbst.

„ 15. Ebensolche beinahe gleichbreite flache Axt. Ebendaher. — Ebendaselbst.

„ 16. Einfache Handmühle oder Reibstein für Getreide, aus rothem Sandstein. Ebendaher. Ebendaselbst.

       Näheres über das Gräberfeld von Monsheim in der Beilage zu diesem Hefte.

Messer aus Erz.

Im Anschlusse an die Erzmesser I. Band, VIII. Heft, Tafel 4.

N° 1. Messerklinge mit einem Dorn zum Einschieben in das Heft. Aus dem Pfahlbau bei Nidau im Bieler See. — Sammlung des Herrn Oberst Schwab in Biel.

„ 2. Ebensolches Messer mit einem gravirten Streifen auf der Klingenfläche und einem bogenförmigen Ornamente längs des Rückens, wie das Eisenmesser II. Band, IV. Heft, Tafel 2, Fig. 7. Aus dem Pfahlbau von Bevaix, Neuenburger See. — Sammlung des Herrn Oberst Schwab in Biel.

„ 3. Ebensolches mit breitem Streifen auf der Klinge. Aus dem Pfahlbau von Nidau. — Ebendaselbst.

„ 4. Ebensolches mit einem Ornamente von concentrischen Kreisen und einem Streifen von kleinen Bogen auf der Klinge. Gefunden wurde dieses Messer in einem Grabe bei Heidesheim unweit Worms zugleich mit folgenden Bronzen: einer Haarnadel (von der Form wie N° 9, Bd. II, Heft III, Taf. 4 aus dem Pfahlbau von Corcelette), Fragmente von gerippten breiten Fingerringen und von einer aus viereckigen Erzblechstückchen und Erzringchen gebildeten Kette, sowie vielen Blechbeschlägen eines Ledergürtels und einer Schale aus feinem grauen Thon von geschickter und geschmackvoller Arbeit. — Alles jetzt im Museum zu Mainz.

„ 5. Ebensolches Messer mit einem Ornamente von gestreiftem Zickzack und concentrischen Kreisen. Aus dem Pfahlbau von Möringen im Bieler See. — Sammlung des Herrn Oberst Schwab in Biel.

„ 6. Ebensolches mit stark gekrümmter Schneide. Gefunden zu Vietlübbe bei Plau, Grossherzogthum Mecklenburg-Schwerin. — Museum zu Schwerin.

„ 7. Messer mit runder Tülle zum Einsetzen des Heftes. Gefunden zu Bahnsen, Amt Bodenteich. — Museum zu Hannover.

„ 8. Messer mit flachem Heft und einem Ring am obern Ende desselben. Das Heft hat erhöhte Kanten zur Einlage einer Verschalung aus Bein oder Holz. Fundort: Grossherzogthum Hessen. — Grossherzogliches Privat-Cabinet.

„ 9. Messer mit dornförmiger Griffangel, welche an ihrem oberen Ende umgebogen ist. Die Klinge hat ein bogenförmiges Ornament längs des Rückens. Fundort: Grossherzogthum Baden. — Museum zu Carlsruhe.

„ 10. Messer mit verzierter Klinge und flachem Heft, dessen erhöhte Kanten zur Aufnahme einer Verschalung bestimmt sind. Aus dem Pfahlbau von Estavayer im Neuenburger See. — Sammlung des Herrn Oberst Schwab in Biel.

„ 11. Messer mit stark gekrümmter Klinge und einem Dorn zum Einschieben in das Heft. Gefunden zu Deilbrück bei Paderborn. — Museum zu Hannover.

„ 12. Messer mit Bogenornament, gefunden in der Umgegend von Mainz. — Museum zu Mainz.

„ 13. Messer mit eigenthümlichem, in der Mitte durchbrochenem flachen Griff. Gefunden zu Udeloh, Amt Winsen a. d. Luhe. — Museum zu Hannover.

„ 14. Messer mit Dorn zum Einschieben in das Heft. Aus dem Pfahlbau von Estavayer. — Sammlung des Herrn Oberst Schwab in Biel.

N° 15. Reich verziertes Messer, gefunden zu Sprendlingen, Provinz Starkenburg (Grossherzogthum Hessen). — Museum zu Darmstadt.

„ 16. Messer mit eigenthümlichem Heft, in dessen Mitte eine ovale Vertiefung für eine Verschalung angebracht ist; an dem Obertheil befindet sich ein Ring. Gefunden im Amte Medingen (Hannover). — Museum zu Hannover.

„ 17. Kleines Messerchen in Form eines Schwertes, gefunden zu Kummer, Amt Grabow (Mecklenburg). — Museum zu Schwerin.

„ 18. Messerchen mit durchbrochenem Ringgriff und halbmondförmiger Klinge. Gefunden bei Bürkle (Würtemberg). — Sammlung Sr. Durchlaucht des Herzogs Wilhelm von Würtemberg.

„ 19. Ebensolches; die Schneide ist auf der Aussenseite der halbmondförmig gebogenen dünnen Klinge. Aus dem Pfahlbau von Möringen im Bieler See. — Sammlung des Herrn Oberst Schwab in Biel.

„ 20. Messerchen mit kurzem Ringgriff, gefunden zu Nymwegen. — Museum zu Leyden.

„ 21.   „   mit flachem Griff, gefunden in einem Grabe bei Pattensen (Lüneburg). Museum zu Hannover.

Anm. Die Nummern 17, 18 und 19 sind in ⅔ der natürlichen Grösse gegeben.

Eisenwaffen

aus Grabhügeln.

N° 1 u. N° 2. Vordere und Rückseite eines Dolches aus Eisen oder Stahl. Die eiserne Scheide ist auf der vordern Seite vollständig und auf der Rückseite grösstentheils mit einem Ueberzuge von Erz bedeckt, welcher mit feinen Nietknöpfchen befestigt ist. Diese beiden äusseren Metallplatten sind an ihren Rändern durch besonders aufgeheftete Streifen von Erzblech zusammengehalten und durch übergreifende, vom Ortband aufwärts laufende Leisten weiter verstärkt. An dem untern Theile der Scheide zeigen einige der fünf vertieft ausgedrehten Knöpfe Reste einer Ausfüllung mit einer Art Schmelz oder Kitt, dessen Farbe durch die Verrostung des Metalls verdunkelt und unkennbar geworden ist. Sorgfältige Ausführung und geschmackvolle Anordnung des Ganzen lassen auf die ansprechende Wirkung schliessen, welche diese Scheide insbesondere durch den Farbencontrast ihres verschiedenen Materials bieten musste, durch den Gegensatz des goldglänzenden Erzes mit der bunten Schmelzeinlage und dem blanken, in den ausgeschnittenen Verzierungen durchschimmernden Eisen. Diese Ornamente von durchbrochener Erzarbeit, welche an dem Mundstücke der Scheide und weiter unten gegen das Ortband hin angebracht und noch in deutlich erkennbaren Resten erhalten sind, stimmen vollkommen überein mit jenen aus dem Grabhügel von der Besseringer Mühle (N° 13 und 15 der beigelegten Tafel: Verzierungen) und des Dreifusses von Dürkheim (N° 11 derselben Beilage), sowie des Gürtelhakens von Schwabsburg (II. Band, IV. Heft, Taf. 2, Fig. 1).

Auf der Rückseite des Dolches reicht die Erzbedeckung etwas Weniges über die Hälfte herauf und endigt gegen oben in ein kelchförmiges Ornament, welches nahe Verwandtschaft mit den ausgeschnittenen Verzierungen des etruskischen Goldschmucks von Schwarzenbach zeigt (N° 1 der beigelegten Tafel 7). Die querlaufenden Bänder haben eine wellenförmige Verzierung, die wie die Ornamente auf der vordern Seite der Scheide in dem sogenannten Tremolirstich ausgeführt sind.

     „   3.   Ring von der Kuppel oben beschriebenen Dolches. Die vorspringende Kante hat mehrere auf der Drehbank gezogene Kreise; die Rundfläche des Erzrings ist auf der einen Seite in rosettenartige Ornamente ausgeschnitten, die mit einem weisslichen, theilweise durch den Rost grün gefärbten Kitte ausgelegt sind, welcher auf einen dunkeln harzigen Grund aufgetragen ist, der das ganze Innere des hohlen Ringes füllt. ·

     „   4.   Bruchstück eines Ornamentes aus Erz.

     „   5.   Ebensolches von einem Ring wie N° 3.

N° 1—5 sind Bestandtheile eines merkwürdigen Grabhügelfundes unweit Weisskirchen an der Saar. Demselben gehören noch weiter an: eine grosse etruskische Erzkanne mit reich verziertem Henkel und zwei sitzenden kleinen Löwen auf dem oberen Rande; im Besitze des Hrn. Boch in Mettlach (abgebildet I. Band, II. Heft, Taf. 3, Fig. 1 und N° 8, Tafel 7 dieses Heftes); eine Fibula mit mehreren phantastischen Köpfen und Schmelzeinlage (abgeb. I. Band, IV. Heft, Taf. 3, Fig. 3); ein mit geflügelten Löwen etc. und Schmelzeinlage verzierter Gürtelhaken (abgeb. II. Band, IV. Heft, Taf. 2, Fig. 7); ein Ornament von Goldblech mit aufgesetztem Knopfe von Bernstein (abgeb. II. Band, II. Heft, Taf. 1, Fig. 6) und zwei Bruchstücke von leichten eisernen Lanzenspitzen. Sämmtliche Fundstücke, mit Ausnahme der Erzkanne, befinden sich im Museum zu Mainz.

N⁰ 6. Eisenschwert in einer Erzscheide mit einem Ortbande von ähnlicher Bildung wie bei N⁰ 1. Gefunden in einem Grabhügel, genannt die Batterie, in dem Gemeindewald von Remmesweiler im Kreise St. Wendel (Birkenfeld) zugleich mit einer Bronzekanne ähnlicher Form wie jene von Weiskirchen, einigen Goldblättchen, einem Knppelring von Erz, einer Heftnadel und zwei eisernen schlanken Lanzenspitzen von 9³/₄" Länge. Viele Grabhügel der dortigen Gegend brachten ähnliche Funde von Erzkannen, Eisenschwertern und Gewandnadeln in der Art wie jene von Weiskirchen. Der jetzige Aufbewahrungsort des abgebildeten Schwertes ist unbekannt. Die Abbildung ist den „Mittheilungen des Vereins für Erforschung und Sammlung von Alterthümern in den Kreisen St. Wendel und Ottweiler" entnommen.

„ 7. Eisenschwert in einer eisernen Scheide mit ähnlichem Ortbande wie N⁰ 6 und 1. Aus einem Grabhügel des Gemeindewaldes von Dessenheim (Elsass), gefunden mit einer Fibula in der Form wie jene auf Tafel 3 des VII. Heftes II. Bandes unter N⁰ 11 abgebildete. Schwerter derselben Form und „Fabrik", wie Herr deRing überzeugt ist, wurden in den Grabhügeln des Hagenauer Forstes gefunden. Abgebildet aus: „Les Tombelles celtiques de la forêt communale de Dessenheim (Haut-Rhin) par M. de Ring."

Einige Bemerkungen über den Grabhügel von Weiskirchen siehe Beilage dieses Heftes.

Speere und Pfeile.

Eisen.

N° 1. Lanzenspitze aus Eisenblech. Gefunden in dem Rheine bei Mainz. — Museum zu Mainz.

„ 2. Lanzenspitze aus dem römischen Pfahlbau am Dimeser Ort bei Mainz. — Ebendaselbst.

„ 3. Leichte Eisenlanze mit sehr dünnem Blatt und scharfgezogener Rippe. Aus dem Pfahlbau bei la Théne im Neuenburger See. — Sammlung des Herrn Oberst Schwab in Biel.

„ 4. Lanzeneisen für einen leichten Schaft, mit eigenthümlich verstärkter Spitze, wie jene des Gladius, Figur 4, Tafel 6 des VIII. Heftes, Band I. Das Blatt der Klinge ist mit einer Menge von kleinen entweder eingeschlagenen oder einge- ätzten Kreisen oder Ringchen verziert, welche an einigen durch den Rost weniger angegriffenen Stellen noch deutlich zu erkennen sind. Gefunden mit einer zu- sammengebogenen Schwertklinge, an welcher noch Reste einer Erzscheide haften, in einem Grabe bei Waldülversheim (Rheinhessen). — Museum zu Mainz.

„ 5. Speerspitze aus dem Pfahlbau von la Théne im Neuenburger See. — Sammlung des Herrn Oberst Schwab in Biel.

„ 6. Speerspitze aus einem Grabhügel im Sigmaringischen. — Museum Sr. Königl. Hoheit des Fürsten von Hohenzollern.

„ 7. Speerspitze aus Eisenblech. Aus Italien. — Ebendaselbst.

„ 8. Pfeilspitze einfachster Art. Das eine Ende eines Eisenblechstreifens ist in einen spitzen Dorn ausgeschlagen und das andere ringförmig zum Aufsetzen auf den Schaft umgebogen. Vom Dimeser Ort. — Museum zu Mainz.

„ 9. Pfeilspitze mit Widerhaken, sagitta hamata. Römischer Pfahlbau am Dimeser Ort. — Im Privatbesitz zu Mainz.

„ 10. Wurfspeerspitze, gefunden bei Edendorf (Hannover). — Museum zu Hannover.

„ 11. Ebensolche, gefunden in Mainz. — Museum zu Mainz.

„ 12. Dreikantige Pfeilspitze mit einem Dorn zum Aufstecken in den Schaft. Gefunden im Kästrich zu Mainz. — Museum daselbst.

„ 13. Pfeilspitze in der Art wie N° 8, mit etwas verbogener Spitze. Gefunden im Rhein. — Ebendaselbst.

„ 14. Leichte Lanzenspitze, gefunden in Rheinbayern (Hepp'sche Sammlung.) — Museum zu Mainz.

„ 15. Lanzenspitze für stärkeren Schaft. Aus dem Pfahlbau von la Théne im Neuenburger See. — Sammlung des Herrn Oberst Schwab in Biel.

„ 16. Grosse Lanzenspitze für einen sehr leichten Schaft, mit beschädigten und wieder ausgeschliffenen Stellen der Klinge. Pfahlbau von la Théne. — Sammlung des Herrn Professor Desor in Neufchatel.

„ 17. Vollständige wohlerhaltene Lanzenspitze dieser Art. Ebendaher. — Sammlung des Herrn Oberst Schwab in Biel.

„ 18. Ebensolche grosse Lanzenspitze. Die beschädigten Stellen des sehr dünnen Blattes sind zu eigenthümlichen Formen ausgeschliffen. Ebendaher. — Sammlung des Herrn Professor Desor in Neufchatel.

„ 19. Lanzenspitze, gefunden bei Straubing (Bayern). — Sammlung des historischen Vereins zu Landshut.

„ 20. Lanzenspitze aus einem Grabfunde bei Edendorf mit N° 10. — Museum zu Hannover.

Römische Fibulae, Pensilia etc.

von eigenthümlicher Ornamentik.

Im Anschlusse an I. Band, X. Heft, Tafel 6.

N° 1. Fibula, versilbertes Erz. Fundort Umgegend von Mainz. — Museum zu Mainz.

„ 2. Beschläg, Erz. Fundort ungenannt. — Museum zu Zürich.

„ 3.   „   „ ·   „   Hessen. — Museum zu Darmstadt.

„ 4.   „   „   „   Schweiz. — Museum zu Zürich.

„ 5. Hängeverzierung, Erz. Fundort Schweiz. — Museum zu Zürich.

„ 6. Beschläg, Erz. Fundort Hessen. — Museum zu Darmstadt.

„ 7.   „   „   „   „   „   „   „

„ 8. Hängeverzierung, Erz. Fundort Umgegend von Mainz. — Museum zu Mainz.

„ 9. Beschläg, Erz. Fundort Mainz. — Privatbesitz daselbst.

„ 10.   „   „   „   Hessen. — Museum zu Darmstadt.

„ 11.   „   „   „   „   „   „   „

Zierstücke

aus fränkischen und alamannischen Gräbern.

Eisen mit Tauschirung.

N° 1. Viereckiges Gürtelbeschläge mit Silber tauschirt. Fundort unbekannt. — Museum zu Mainz.

„ 2. Ebensolches, in gleicher Weise verziert. Aus den alamannischen Gräbern bei Wurmlingen, Oberamt Tuttlingen. — Staatssammlung vaterländ. Alterthümer zu Stuttgart.

„ 3. Riemenzunge. Die weiss gelassenen Ornamentlinien bestehen aus Silber, die mit einer leichten Strichlage bedeckten aus Messing. Aus den fränkischen Gräbern bei Gersheim im Bliesthale. — Sammlung des Herrn W. Eug. Schulz in Zweibrücken.

„ 4. Schnallenbeschläge mit ebenso bezeichneten Ornamenten aus Silber und Messing. Ebendaher. — Ebendaselbst.

„ 5. Scheibenförmige Gewandnadel mit reicher Silbertauschirung. Aus den Gräbern bei Heddesheim unweit Ladenburg. — Sammlung des Alterthumsvereins zu Mannheim.

„ 6. Scheibenförmiges Beschläge mit Silber eingelegt. Aus den Gräbern bei Wurmlingen. — Staatssammlung vaterländ. Alterthümer zu Stuttgart.

„ 7. Viereckiges Beschläge, ebenso verziert. Ebendaher. — Ebendaselbst.

„ 8. Gleiches Beschläge, die dunkler gehaltenen Ornamentlinien bestehen aus Messing, alles andere ist Silbereinlage. Aus den Gräbern von Gersheim wie N° 3 und 4. — Sammlung des Herrn W. E. Schulz in Zweibrücken.

„ 9. Gleiches Beschläge mit Silber verziert. Aus den Gräbern von Wurmlingen. — Staatssammlung vaterländ. Alterthümer zu Stuttgart.

„ 10. Gleiches Beschläge mit Silber und Messing tauschirt. Ebendaher. — Ebendaselbst.

Verzierungen.

Die Erklärung dieser besonders beigelegten weiteren Tafel findet sich am Schluss des angefügten Textbogens.

BEILAGE.

Das Gräberfeld am Hinkelstein
bei Monsheim.

(Zu Tafel 1 des VII. und Tafel 1 des VIII. Heftes.)

Bei dem Orte Monsheim, am Hange des von Nord nach Süd abfallenden Thalrandes, nahe bei dem sogenannten Hinkelstein (Hünenstein), einer leider jetzt von der Höhe entfernten, unbehauenen Steinsäule, wurde im Laufe des Winters 1867 ein Gräberfeld aus sehr alter Zeit entdeckt. Erst nach Zerstörung des weitaus grössten Theils beim Anroden des Feldes fand das letztere Drittheil einige Beachtung und in Folge einer sehr verspäteten Anzeige der Alterthumsvereln in Mainz die Gelegenheit, wenigstens einen Theil der zunächst der Höhe gelegenen Gräber zu öffnen. Als Resultate dieser Untersuchung und genauester Erhebung der früheren Beobachtungen ergeben sich folgende, den Charakter des Fundes bezeichnende Thatsachen:

Die Zahl der Gräber war eine sehr bedeutende, zwischen 200 und 300. Sie waren von Westen nach Osten gerichtet und lagen in ziemlich regelmässigen Zwischenräumen reihenweise geordnet, so dass keine grösseren Hügelbauten über demselben anzunehmen sind. Steinbauten und Steinsetzungen sind nirgends beobachtet. Die auf dem Antlitz liegenden Schädel bezeichnen eine sitzende oder kauernde Stellung der Todten. Von den Körpertheilen selbst, welche meistens vollständig aufgelöst und nur aus Bruchstücken und der Färbung des Bodens zu erkennen waren, konnten nur zwei Schädelfragmente von entschieden dolychocephaler Form erhalten werden. Das hohe Alter der Gräber bezeugt, ausser diesem Zustande der Skelette, auch die grosse Einfachheit und Gleichartigkeit der Ausstattung. Dieselbe besteht, bei der Zerstörung aller Geräthe aus Holz und Knochen, nur aus Steinwerkzeugen, Thongefässen und Muschelschmuck. Die ersteren sind Aexte, sowohl durchbohrte als undurchbohrte, eigenthümliche Meissel verschiedenster Grösse aus Diorit und Kieselschiefer, Feuersteinmesserchen, Handmühlen und Schleifsteine aus Sandstein. Von dem stark verwitterten Muschelwerk sind 136 Stück theils durchbohrte kleine Scheibchen, theils eine Art roher Berlocken gefunden. Von den Gefässen, welche jedem Grabe beigelegt waren, sind 23 vollständig erhalten ausser einer grossen Anzahl verzierter Fragmente.

Eine umfassende Besprechung dieses Gräberfeldes findet sich in dem ersten Hefte des III. Bandes der Zeitschrift des Vereins für rheinische Geschichte und Alterthümer in Mainz, sowie in dem Archive für Anthropologie, Heft 1, Band III.

Der Grabhügel bei Langen-Eichstätt,

Provinz Sachsen.

(Zu Tafel I, Heft VIII.)

Bei Untersuchung dieses Hügels, über welche das I. Heft des III. Bandes der Zeitschrift des Mainzer Alterthumsvereins näheren Bericht gibt, zeigten sich in der lockern Dammerde, aus welcher er zu einer Höhe von 15 Fuss und einer Länge von 27 Fuss aufgeschüttet war, zerstreute Knochen und Urnenscherben. Er bedeckte eine Steinkammer, die im Innern 4 Fuss Breite und 10 Fuss Länge hatte und an ihren Schmalseiten je aus einer einzigen gespaltenen Kalksteinplatte, an den Langseiten aus 3 und 4 solcher Steintafeln gebildet und in gleicher Weise eingedeckt war. Ihr nach Süden gerichteter Eingang war mit einer 2 Zoll starken, 4 Fuss hohen und 1½ Fuss breiten Bohle aus Eichenholz geschlossen, von welcher ein gleich schmaler Raum durch eine 4 Fuss lange Vorkammer bis zu deren Verschlussplatte führte. Der übrige Theil dieses eigenthümlichen Vorbaues neben jenem engen Wege war durch 3 quergestellte grosse Platten abgetheilt, deren Zwischenräume durch viele kleinere flache, auf die Hochkante gestellte Kalksteine ausgefüllt waren.

Im Innern der grossen Kammer fanden sich 3 menschliche Skelette und neben ihnen 8 schwarze reich verzierte Gefässe mit 2 kleinen Henkeln. Von Norden nach Süden gerichtet lagen 2 männliche Körper, bei denselben 2 Aexte aus Feuerstein, von deren Holzschäften der eine beinahe vollständig erhalten war. Die Reste eines andern Holzgeräthes (eines Schildes?) bestanden aus 2 Lagen dünner Bretter, im Ganzen von ½ Zoll Stärke, welche durch Bast, der durch Einschnitte gezogen war, verbunden wurden. Das dritte Skelett, ein weibliches von sehr jugendlichem Alter, lag auf einer glatten Holzbohle von 5 Fuss Länge, 1½ Fuss Breite und 2½ Zoll Stärke. Bei dem Körper fand sich ein Schmuck aus durchbohrten Zähnen von Nagethieren, einem Eberzahn, 2 Thonperlen und einem Röllchen aus völlig oxydirter Bronze oder Kupfer, sowie ein kleines Feuersteinmesser.

Eine plastische Darstellung des ganzen Grabbaues und seines Inhalts hat das Römisch-germanische Centralmuseum in einem Gypsmodelle ausführen lassen und in seiner Sammlung aufgestellt.

Durchbohrte Steinbeile.

(Zu Heft VIII, Band II, Tafel 1.)

Die unter N° 1, 3 und 11 abgebildeten Steinäxte schliessen sich den in dem I. Bande, Heft I, Tafel 1 gegebenen Formen an, sie bieten aber in der verschiedenen Gestaltung ihrer Seitenflächen eine bemerkenswerthe Eigenthümlichkeit, welche durchaus nicht als zufällig zu betrachten ist, da sie auf einer namhaften Anzahl durchbohrter Steinäxte des Rheinlandes in völlig gleicher Weise vorliegt. Wenn früherhin alle, auch die grösseren durchbohrten Aexte unbedingt als Waffen betrachtet wurden, so erscheint diese Annahme für die hier abgebildeten Stücke schon durch das unrichtige Verhältniss der Schaftstärke zu dem bedeutenden Gewicht von 1½ oder 2½ Pfund des Steins beseitigt, wie auch weiterhin durch die verschiedene Form der beiden Seitenflächen, welche für den Gebrauch als Streitaxt nicht die geringste Bedeutung haben kann. Dagegen deutet schon der Umstand, dass die gradlinige Seite besonders glatt und die gewölbte weniger abgeschliffen und gebraucht erscheint, auf die Verwendung dieser Steinäxte als Werkzeuge zu einem freilich nicht mit

Gewissheit zu bestimmenden Zweck. Dass die der Schneide entgegengesetzte Schmalseite selten eine sorgfältigere Bearbeitung und häufig Spuren von Absplitterung zeigt, lässt vermuthen, dass die Steine theilweise als Schlagwerkzeuge oder als Setzbeile gebraucht wurden, die mit gewichtigen Holzschlegeln eingetrieben wurden.

Diese obschon sehr einfachen Geräthe sind, wie alle durchbohrten Aexte, der spätesten Periode des vorwaltenden Gebrauchs von Steinwerkzeugen zu überweisen; sie reichen erweislich noch weit in die historische Zeit.

Wie so viele irrthümliche Vorstellungen jetzt den Ergebnissen einer schärferen und umfassenderen Beobachtung weichen müssen, so ergebt es auch der Idee: dass die Formen der Erzgeräthe, wie sie im Norden gefunden werden, unmittelbar aus jenen der einheimischen Steingeräthe hervorgegangen seien. Eine Verwandtschaft besteht einzig nur zwischen dem als Beil gebrauchten keilförmigen Steine (Fig. 14 und 15) und der einfachsten Form der zu gleichem Zwecke benützten Keile und Meissel aus Erz. Diese Art des Erzbeils aber, und zwar mit gleichartiger Schäftung, welche die nordischen Streitäxte und jene der wilden Völker bis zum heutigen Tage haben, findet sich bereits auf den ältesten ägyptischen Bildwerken, wie auch in wohlerhaltenen Exemplaren in den Gräbern dieses Landes (Grab der Königin Aah-Hotep, 18. Jahrhundert v. Chr.), und die Uebertragung dieser Form von dem Stein auf Metall ist demnach wohl nicht als ein Produkt nordischer Kultur zu betrachten. Die alten Geräthe aus Stein und Erz haben nur jene ganz allgemeine Gleichartigkeit der Form, welche, von ihrem Zwecke unzertrennlich, den bestimmenden Charakter der einzelnen Werkzeuge bildet. Hammer, Axt, Säge, Messer, Nadel etc. zeigen und behalten überall und zu allen Zeiten eine gewisse gleichförmige Grundform, und wenn ihre ausgebildetere Gestaltung bei den Kulturvölkern auf die gemeinsame primitive zurückzuführen ist, so bleibt es doch unverkennbar, dass die erlangte Kenntniss der Metalle alsbald eine Menge der wesentlichsten Aenderungen veranlassen musste, wie sie in der Ausbildung des Meissels und Beils durch Anfügung der Schaftlappen bei den sogenannten Palstäben (auch an ägyptischen Messerheften) und durch die Vertiefung einer Tülle bei den sogenannten Celts vorliegen. Ebenso konnte nur aus einer Beachtung der Eigenschaften, auf welchen die Ueberlegenheit des Metalls über den Stein beruht, jene Umbildung der Axt hervorgehen, welche dieselbe aus einem flachen, in den Schaft geschobenen Keil in ihre bis heute noch gebrauchte Form verwandelte und die Durchbohrung der Klinge zur Aufnahme jeder beliebigen Schaftstärke ausführte. Wir vermögen deshalb die durchbohrte Steinaxt so wenig als das Muster und Vorbild der entsprechenden Beilform aus Erz anzuerkennen, dass wir gerade umgekehrt die erstere als eine Nachbildung der letzteren betrachten. Man hat dies aus andern Gründen bereits in Bezug der besser geformten und ausgeführten Steinäxte (I. Band, IV. Heft, Tafel 1, N° 1 — 10) zugeben müssen, welche man einstweilen in das sogenannte Bronzealter herabzurücken sich genöthigt sah; allein eine gleiche, nicht auf die Steinperiode beschränkte Zeitbestimmung muss auch für die einfachsten Formen des durchbohrten Steinbeils Geltung erhalten. Sie wird in ganz entscheidender Weise durch die Beobachtung unterstützt, dass bei allen wilden Völkern, selbst bei jenen, welche die Fertigkeit besitzen, die härtesten Materien zu durchbohren, bis zum heutigen Tage die Steinaxt ohne Schaftloch geblieben ist, und die älteste einfachste Form eines flachen, in den Schaft geschobenen Keils behielt. Jede ethnographische Sammlung bezeugt diese Thatsache, welche die alten durchbohrten Steinbeile des europäischen Nordens als eine völlig isolirte Erscheinung darstellt, die keineswegs als das Ergebniss einer naturgemässen Weiterbildung der aus dem Stoffe zu entwickelnden Formen gelten kann, sondern ihre Erklärung nur in der Annahme einer Nachbildung findet, die aus Mangel an dem zweckentsprechenderen Metall in weit minder geeignetem Materiale zu einer Ausführung gelangte, welche durch alle Mühe und Sorgfalt die Nachtheile und Mängel desselben nicht zu beseitigen vermochte. Nicht im geringsten fällt dagegen ins Gewicht, dass der Gebrauch durchbohrter Steinbeile nach dem vorliegenden Zeugnisse des Monsheimer Gräberfeldes noch vor die Zeit unmittelbarer Berührung mit der Kultur des Südens hinaufreicht.

Wie die Verbreitung der besseren Getreidearten und so manches Andere, so wird auch die Nachbildung des Metallbeils von den Grenzländern und überall her, wo die Kenntniss der Erzgeräthe Eingang fand, zu den Stämmen des Binnenlandes gelangt sein.

Die Grabhügel mit etruskischen Metallarbeiten
und ihre Zeitstellung.
(Zu Tafel 3.)

Der bereits sehr beachtenswerthen Anzahl von Grabhügelfunden etruskischer Metallarbeiten, welche wir in der Beilage zum II. Hefte dieses Bandes zusammengestellt haben, hat sich seitdem ein weiterer angeschlossen, und zwar aus der Nachbarschaft jenes Tumulus von Weisskirchen, welchem wir den schönen Dolch von Taf. 3 und die mit ihm erhobenen so werthvollen Gegenstände verdanken. Dieser neuerdings bei Weisskirchen aufgegrabene Hügel lieferte eine grosse Amphora mit verzierten Henkeln, eine jener langschnäbligen Kannen aus Erz, einen breiten Goldreif mit einer Reihe geflügelter Sphinxe verziert, und bei den Resten eines eisernen Dolches das Ortband einer Erzscheide, mit drei dünnen rosettenförmigen Goldblättchen belegt. Eine schöne Abbildung und eingehende Beschreibung dieser interessanten Entdeckung bringt das XLIII. Heft der Jahrbücher des Bonner Vereins, in welchem der Berichterstatter, Herr Professor Lohde in Berlin, den etruskischen Charakter dieser Fundstücke, mit Bezugnahme auf die von uns beigebrachten gleichartigen Gold- und Erzgeräthe aus Gräbern des Rheinlandes, vollkommen anerkennt. Wenn dieser Gelehrte dagegen für den congruenten Grabfund von der Besseringer Mühle (dessen Goldringe wir unter N° 3 der I. Tafel des II. Heftes abgebildet haben), eine Ausnahmestellung aufrecht hält und denselben in die vorconstantinische Zeit römischer Herrschaft verweisen zu müssen glaubt, so bedauere ich, dieser Ansicht nicht beitreten und meine Ueberzeugung von der Gleichartigkeit und Gleichzeitigkeit dieses Grabfundes mit den übrigen hier in Betracht kommenden nicht aufgeben zu können. Nach den Ergebnissen einer gewissenhaften Umschau und einer nicht gerade auf eine kurze Zeit und einen engen Kreis der Beobachtung beschränkten Erfahrung habe ich bis jetzt keinen Grund irgend einer Art entdecken können, welcher eine verhältnissmässig so späte Zeitstellung dieser Grabhügel zu rechtfertigen vermöchte.

Meine Gründe gegen diese Ansichten und die Annahme einheimischer Ausführung der fraglichen Metallgeräthe habe ich in der Beilage des II. Heftes absichtlich nur im Allgemeinen, ohne ausdrückliche Hindeutung auf die Beweisführung des Herrn Berichterstatters über den Besseringer Fund in den Bonner Jahrbüchern, dargelegt*), in der Ueberzeugung von

---

*) Bei Besprechung der Gold- und Erzgeräthe des Dürkheimer Fundes hatten Mannheimer Blätter ganz dieselben Ansichten über Spätzeitlichkeit und barbarische Elemente dieser Arbeiten geäussert.

der Resultatlosigkeit einer Discussion über keltische Metallarbeit und Ornamentik, welche sich, ohne jede Stütze an Denkmalen eines bestimmten Styls oder technischer Merkmale, nur in haltlosen Erörterungen der verschiedenen Grade des Barbarismus bewegen könnte, und bereits schon durch die allzu feine Distinction des ornamentalen Charakters der Eichel und Palmette auf ein Gebiet übergegangen war, welches für die vorliegende Frage thatsächlich keinen Aufschluss bietet und überhaupt nicht unmittelbar mit der nächstliegenden Aufgabe unserer antiquarischen Forschung zusammenhängt.

Nun aber Herr Professor Lohde seine Ansicht neuerdings bestimmter formulirte, darf ich mir einige Bemerkungen zu den Aufstellungen meines geehrten Gegners erlauben. Für eine Scheidung gleichartiger Goldgeräthe in etruskische und einheimische Arbeiten liegt, wie ich auch jetzt noch glaube, so wenig Grund vor, als für eine solche der Erzgeräthe. Gerade der in Frage gestellte Goldring von Besseringen (Heft II, Tafel I, Figur 3) zeigt in der Form der grossen Berlocken sowohl, als in der Menge von kleineren, welche wie an einer Schnur aufgereiht sich von dem Ringe ablösen, die nächsten Beziehungen zu etruskischem Goldschmuck, ja dieser eigenthümliche Anschluss einer Schnur mit kleinen Langperlen ist nicht anders zu erklären, als eine Andeutung oder als Ersatz eines zweiten Zierstücks, und zwar einer Halskette, welche unter dem Ringe zum Vorschein kömmt, in der Weise, wie nach dem Zeugnisse der Bildwerke, Halsschmuckgeräthe verschiedener Art, Ringe und Ketten zu gleicher Zeit bei den Etruskern getragen wurden. Was die theils kelchförmig ausgeschlagenen, theils lilienförmigen perlumrandeten Blätter betrifft, so ist es von keineswegs entscheidender Bedeutung, wenn sich auch diese Formen zugleich mit der grossen Menge anderer sehr alter Ornamentmotive bis zu dem Mosaik von Nennig in der Verwendung des römischen Kunstgewerbes erhalten haben. Ungleich wichtiger ist es, dass dieses eigenthümliche perlumränderte Blattwerk in völlig gleicher Weise auf den Goldgeräthen aller dieser Grabhügelfunde erscheint bei den zuletzt gefundenen Goldringen sowohl als bei den Goldblechen von Schwarzenbach, welche Gerhard sogleich für etruskische Arbeit erkannte.

Entweder sind demnach alle diese Goldgeräthe in dem Lande der Treverer ausgeführt, denn das Goldband von Weisskirchen mit den Sphinxen hat keinen besonderen Vorzug der Technik und könnte ebenso gut Nachbildung sein, oder alle stammen aus derselben auswärtigen Stätte kunstvoller Metallarbeit, auf welche die Erzgeräthe in ganz unverkennbarer Weise hindeuten.

Aber auch die letzteren bekunden in auffälligem Grade manche befremdliche und barbarische Motive. Durchaus unklassische Formen finden sich nicht allein auf den Goldgeräthen, sondern in weit grösserem Maasse in den durchbrochenen Arbeiten der Bronzen. Jene der 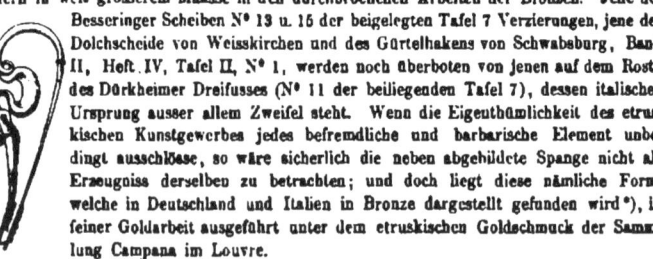 Besseringer Scheiben N° 13 u. 15 der beigelegten Tafel 7 Verzierungen, jene der Dolchscheide von Weisskirchen und des Gürtelhakens von Schwababurg, Band II, Heft IV, Tafel II, N° 1, werden noch überboten von jenen auf dem Roste des Dürkheimer Dreifusses (N° 11 der beiliegenden Tafel 7), dessen italischer Ursprung ausser allem Zweifel steht. Wenn die Eigenthümlichkeit des etruskischen Kunstgewerbes jedes befremdliche und barbarische Element unbedingt ausschlösse, so wäre sicherlich die neben abgebildete Spange nicht als Erzeugniss derselben zu betrachten; und doch liegt diese nämliche Form, welche in Deutschland und Italien in Bronze dargestellt gefunden wird*), in feiner Goldarbeit ausgeführt unter dem etruskischen Goldschmuck der Sammlung Campana im Louvre.

_____

*) Die Fürstl. Hohenzollernsche Alterthumssammlung zu Sigmaringen, Seite 185 und Taf. XX u. XXXVII.

Die Verschiedenheit des Styls und der Behandlungsweise, welche nicht allein in den Leistungen der etruskischen Keramik, sondern auch in der Erzarbeit, je nach Gegenstand und Art der Bestimmung, zu Tage tritt, darf als bekannt vorausgesetzt werden. Da sich aber nicht allein diese Stylcontraste, sondern auch eine merkliche Abstufung in Hinsicht auf Sorgfalt und Geschick der Ausführung sowohl bei tuskischen Arbeiten ausserhalb Italiens, als auch bei einer Menge von Grabfunden ihrer Heimath selbst zeigen, so entfällt damit jede Berechtigung zu einer Erklärung des barbarischen Elements als eine Folge fremder Mitbetheiligung oder des Einflusses barbarischer Umgebung.

Dabei bleibt der massenhafte Export dieser tuskischen Metallgeräthe verbürgte Thatsache, eine Verpflanzung ihrer Technik an die Mosel und Saar dagegen blosse Vermuthung. Mit gleichem Rechte könnten auf solche Voraussetzungen hin auch die entsprechenden Fundstücke des Weser- und Elbgebietes, wie der cimbrischen Halbinsel als derartige Landeserzeugnisse betrachtet und überall die bestimmt charakterisirten Fabrikate der alten Kulturstaaten für barbarische Imitation erklärt werden. Zwischen der Kulturempfänglichkeit der nordischen Stämme einerseits und der Ausführung solcher Metallarbeiten andererseits liegt aber doch ein weiter Weg umfangreicher technischer Erfahrung und Geschmackbildung und alles Dasjenige, was noch auf eine Reihe von Jahrhunderten hinaus den Unterschied zwischen Nord und Süd ausmachte. Selbst die Annahme einer ausserordentlich frühzeitlichen Aeusserung der industriellen Anlage belgischer Stämme würde sich schwerlich bis zu einer Berufung etruskischer Künstler an die Mosel ausdehnen lassen. Die Ausführung der Nenniger Mosaiken durch italische Arbeiter bietet hierfür keine Stütze, grade die genauer bekannten Verhältnisse dieser Spätzeit berechtigen zu entgegengesetzten Schlüssen. Denn wenn das italische Kunstgewerbe mit der allmäligen Ausdehnung des römischen Reiches auch bis an die äussersten Grenzen desselben gelangte, so überschritt es dieselbe doch keineswegs, während der Handelsverkehr weit über sie hinausreichte. Dies entspricht gewiss vollkommen auch den früheren Verhältnissen zu den barbarischen Stämmen, bei welchen Niederlassungen von Italikern zu Zwecken des Handels wohlbekannt sind, aber keine für Unternehmungen der Kunstindustrie.

Lässt sich deshalb die Herstellung der Besseringer Gold- und Erzgeräthe in ihrer Fundgegend nicht für die vorrömische Zeit annehmen, so ist dies noch weniger für die vorconstantinische Zeit zulässig, wenn man auch dieser Bezeichnung eine sehr weite, sonst ungewöhnliche Ausdehnung geben wollte. Eine Stabilität der Formen und Technik, welche mit der ägyptischen oder orientalischen irgend vergleichbar wäre, erscheint denn doch nicht für die Metallarbeiten Italiens gestattet. Die Bildung römischer Schmuckgeräthe und Gefässe des bezeichneten Zeitraums zeigt bei aller Verwandtschaft mit den alten Formen, welche überhaupt als die Grundlage des antiken Kunstgewerbes zu betrachten sind, doch einen wesentlich veränderten Charakter, der sie augenblicklich kennbar von jenen älteren Erzeugnissen etruskischer Arbeit unterscheidet.

Gerade aus dem Umstande, dass die archaischen Geräthe zeitweise mit besonderer Vorliebe aufgesucht wurden, ergibt sich der Beweis, dass ihr Styl in den Arbeiten des herrschenden Geschmacks nicht mehr repräsentirt war, dessen fortschreitende Wandelung sich schon in den Erzgefässen von Pompeji erkennbar zeigt. Von Amphoren aber, wie jene von Schwarzenbach, von jenen langschnäbeligen Kannen mit Löwen- oder Pantherfiguren auf ihrem Rande, von Dreifussbildungen, wie sie die etruskischen Nekropolen und unsere cisalpinischen Grabhügel bringen, zeigt sich nichts mehr in den italischen Funden der römischen Kaiserzeit.

Zu allem diesem tritt die entscheidende Thatsache, dass das Besseringer Grab, wenn es für ein römisches gelten soll, nach seiner äusseren Gestaltung sowohl, wie nach seiner inneren Ausstattung, im Ganzen wie im Einzelnen eine vollkommen isolirte Ausnahmestellung beanspruchen müsste.

Wir hätten hier einen vornehmen Römer oder römisch gebildeten Provinzialen, der einerseits seine Villa nach dem Geschmacke der Zeit in prachtvoller Weise mit Mosaik, Marmor und Porphyrbekleidung verziert, seine Räume mit Gegenständen des Luxus erfüllt, andererseits jedoch eine so grosse Abneigung gegen römische Formen der Tracht und Schmuckgeräthe hegt, dass er der Mode zum Trotz einen alterthümlichen Torques anlegt und auch nur Erzgefässe von ebenso antiquirter Form im Gebrauche haben will, welche ihm dann auch in Begleitung von andern unerklärlichen, sonst ganz ungewöhnlichen Dingen, unter Ausschluss der üblichen Lampen, Gläser, Münzen etc., mit in sein Grab gelegt werden, das ebenfalls auf ungebräuchliche Weise in Gestalt eines Tumulus errichtet wird.

Im Gegensatze zu der Voraussetzung eines so sonderbaren Ausnahmefalls erklärt sich das Besseringer Grab naturgemässer aus seiner Uebereinstimmung mit den übrigen Grabhügelfunden des Moselgebietes, die in immer wachsender Zahl zu Tage kommen und nirgend einen jener Kennzeichen aufweisen, welche die Gräber römischer Kaiserzeit charakterisiren. Ausser den kunstvollen Goldringen und Goldbeschlägen haben uns diese Grabhügel bereits die Zahl von zwölf Erzkannen, drei Amphoren und einen Dreifuss, grösstentheils vorzüglicher Ausführung, gebracht, als sprechende Zeugen des weitreichenden Handelsvertriebs der Erzeugnisse tuskanischen Kunstgewerbes, lange schon vor der Zeit der Römerherrschaft am Rhein.

Verzierungen.

(Zu Heft VIII, Band II, Tafel 7.)

Die auf dieser Tafel abgebildeten Gegenstände stehen in Bezug zu der in der Beilage zu Tafel 3 dieses Heftes behandelten Frage über den italischen Ursprung jener Geräthe, welche zugleich mit den unzweifelhaft etruskischen Bronzegefässen in einer Anzahl rheinischer Grabhügel gefunden sind. Wir werden auf dieselben später noch vielfach zu verweisen haben, da sie auf das bestimmteste die Annahme widerlegen, dass das klassische Ornament als das entscheidende und ausschliessliche Kennzeichen altitalischer Metallarbeit zu betrachten sei und dass alle Verzierungen, welche diesem streng begrenzten Formengebiet überhaupt nicht angehören, oder eine willkürliche Behandlung und Umbildung der klassischen Motive zeigen, barbarischem Ursprunge zu überweisen seien.

Mit der hier sich ergebenden Thatsache einer besondern theilweise phantastischen, mit den klassischen Formen nur in geringer Berührung stehenden Verzierungsweise italischer Metallarbeiten erklären sich viele bis jetzt schwer zu bestimmende Erscheinungen unter den alterthümlichen Funden diesseits der Alpen, namentlich jene Bronzegeräthe und eigenthümlich ornamentirte Scheiden von Schwertern, welche man den Galliern zuzutheilen sich veranlasst sah, aus keinem andern Grunde, als ihrer geringen Verwandtschaft mit den bekannten klassischen Ornamentformen.

Eine Betrachtung, welche wir sowohl diesen Eisenschwertern der Pfahlbauten und Grabhügel, als auch jenen Bronzen zu widmen gedenken, welche man als die ältesten Repräsentanten eines celtisch-hibernischen Styls bezeichnet, hat bereits den zulässigen Raum dieser Hefte überschritten. Wir werden dieselbe als eine besondere Abhandlung veröffentlichen und dabei ausser anderweitigem verfügbaren Material auch auf vorliegende Tafel Bezug nehmen.

Alle auf derselben abgebildeten Gegenstände sind mit einziger Ausnahme von N° 9 Metallgeräthe, welche theils in etruskischen Gräbern, theils in Grabhügeln diesseits der Alpen entweder unmittelbar bei etruskischen Erzgefässen (wie die Kanne N° 8) gefunden sind, oder mit den Begleitern dieser unverkennbaren Bronzen eine augenfällige Uebereinstimmung in Styl und Technik zeigen.

N° 1. Bruchstück einer Verzierung (Stirnband?), durchbrochene Goldarbeit. Aussen ein Fries von Perlstreifen, getragen von feinen Bogen und Säulchen, dann zwei breitere Bänder von Verzierungen aus herzförmigen Blättern, Palmetten, Kelchen und peltenartigen Ornamenten, alle mit geperlten Randstreifen und in eigenthümlicher Umbildung antiker Formen. — Aus dem Grabhügel bei Schwarzenbach (bei Birkenfeld), in der Sammlung des Herrn Oberbergrath Böcking zu Berlin.

„ 2. Erzplatte mit geperltem Randstreifen und der gravirten Darstellung eines phantastischen doppelköpfigen Thieres. Aus einem etruskischen Grabe. — Mahler'sche Sammlung des Museums zu Karlsruhe.

„ 3. Bruchstück eines kranzartigen Goldornaments mit ausgeschnittenen Verzierungen. — Aus dem Grabhügel von Schwarzenbach wie N° 1.

„ 4. Spitze eines Ornaments von durchbrochener Erzarbeit. Ein Dreieck, umgeben von drei Kreissegmenten innerhalb eines Ringes. Bekanntes, auf vielen Schmuckgeräthen und auch auf Metallscheiden von Waffen häufig angewandtes Ornament. Bruchstück von dem Beschläge des Gürtelhakens aus dem Grabe zwischen Nierstein und Schwabsburg, abgebildet Band II, Heft IV, Tafel II, N° 1 dieses Werkes. — Museum zu Mainz.

„ 5. Bärtiger Satyrkopf unter einem Spiralornament, umgeben mit einem punktirten Bande. Henkelfuss einer Amphora aus Erz aus dem zweiten Grabhügel bei Weisskirchen an der Saar, abgebildet in den Jahrbüchern des Bonner Vereins XLIII, Tafel VII.

„ 6. Aehnliches Ornament wie N° 4. Schlussaknopf einer Erzfibula, gefunden auf der Haard bei Zürich. — Museum zu Zürich.

„ 7. Goldscheibe auf einer Unterlage von Kitt, mit einem Perlrande und einem in geperlten Linien ausgeführten Ornamente von Triquetren, welche durch schnabelartige Ansätze an einer ihrer Spitzen die Gestalt phantastischer Vögel erhalten. Triquetren mit geschwungenen Seitenlinien und ausrankenden Spitzen, wie sie auf den Schwertscheiden der Pfahlbauten des Neuenburger Sees erscheinen sind deshalb keineswegs als specifisch gallische Ornamente zu betrachten. Von dem Grabhügel bei Schwarzenbach wie N° 1 und 3. — Sammlung des Herrn Oberbergrath Böcking zu Berlin.

„ 8. Die Erzkanne von Weisskirchen als Repräsentant der vielen gleichartigen archaischen Bronzegefässe der hier in Betracht kommenden rheinischen Grabhügel.

„ 9. Goldfibula mit rothem Zellenschmelze, als Beleg der Verwendung des krummlinigen Triquetrums bis in die späteste römische Zeit. Aus einem Grabe bei Xanten. — Houben'sche Sammlung daselbst.

„ 10, 12 u. 14. Verzierter Goldblechstreifen und verschiedene Goldornamente von keineswegs klassischen Motiven. Aus dem Grabhügel von Schwarzenbach.

„ 11. Bruchstück der Verzierung des Kostes an dem etruskischen Dreifusse von Durkheim in Naturgrösse (bereits abgebildet auf Tafel II des VI. Heftes dieses Bandes). Zwei phantastische Thiere in durchbrochener Erzarbeit.

„ 13 u. 15. Durchbrochene Erzverzierungen von dem Grabhügelfunde bei der Besseringer Mühle. Jahrbücher des Bonner Alterthumsvereins, Heft XLI.

Hängebecken.

Erz.

N° 1. Gehenkeltes Becken mit flach kegelförmigem Boden, in dessen Mitte ein sternförmiges Ornament von einem Bogenkranze umgeben. Gefunden bei Westerweihe (Hannover). — Museum zu Hannover.

„ 2. Ebensolches, mit gewölbtem Boden. Auf demselben Ornamente von concentrischen Kreisen, Bogenkränzen und Bändern, welche durch schiefgestellte Reihen von kleinen Vierecken gestreift sind. Die Verzierungen sind, wie sich deutliche Spuren im Innern zeigen, mit Punzen eingeschlagen. Gefunden zu Dörmte (Hannover) zugleich mit zwei Schildbrustspangen und einem Diadem von Erz.

„ 3. Grösseres Becken mit gewölbtem Boden. Die Verzierungen desselben bestehen aus concentrischen Kreisen und Perlbändern. Gefunden zu Basedow, Grossherzogthum Mecklenburg-Schwerin. — Museum zu Schwerin.

„ 4. Becken mit flach kegelförmigem Boden und ähnlichen Verzierungen. Gefunden auf dem Gute Wintershagen bei Neustadt (Holstein). — Museum zu Kiel.

„ 5. Ebensolches mit einem wenig vorspringenden Knopf an der äusseren Spitze des Bodens, reich ornamentirt mit Bogenkränzen und verschieden gemusterten Zierbändern. Gefunden zu Klein-Hesebeck, Amt Medingen (Hannover), unter einem grossen Granitblocke in geringer Tiefe nahe an dem Rande des Steins. Das Gefäss lag mit einer Anzahl anderer Bronzen in einer Reihe. Diese bestanden aus drei Spiralbrustspangen (wie N° 1, Heft III, Tafel 6 des I. Bandes) und Bruchstücken von solchen, der Hälfte einer Schildbrustspange (wie N° 1 — 4, Heft VII, Tafel 4 des I. Bandes), 7 kleineren und grösseren Erzknöpfen mit kleiner Oese, 2 verschiedenen kegelförmigen reichverzierten Knöpfen und einer sichelförmigen Messerklinge mit Bogenverzierung. — Aus der Sammlung des Herrn v. Estorff. Germanisches Museum zu Nürnberg.

Etruskischer Gürtel und Gürtelhaken.

E r z.

N⁰ 1. Gürtelhaken. Gefunden in Italien. — Museum Sr. Königl. Hoheit des Fürsten von Hohenzollern zu Sigmaringen.

„ 2. Fragmente eines Gürtels aus Erzblech, verbunden durch zwei mit Spiralornamenten verzierte Haken. Gefunden bei Edendorf (Hannover). — Museum zu Hannover.

„ 3. Gürtelhaken, verziert mit eingravirten Spiralornamenten und Palmetten, deren Blattrippen durch punzirte Linien dargestellt sind. Gefunden bei Edendorf. — Ebendaselbst.

„ 4. Ebensolcher mit Spiralornament. Ebendaher. — Ebendaselbst.

„ 5. Ebensolcher, dessen Spitze die Gestalt eines Thierkopfes hat. Ebendaher. — Ebendaselbst.

„ 6 u. 7. Ebensolche mit phantastischen Thierköpfen. Gefunden in Italien. — Museum Sr. Königl. Hoheit des Fürsten von Hohenzollern.

Ringe und Schmuckstücke

aus Glas.

N° 1. Armring von tiefblauem Glase. Gefunden in einem Grabe zu Heimersheim (Rheinhessen). — Museum zu Wiesbaden.

„ 2. Ebensolcher mit Zickzackornamenten von aufgesetzten hochgelben Glasfäden. Aus einem Grabe bei Düren (Grossherzogthum Baden). Gefunden mit einer bis jetzt unbestimmten Silbermünze, den Glasringen N° 3 und 10 dieser Tafel und 3 Fibeln, von welchen die zwei kleinen aus Silber mit Goldknöpfen und eine aus Erz, nach dem Systeme der auf Tafel 3 des VII. Hefts abgebildeten Spangennadeln gebildet sind. — Museum zu Karlsruhe.

„ 3. Armring aus weissem Glase. Der mittlere Wulst hat durch einen im Innern des Ringes aufgetragenen oder eingebrannten gelben Stoff eine entsprechende Färbung. Ebendaher. — Ebendaselbst.

„ 4. Ebensolcher in gleicher Weise gefärbter Glasring. — Museum zu Zürich.

„ 5. Blauer, mit hochgelben Fäden ornamentirter Glasring. Gefunden in einem Grabe bei Kreuznach mit einer Gürtelkette aus Erz von der Art wie N° 5, VI. Heft, Tafel 1. — Privatbesitz zu Mainz.

„ 6. Armring aus blauem Glas, gefunden mit N° 11 und einer kleinen Fibula aus Erz von der Gestalt der auf Tafel 3, VII. Heft abgebildeten, in einem Grabe zu Kreuznach. — Museum zu Mainz.

„ 7. Haarnadel aus tiefblauem Glase, gefunden mit einem ebensolchen Armringe in einem Grabe bei Kreuznach. — Museum zu Mainz.

„ 8. Kleiner Ring von grünlichweissem Glas mit gelblichweissen Streifen. Gefunden in einem Grabe in Kreuznach. — Museum zu Mainz.

„ 9. Armring aus dunkelviolettem Glase mit gelben Verzierungen. Aus einem Grabe bei Harxheim (Rheinhessen). — Museum zu Wiesbaden.

„ 10. Ring aus weissem Glase mit einem Farbestreifen, welcher durch einen an der innern Seite aufgetragenen gelben Stoff hervorgebracht ist. Mit N° 2 und 3 aus dem Grabe von Düren. — Museum zu Karlsruhe.

„ 11. Kleiner Glasring aus dunkelblauem Glase. Gefunden mit N° 6. — Museum zu Mainz.

Strigiles.

N° 1. Nebenansicht und obere Ansicht des Griffs einer vollständigen Strigilis aus Erz. — Museum zu Wiesbaden.

„ 2. Obertheil einer Strigilis aus Eisen. Rheinbayern. Hepp'sche Sammlung. — Museum zu Mainz.

„ 3. Seitenansicht und obere Ansicht einer wohlerhaltenen Strigilis aus Erz. Die Ornamente des Griffs sind mit Schmelz ausgelegt; die Rippen der Blätter sind dunkelblau, alle übrigen auf der Zeichnung dunkel gehaltenen Stellen grün emaillirt. Aus dem römischen Pfahlbau am Dimeser Ort bei Mainz. — Privatbesitz zu Mainz.

„ 4. Strigilis, Erz, mit abgebrochener Spitze. Der Griff ist mit einem Palmzweige in Niello verziert. Ebendaher. — Museum zu Mainz.

„ 5. Ebensolche mit ähnlicher Verzierung. Gefunden im Kästrich zu Mainz. — Museum zu Darmstadt.

„ 6. Vollständig erhaltene Strigilis aus Erz, mit dem Namenstempel AGATO und einem Genius als Marke. Ebendaher. — Privatbesitz zu Mainz.

„ 7. Bruchstück einer eisernen Strigilis. Ebendaher. — Ebendaselbst.

Pfeilspitzen

(Eisen)

aus fränkischen und alamannischen Gräbern.

N° 1. Blattförmige Pfeilspitze. Aus den Gräbern bei Wallstadt. — Sammlung des Mannheimer Alterthumsvereins.

„ 2. Bolzenförmige Pfeilspitze. Aus den fränkischen Gräbern zu Oestrich im Rheingau. — Museum zu Mainz.

„ 3. Blattförmige, aus Reihengräbern im Sigmaringischen. — Museum Sr. Königlichen Hoheit des Fürsten von Hohenzollern.

„ 4. Pfeilspitze mit Widerhaken und gewundenem Stiel. Aus den fränkischen Gräbern beim Bahnhofe in Frankfurt a. M. — Museum zu Mainz.

„ 5. Pfeilspitze, blattförmig. Aus den fränkischen Gräbern bei Oberolm. — Museum zu Mainz.

„ 6. Ebensolche. Aus den fränkischen Gräbern bei Bessungen. — Privatkabinet Sr. Königl. Hoheit des Grossherzogs von Hessen.

„ 7. Pfeilspitze mit Widerhaken. Aus fränkischen Gräbern in der Rheinpfalz. — Heppsche Sammlung. — Museum zu Mainz.

„ 8. Pfeilspitze mit Widerhaken und gewundenem Stiel. Aus alamannischen Gräbern. — Sammlung des Würtembergischen Alterthumsvereins zu Stuttgart.

„ 9. Blattförmige Pfeilspitze. Aus fränkischen Gräbern aus der Umgegend von Ingelheim. — Museum zu Mainz.

„ 10. Pfeilspitze mit Widerhaken. Aus den alamannischen Gräbern bei Ulm. — Sammlung des Vereins für Kunst und Alterthum in Ulm.

„ 11. Pfeilspitze, bolzenförmig, mit kegelförmiger Spitze. Aus den Gräbern von Selzen. — Museum zu Mainz.

„ 12. Ebensolche, mit vierkantiger Spitze. Aus den alamannischen Gräbern bei Pfullingen. — Museum zu Mainz.

„ 13. Pfeilspitze mit lanzetförmiger Spitze und gewundenem Stiel. Aus Gräbern bei Oestrich. — Museum zu Mainz.

„ 14. Pfeilspitze mit Widerhaken. Aus alamannischen Gräbern im Sigmaringischen. — Museum Sr. Königl. Hoheit des Fürsten von Hohenzollern.

„ 15. Grosse blattförmige Pfeilspitze aus den Gräbern bei Bessungen. — Privatkabinet Sr. Königl. Hoheit des Grossherzogs von Hessen.

Bisher wurden die Pfeilspitzen mit gewundenem Stiel oberhalb der Tülle den mittelalterlichen Waffenformen beigezählt; die obengenannten Grabfunde bezeugen ihr weit höheres Alter, welches noch weiterhin dadurch bestätigt wird, dass ein gleichartiger Pfeil unter den Waffenfunden des römischen Lagers bei Dalheim im Luxemburgischen von Herrn Professor Namur aufgeführt wird. Siehe III. Bericht über die Ausgrabungen bei Dalheim in der Publication von 1856 des Luxemburger historischen Vereins, Tafel III, Fig. 17.

Erzbeschläge von Holzkistchen
aus fränkischen Gräbern.

N° 1.   Obere und Seitenansicht, sowie perspektivische Darstellung des Beschläges eines
Holzkistchens, aus dünnem Erzblech, reich verziert mit eingedrehten Kreis-
ornamenten und punzirten Stern- und Linienverzierungen. Gefunden in den
Gräbern von Wallstadt. — Sammlung des Mannheimer Alterthumsvereins.

„   2.   Ebensolche Darstellung eines gleichen Beschlägs mit verschiedener Anordnung des
Ornaments, aus den Gräbern von Bessungen. — Privatkabinet Sr. Königlichen
Hoheit des Grossherzogs von Hessen.

„   3.   Fragment eines ähnlichen Beschlägs. Aus den Todtenbäumen bei Oberflacht. —
Sammlung des Würtembergischen Alterthumsvereins zu Stuttgart.

Bei der ersten Entdeckung solcher Erzblechstreifen in den Gräbern von Selzen (Das
germ. Todtenlager in Selzen, Grab N° 10 und dieselbe Nummer auf der grossen Tafel)
waren alle Spuren ihrer Unterlage von Holz verschwunden und es schienen deshalb diese
dünnen Erzreste nach ihrer Lage in der Mitte des Körpers recht wohl als Beschläge eines
Gürtels erklärbar, eine Annahme, welche durch die späteren Entdeckungen von ziemlich
wohlerhaltenen Bruchstücken von Holzkistchen nunmehr berichtigt ist. Behälter dieser
Art, welche bis jetzt immer noch zu den seltenen Beigaben von Frauengräbern zählen,
verdienen eine um so grössere Aufmerksamkeit bei Ausgrabungen von Todtenfeldern merovingischer Zeit, als ihr Stoff so leicht zerstörbar und ihr Inhalt deshalb noch nicht gehörig
untersucht ist.

Römische Fibulae.

Erz mit Email.

●

N° 1. Fibula, Erz. Zwei runde, mit einer Leiste verbundene Scheiben. Die vorspringenden Knöpfe an den beiden Scheiben sind mit orangerothem Email belegt, ebenso die viereckigen Felder der Verbindungsleisten und der wohlerhaltene Knopf in dem Centrum der unteren Scheibe. Die ringförmigen Felder der beiden Scheiben zeigen Reste von weissem, blauem und violettem Email.' Blaue Punkte von Schmelzwerk sitzen in der Mitte der rothen Felder der Verbindungsleiste.
Fundort: Windisch (Vindonissa). — Museum zu Zürich.

„ 2. Fibula, Erz, in Gestalt eines platten Ringbandes mit vier vorspringenden Knöpfen, welches im Innern mit zwei gleichfalls ringförmig zusammengebogenen Spangen verziert ist, deren Umrisse den leeren Zwischenraum in 4 peltenförmige Felder abgrenzen. Die Farbe der Schmelzeinlage auf dem äussern grössern Ringbande wechselt, nicht immer regelmässig, in 26 Abtheilungen mit Grün, Roth und Weiss. Die Spangen in der Mitte haben eben solche Farbenreste. Die Scheibe im Centrum zeigt grüne und ihr kleiner Knopf eine unkennbar gewordene Schmelzeinlage. Gefunden zu Heimersheim, Rheinhessen. — Museum zu Wiesbaden.

„ 3. Fibula, Erz, an einer viereckigen Mittelplatte nach oben und unten zwei grössere Ansätze von Dreiecken mit einwärts gebogenen Seitenlinien. Die Mittelplatte hat einen erhöhten, mit Email belegten Aufsatz. Die Grundfarbe seines Schmelzwerks ist tiefes Blau mit einem rothen Puncte in der Mitte und vier hellgrünen in den Ecken. Die dreieckigen Ansätze haben in dem Kreisornamente ihrer Mitte und in den von da aus zum Rande laufenden Streifen rothen Schmelz. Die übrigen gegen die Mittelplatte und die Spitze zu liegenden Felder sind grün. Die Farbe an dem äussern vorspringenden Knopfe scheint gelb gewesen zu sein.
Fundort: Rheinhessen. — Museum zu Wiesbaden.

„ 4. Fibula, Erz. Drei ins Dreieck gestellte Scheiben, welche nach der oberen Seite durch zwei Knöpfe, nach der untern durch eine dreieckige Basis verbunden sind, deren Spitze in einen Thierkopf mit zwei runden Augenöffnungen und einem Schnabel ausläuft. Die innern runden Felder der Scheiben sind roth emaillirt, jene der zwei verbindenden Knöpfe orangefarbig, wie der Punkt in der Mitte der dreieckigen Basis. Die Farbe des Schmelzwerks in den Scheiben selbst ist nicht mehr zu bestimmen; es wechselte in 12 Feldern eine dunkle und helle Farbe, wahrscheinlich Grün und Weiss.
Fundort: Rheinhessen. — Bei Antiquar Jourdan.

„ 5. Fibula, Erz. Ueber Eck gestellte viereckige Platte, an ihren Spitzen mit runden Knöpfen besetzt. In der Mitte auf der Kreuzung einer horizontal und vertikal durchlaufenden Spange ist eine viereckige kleine Platte befestigt. Nach oben und unten springt ein geschnäbelter Thierkopf mit angedeuteten Augen vor. Die Felder der viereckigen grösseren Platte sind von blaugrünem Email, wie auch der innerste Ring in der Mittelplatte der Kreuzspange. Die Farbe des Schmelzes auf der letzteren ist roth mit weissen Augen, und roth sind auch die nach aussen vorspringenden Knöpfe. Fundort: Umgegend von Mainz. — Museum zu Mainz.

N° 6. Fibula, Erz. Ein plattes, offenes, unten einwärts gebogenes Ringband ist durch zwei gegen innen gekrümmte Bogenornamente mit einer gleichgeformten, eine geschlossene Platte bildenden Basis verbunden. Die Emailreste sind von blauer, rother und grüner Farbe.

Aus den römischen Gräbern bei Castel. — Museum zu Wiesbaden.

„ 7. Kleine Fibula, Erz, von eigenthümlicher Form. Der mittlere viereckige Theil, welcher auf beiden Seiten mit zwei flachen runden, durch concentrische Kreisornamente verzierten Knöpfen besetzt ist, hat einen erhöhten Aufsatz, dessen obere Platte in der Mitte einen senkrechten Streifen blauen Emails zeigt, neben welchem auf der rechten Seite noch drei sternartige Punkte rothen Schmelzwerks erhalten sind. Von dem Mittelstucke läuft der untere Theil, sich stark verjüngend, in einen blau emaillirten Knopf aus, während der obere Theil von ähnlicher Form eine flache, gleich einem Kammrade gebildete, von Zacken umrandete Scheibe trägt, deren vertiefte concentrische Kreisornamente von einem jetzt verschwundenen Email ausgefüllt waren.

Fundort: Umgegend von Mainz. — Museum zu Mainz.

„ 8. Fibula, Erz. Scheibe, mit 6 Knöpfen besetzt, in der Mitte ein rund vorspringender Aufsatz, dessen Inneres mit einem jetzt unbestimmbaren, jedenfalls hellfarbigen Schmelz bedeckt war. Das ringförmige Feld der Scheibe ist mit rothem Email ausgefüllt.

Fundort: Rheinhessen. — Museum zu Darmstadt.

„ 9. Fibula, Erz. Viereckige Platte mit eben solchem Aufsatz, dessen Mitte durch ein weisses Email mit 9 schwarzen Punkten verziert ist. Nach oben und unten läuft von der vorspringenden Querleiste, welche das Mittelstück abschliesst, eine Spitze aus.

Fundort: das römische Castell bei Osterburken. — Sammlung des Mannheimer Alterthums-Vereins.

Ineinander hängende Ringe.

Erz.

№ 1. Drei incinander hängende geschlossene, grössere Ringe, im Innern glatt, aussen mit einer von der Mitte aus scharf vorspringenden Kante. In den beiden äussern Ringen sind je 3 kleinere von derselben Form eingehängt. Alle zeigen keine Spur einer durch Löthung oder Vernietung geschlossenen offenen Stelle; sie müssen deshalb ursprünglich zusammenhängend gegossen sein.

Gefunden in einem Grabhügel bei Uelzen im Lüneburgischen. — Museum zu Hannover.

„ 2. Drei grössere geschlossene, runde, ineinander hängende Ringe. In den beiden äussern sind je zwei ebenso geformte kleinere Ringe eingehängt. Das Ganze unverkennbar von gleicher Art der Herstellung wie № 1.

Gefunden in einem Grabhügel bei Griesbach mit vielen andern Bronzegeräthen. Sammlung des historischen Vereins in Landshut.

„ 3. Glatter runder Ring mit Gusszapfen, in welchem zwei flache halbmondförmige, ringförmig abgeschlossene Bronzestücke hängen. Gleiche technische Herstellung wie bei № 1 und 2.

Gefunden bei Stolpe mit verschiedenen Erzgeräthen. — Sammlung des historischen Vereins zu Stettin.

„ 4. Glatter runder Ring wie № 3, in welchem zwei etwas grössere flache Ringbänder eingehängt sind. Aus gleichem Fundort wie № 3. — Ebendaselbst.

Die Herstellung solcher lose ineinander hängenden und doch fest verbundenen Ringe ohne Hülfe der Vernietung, Verhämmerung oder Löthung offener Stellen erscheint als ein Beweis von Fertigkeit und Erfahrung in Behandlung des Metallgusses.

Ringe mit eingehängten Zierblechen, Kettchen und berlockenartigen Knöpfen, welche durch Drahtringe oder in anderer Weise befestigt sind, finden sich durch alle Gegenden Deutschlands, während solche durch den Guss ursprünglich schon verbundene Ringe zu den Seltenheiten gehören, wenigstens in dem nördlichen und mittleren Theile unseres Landes. № 1 und 4 werden wohl in ihrer Fundgegend wenige ihres Gleichen haben. Aus Hessen sind jedoch die gleichartigen Ringe bekannt, welche Schaum aus dem Erzfunde bei Gambach veröffentlichte (Die Fürstl. Solmsische Alterthümersammlung zu Braunfels 1819. Taf. XII). Es sind ebenfalls 3 geschlossene Ringe von der Grösse der Armringe, in welche 6 kleinere, 4 geschlossene und 1 offener — ob durch Bruch oder ursprünglich nicht geschlossen, bleibt ungewiss — eingehängt sind. Der sechste muss schon zur Zeit der Abbildung verloren gewesen sein; denn Schaum sagt bestimmt: „An jedem der 3 Ringe spielen zween kleinere 1 Zoll 1 Linie weit und jeder an der einen Hälfte seines Zirkels 1½, und an der andern 1 Linie dick." Die grösseren müssen mit unseren Ringen von № 1 eine nähere Aehnlichkeit haben, als aus der Abbildung zu erkennen ist; denn Schaum sagt: „Sie sind, einer dreischneidigen Degenklinge gleich, prismatisch gegossen, die zwo äusseren Flächen tief gekehlt, die innere flach halbrund erhaben."

Einigermassen häufiger erscheinen diese Ringketten weiter südlich; ausser Bayern finden sich dieselben in den Museen von Prag, eine mit 4 kleineren, und in Wien, eine solche mit 16 gleichartigen Einhängseln.

Die grösste Anzahl jedoch brachten die von Ramsauer eröffneten und abgebildeten, von Frbrn. v. Sacken herausgegebenen Gräber von Hallstadt. In dem Werke des Letzteren: »Das Grabfeld von Hallstadt in Oberösterreich« erscheinen die verschiedensten Arten dieser grösseren Ringe mit 3, 4 und 7 eingehängten, ursprünglich schon in dem Gusse mit denselben verbundenen kleineren Ringen. Ein weiterer Fingerzeig über die Richtung der Verbreitung und die Herkunft dieser und ähnlicher Bronzegeräthe.

Auch die Ansicht früherer Forscher über die Bestimmung dieser Ringe als eine Art von Klang- und Schallinstrumente erhält durch das gemeinsame Auftreten derselben in den Hallstadter Gräbern mit einer überaus häufigen Verwendung der sogenannten Rassel- oder Klapperbleche an allen Geräthen, sogar an den Waffen, gewissermassen einen neuen Anhalt.

Bronzen vom Pferdegeschirr und von Wagen. (?)

Nº 1. Trense. In dem Äussern Theil der Gebissstange hängt auf beiden Seiten ein einfacher Ring und eine Zierscheibe in Gestalt eines Rades, dessen Speichen durch 4 breite, in durchbrochener Arbeit verzierte Sparren gebildet werden. Das Innere dieses Ornaments bildet ein viereckiger Rahmen mit einem, wie es scheint barbarischen Versuche der Darstellung einer menschlichen Figur durch Ansetzen einer Art von Kopf, Armen und Beinen an einen unförmlich breiten Körper.

    Gefunden in Bayern. — Nationalmuseum in München.

„ 2. Gehänge mit einer Zierplatte in durchbrochener Arbeit. Das Ornament in Gestalt einer krummlinigen Dreispitze oder zweier ineinander gezogenen S, sowie die leider grossentheils abgebrochenen, am untern Rande angesetzten Verzierungen gehören in den Bereich jenes eigenthümlichen halbbarbarischen Geschmacks, welcher auch bei andern in diesem Werke dargestellten Gegenständen bemerkbar erscheint und hervorgehoben wurde. Nº 1, 4 und 5 dieser Tafel sind ebenfalls demselben beizuzählen, wie Manches auf der 2. und 3. Tafel des IV. Heftes und der Beilage zum VIII. Hefte des II. Bandes.

    Fundort ungenannt. — Museum zu Wiesbaden.

„ 3. Trense. Die zwei ineinander hängenden Stangenglieder, welche das Gebiss bilden, sind mit dem Zügelringe schon im Gusse zusammenhängend hergestellt und nicht erst nach einem Verschlusse durch Vernietung oder Löthung offener Stellen mit demselben verbunden; ganz wie die Ringe der vorigen Tafel.

    Gefunden in einem Grabhügel bei Griesbach. — Sammlung des historischen Vereins zu Landshut.

„ 4. Eisennagel mit breitem viereckigen Knopfe aus Erz, dessen barbarische Ornamente nach den Aussenseiten hin den rohen Versuch einer Darstellung von menschlichen Köpfen zeigen.

    Gefunden in der Erms, Königreich Würtemberg. — Sammlung Sr. Durchlaucht des Herzogs Wilhelm auf Schloss Lichtenstein.

„ 5. Erznagel mit Spiralornamenten an seinem runden Knopfe. Fundort ungenannt. — Museum zu Hannover.

Römische Hängeverzierungen

und Riemenbeschläge.

N° 1. Hängeverzierung, Erz. An einem Kettchen ein kleines Medaillon mit der Büste eines Kaisers, welchem noch ein weiteres Erzplättchen mit ausgeschnittenen Ornamenten eingehängt ist. Gefunden bei Gnotzheim unweit Gunzenhausen. — Sammlung des Herrn Obrist von Gemming in Nürnberg.

„ 2. Vordere und Rückseite der Erzbeschläge eines jener Riemen, welche bei der Ausrüstung eines römischen Soldaten die schurzartige Bedeckung des Unterleibes bildeten. Siehe I. Band, Heft IV, Taf. 6, N° 2; Heft VIII, Taf. 6, N° 1 u. 2; Heft IX, Taf. 4, N° 1; Heft X, Taf. 5, N° 1. — Gefunden in dem römischen Pfahlbau am Dimeser Ort bei Mainz. Im Privatbesitze daselbst.

„ 3. Unteres Beschläge eines solchen Riemens. Erz. Gefunden in der Umgegend von Mainz. — Museum zu Mainz.

„ 4. Hängeverzierung, Erz. Medaillon mit der Büste eines römischen Kaisers mit eingehängtem Pensile in Gestalt einer lunula. — Museum zu Darmstadt.

„ 5. Scheibenförmiges Beschläg mit eingehängter lunula. Erz mit Email verziert. An der Scheibe zeigt das innere kreisförmige Feld 4 rothe und 4 blaue Abtheilungen, das äussere 6 rothe und 6 grüne. In der mondförmigen Verzierung finden sich 5 rothe Kreise mit gelbem Centrum, in ebenso vielen viereckigen hellgrünen Feldern. Fundort ungenannt, Rheinland. — Museum zu Wiesbaden.

„ 6. Hängeverzierung von dem andern Beschläge eines Riemens wie N° 3.

„ 7. Ebensolches Beschläge mit Darstellung einer, den phallischen Symbolen entsprechenden Art von Amulet, welches sich mehrfach auf Geräthen römischer Zeit findet. Gefunden am Dimeser Ort bei Mainz. — Privatbesitz daselbst.

„ 8. Hängeverzierung von der Art wie die obigen. Gefunden in Rheinhessen. — Museum zu Darmstadt.

„ 9. Ebensolche aus der Umgend von Mainz. — Museum zu Mainz.

Trensen und Sporen

aus fränkischen und alamannischen Gräbern.

N° 1. Vollständige Trense aus Eisen. Dieselbe lag bei den bereits früher (I. Band, V. Heft, Tafel 7, N° 2 u. 7) abgebildeten Beschlägen aus vergoldetem Erz, von welchen N° 2 mit einer durch Niello und farbige Glaseinlagen verzierten Silberplatte belegt ist. Diese in zwei Stücken gefundenen kostbaren Beschläge, sowie die mit Schlangenornamenten verzierten vergoldeten Erzbeschläge N° 7 sind seitdem durch analoge Funde als Verzierungen des Sattelzeugs nachgewiesen. Aus einem fränkischen Grabe bei Heidesheim unweit Mainz. — Museum zu Mainz.

„　2. Sporn. Silber. Der kleine eiserne Stachel ist verrostet und ausgefallen. Die geperlte Umrandung der Nietnägel für die Befestigung der Riemen an den Mundstücken des Bugels, besteht aus Gold. Aus alamannischen Gräbern in Würtemberg. — Museum zu Stuttgart.

„　3 u. 4. Schnällchen und Riemenzeug, Silber, zu N° 2 gehörend. Ebendaher. — Ebendaselbst.

„　5. Trense aus Eisen aus den Todtenbäumen von Oberflacht. — Sammlung des Alterthumsvereins zu Stuttgart.

„　6. Sporn, Eisen mit Messing tauschirt. Aus den Gräbern bei Mommenheim (Rheinhessen). — Museum zu Mainz.

„　7. Sporn, Eisen, aus den fränkischen Gräbern bei Osthofen (Rheinhessen). — Museum zu Mainz.

„　8. Römischer Sporn, Eisen, aus den fränkischen Gräbern bei Oberolm (Rheinhessen). Museum zu Mainz.

„　9. Trense, Eisen, aus den fränkischen Gräbern von Selzen. — Museum zu Mainz.

„　10. Riemenzunge, Eisen mit Messing tauschirt. Gefunden bei dem Sporn N° 6. — Museum zu Mainz.

Schmuckgeräthe

aus fränkischen und alamannischen Gräbern.

N° 1. Halsschmuck, Gold. Vier kleine hohle Cylinder, an den Rändern mit geperlten Bändern und der Länge nach mit vier auf die Kante gestellten wellenförmigen Streifen verziert. Zwei mit Filigranornamenten bedeckte gehenkelte Zierscheibchen. Zwei berlockenförmige Anhenker, mit rothem Glasflusse besetzt, und eine syrische Granate in gehenkelter Goldfassung. Aus einem Frauengrabe des alamannischen Friedhofes bei Wurmlingen, Oberamts Tuttlingen (Würtemberg). — Museum zu Stuttgart.

„ 2. Kleine scheibenförmige Fibula von vergoldetem Silber mit einem rothen, in Silber gefassten Glasfluss in ihrer Mitte. Ebendaher. — Ebendaselbst.

„ 3. Scheibenförmige Fibula aus vergoldetem Silber, mit 5 rothen Glaseinlagen besetzt. Ebendaher. — Ebendaselbst.

„ 4. Scheibenförmige Fibula. Die Oberfläche aus Goldblech, reich mit Filigran und Einlagen von Edelstein und farbigem Glase verziert, ist mit silbernen Heftnägeln auf eine Unterlage von Erz befestigt. Die Mitte des vorspringenden Knaufes bildet ein runder Amethyst; die nach vertikaler und horizontaler Richtung zunächst stehenden Einlagen sind von rothem, die halbmondförmigen über Eck stehenden aus grünem und weissem Glase. Auf der Platte selbst in dem äussern Ringe sind die grossen, senkrecht und wagrecht zu dem Mittelpunkte stehenden Einsätze runde blaue Glasperlen; die herzförmigen der untern Hälfte sind von grünem und jene der obern Hälfte aus rothem Glase gebildet. Zwischen den bogenförmig gelegten Fäden des Filigrans befinden sich die silbernen Heftnägel nahe an dem starken gewundenen Golddrahte, welcher den Rand des Ganzen bildet. Aus den fränkischen Gräbern bei Alsheim. — Museum zu Mainz.

„ 5. Fibula, Erz, in Form eines Kreuzes, auf dessen vertikalem Arme oben ein Vogel (Taube?) sitzt. Gefunden in Bayern. — Nationalmuseum zu München.

„ 6. Anhenker von Erz in Gestalt eines Kreuzes. Aus den fränkischen Gräbern bei Albig (Rheinhessen). — Museum zu Mainz.

„ 7. Spangenförmige Gewandnadel. Vergoldetes Silber mit rothem Glase besetzt. Aus den Gräbern bei Wurmlingen. — Museum zu Stuttgart.

„ 8. Ohrring, Erz, mit eingehängtem Würfel aus Erz, an welchem die Ecken abgekantet und die Flächen mit concentrischem Kreisornamente verziert sind. Aus den fränkischen Gräbern von Worrstadt (Rheinhessen). — Museum zu Mainz.

„ 9. Ebensolcher. Der gleichartige Würfel hat runde Einlagen von rothem Glase. — Museum zu Wiesbaden.

„ 10. Ebensolcher mit einem Gehänge von einem grösseren dreieckigen, mit Punktreihen verzierten Erzbleche, welchem drei kleinere herzförmige mit Ringchen angehängt sind. Aus fränkischen Gräbern bei Wiesbaden. — Museum zu Wiesbaden.

„ 11. Ebensolcher aus einem Drahtringe von Erz, dessen Enden zusammengeflochten sind und welchem ein kleinerer derselben Art mit einem trapezförmigen, durch halbmondförmige Zierrathen und Punkte ornamentirten Erzblech eingehängt ist. Aus einem Grabe in Wiesbaden. — Museum zu Wiesbaden.

„ 12. Ebensolcher aus einem gleichartigen Drahte mit eingehängter Bernsteinscheibe. — Museum zu Wiesbaden.

„ 13. Haarnadel, Gold. Der Knopf reich mit Filigranornamenten und Einsätzen rothen Glases verziert. Aus den fränkischen Gräbern bei Andernach. — Im Privatbesitze daselbst.

„ 14. Ebensolche, Silber. Die Ränder des flachen Knopfes sind vergoldet, die ovale Scheibe desselben mit 9 Niellostreifen verziert, welche querlaufende geschwungene Linien mit einem Ringchen in der Mitte bilden und sich bei abnehmender Breite des Raumes oben und unten in einfache, theils aufwärts, theils abwärts gerichtete Winkelspitzen verkürzen. Aus den fränkischen Gräbern bei Neuhofen in der bayerischen Pfalz. — Sammlung des Mannheimer Alterthums-Vereins.

Bronzen mit Spiralornamenten.

N° 1. Fragment einer Gürtelkette. Die einzelnen Glieder bestehen aus starkem Erzdraht, welcher zu drei Schlingen zusammengeflochten und an seinen beiden Enden in Spirale aufgerollt ist. Ihre Verbindung unter sich ist durch kleine in die Schlingen gehängte Erzringe hergestellt. — Aus einem etruskischen Grabe. — Mahlersche Sammlung in dem Grossherzogl. Museum zu Carlsruhe.

„ 2. Fibula aus zwei kreuzförmig gelegten Stücken Bronzedraht, deren Enden in Spirale aufgerollt sind. Bei dem einen Stücke ist in dem Centrum der obern Rolle die Nadelspange festgeniethet und in dem Mittelpunkte der untern Spirale die Spitze des Drahts nach Innen zu einem Haken für die Aufnahme der Nadel ausgebogen.

Auf dem Kreuzungspunkte der beiden Drähte war allem Anscheine nach zur Deckung der offenen Stellen, auf der Vorderseite eine runde Bronzescheibe festgeniethet, wie bei jener gleichartigen Fibula, welche wir Band I, Heft IX, Tafel 2 unter N° 8 und 9 aus einem Funde bei Constanz (Sammlung des Baron v. Donstetten) abgebildet haben. — Die vorliegende stammt aus einem etruskischen Grabe und befindet sich in der Mahler'schen Sammlung des Museums zu Carlsruhe.

„ 3. Starker Bronzedraht zu einer Schlinge zusammengebogen, an den Enden in zwei Spirale aufgerollt. Eine Form, welche häufig in den Grabfunden Deutschlands wiederkehrt. Das vorliegende Stück lag mit noch 9 andern zusammen, welche je 5 gleiche Paare in aufsteigendem Grössenverhältniss ergaben. Sie sind Bestandtheile eines Fundes, welcher zugleich 50 hohle Buckelknöpfe aus Bronzeblech mit Löchern zum Aufheften, 4 Bronzenadeln (unter welchen zwei gleiche) und 8 Erzringe (unter welchen zwei Paare von gleicher Form) zu Tage brachte. Umgegend von Kreuznach. — Museum zu Mainz.

„ 4. Fibula von einer Form, welche bisher vorzugsweise nur durch niedersächsische Funde repräsentirt erschien. Sie hat die nächste Verwandtschaft mit N° 3, Tafel 6, Heft III des ersten Bandes. Dort wie hier fehlt die an dem Bügel eingehängte Heftnadel. — Gefunden in Bayern. — Museum zu Mainz.

Altitalische Bronzen,

gefunden diesseits der Alpen.

N° 1. Fibula, Erz. Der Bügel ist mit querliegenden Rippen verziert und nach einer Seite in ein Gewinde aufgerollt, von welchem die Nadel ausläuft; nach der andern ist er zur Aufnahme der Nadel umgebogen und endet in eine Spirale, wie die Spange von Perugia, Band 1, Heft VII, Tafel 3, N° 7. — Gefunden in Hessen. — Museum zu Darmstadt.

„ 2. Fibula von starkem runden Bronzedraht, dessen eines Ende die Nadel bildet, während das andere zur Aufnahme derselben einfach umgebogen ist. — Gefunden in Frankreich. — Musée du Louvre zu Paris.

„ 3. Fibula ähnlicher Bildung. — Gefunden in Hannover. — Museum zu Hannover.

„ 4. Fibula mit einfachem Bügel, der oben in ein Gewinde für die Bildung der Nadel, nach unten in einen scheidenförmigen Umschlag zur Aufnahme der Nadelspitze ausläuft. — Gefunden bei Oehringen, Württemberg. — Museum zu Stuttgart.

„ 5. Fibula. Der Bügel besteht aus einer dünnen, flachen, fein gerippten, dreimal zusammengeschlungenen Spange, welche an der Stelle, wo sie in die Nadel ausläuft, mit einem gerippten Knopfe verziert ist. Ein ähnlicher Knopf bildet den untern Abschluss der Scheide für die Nadelspitze.

Gleichartige und nächstverwandte Formen finden sich in den Grabhügeln des obern Maingebietes (Museum zu Bamberg); sie reichen an den Mittelrhein (Museum zu Mainz) und bis tief nach Hessen (Sammlung des Fürsten von Solms zu Braunfels). Sie bilden zugleich einen charakteristischen Bestandtheil der Hallstätter Bronzefibeln und sind in der Fürstl. Hohenzollern'schen Sammlung zu Sigmaringen aus Funden diesseits wie jenseits der Alpen vertreten.

Das vorliegende Stück stammt aus einem Grabhügel in Württemberg und befindet sich in der Sammlung des Herrn Obermedicinalrath Dr. Hölder in Stuttgart.

„ 6. Behelmter weiblicher Kopf, Bruchstück einer Bronzestatue archaischen Styls. — Gefunden bei Oehringen. — Museum zu Stuttgart.

„ 7. Fibula, Bronze, aus dreikantigem Bronzedraht gebildet. Die 12 querliegenden Windungen, in welche derselbe nach gradlaufender Richtung zusammengebogen ist, endigen auf beiden Seiten in zwei Ringen, von welchen ab der Draht flach ausgehämmert und in Spirale aufgerollt ist.

In einem der zwei Ringbogen ist die Heftnadel eingehängt und in dem andern wird sie zur Befestigung eingeschoben.

Ein Fragment derselben Form, nur von geringerer Grösse, besitzt auch das Museum zu Mainz. — Gefunden ist N° 7 in Hessen und befindet sich im Cabinet Sr. Königl. Hoheit des Grossherzogs.

Dolch.

Erz.

N° 1. u. 2. Aegyptische Dolche aus Erz mit bemerkenswerther Griffbildung. Das Heft von Holz wird von übergreifenden, mit der Klinge zusammenhängenden metallenen Randleisten umfasst, welche wie die Schaftlappen bei manchen Arten der Bronze-celte geformt sind. — Musée du Louvre zu Paris.

" 3. Fragment einer Statuette aus Elfenbein. Männliche Figur in einem langen um die Hüfte gegürteten Rock. Kopf und Füsse fehlen wie die angesetzten Unterarme. Im Gürtel steckt ein Dolch von ungewöhnlich breiter Klinge, die einzige bis jetzt aufgefundene alte Darstellung dieser seltenen Waffenform, von welcher wir in Band I, Heft III, Taf. 4, Heft VI, Taf. 2 und Heft IX, Taf. 2 Abbildungen gegeben haben, welche im Verein mit der betreffenden Nummer der vorliegenden Tafel nahezu den ganzen Bereich der Funde diesseits der Alpen, mit Ausnahme der in England zu Tage gekommenen, erschöpfen.

Die Statuette befindet sich unter den Alterthümern von Ninive im Musée du Louvre und wurde dort im Jahre 1861 mit kaiserlicher Erlaubniss für das Römisch-germanische Museum abgeformt.

" 4. Dolch, Erz. Gefunden bei Malchin, in Meklenburg. — Museum zu Schwerin.

" 5. Dolch, Erz. Gefunden ebendaselbst. — Ebendaselbst.

" 6. Dolch, Erz. Gefunden bei Stubbendorf in Mecklenburg. — Ebendaselbst.

" 7. Dolchklinge mit drei Nieten. Gefunden in Irland. — Museum zu Zürich.

" 8. Grosse Dolchklinge mit zwei Nieten. — Gefunden bei der Ausgrabung des römischen Castels Salburg bei Homburg. — Museum zu Darmstadt.

Der immerhin auffallende Fundort dieser alterthümlichen Waffenform lässt die Thatsache eines gleichen Fundes einer Schwertklinge aus Erz, N° 14, Tafel 3, Heft III des ersten Bandes, in den römischen Gebäuderesten oberhalb des Dorfes Weisenau bei Mainz nicht mehr als vereinzelt erscheinen.

" 9. Dolchklinge von Erz mit zwei Nieten aus dem Bronzefunde von Neunheiligen bei Langensalza, Regierungsbezirk Erfurt. — Sammlung des Herrn Oberbibliothekar Gust. Klemm zu Dresden.

" 10. Kleinste Dolchklinge mit vier Nieten. — Fundort Rheinhessen. — Sammlung des Herrn Postmeister Wimmer in Alzey.

Kämme und Haarnadeln.

Bein und Holz.

Aus römischen Niederlassungen.

N° 1. Schmaler Kamm aus Knochen. Die langen Zähne sind mit einem feinen Instrumente eingeschnitten. — Fundort unbenannt. — Museum zu Schwerin.

„ 2. Ebensolcher mit eingeschnittenem rohem Zickzackornament. — Gefunden unter römischem Bauschutt im Kästrich zu Mainz, jetzt im Britischen Museum zu London.

„ 3. Ebensolcher, gefunden mit römischen Geräthen bei einem römischen Kanalbau innerhalb der Stadt Mainz. — Im Besitze des Herrn Oberbaudirector Arnold zu Darmstadt.

       Von gleichartigen Kämmen befindet sich einer aus Rheinhessen im Kabinet Sr. Königl. Hoheit des Grossherzogs von Hessen, und einen andern, welcher zu Würzburg innerhalb der Stadt bei Erdarbeiten gefunden wurde, besitzt die Sammlung des historischen Vereins daselbst.

„ 4. Oberer Theil einer Haarnadel aus Bein in Gestalt einer Hand. — Gefunden bei Erdarbeiten innerhalb der Stadt Mainz. — Museum zu Mainz.

„ 5. Ebensolcher. — Ebendaher. — Ebendaselbst.

„ 6. Ebensolcher. — Gefunden im Kästrich zu Mainz. — Ebendaselbst.

„ 7. Ebensolcher. — Ebendaher. — Ebendaselbst.

„ 8. Bruchstück eines Kammes aus Holz, gefunden mit Holzstücken, welche für die Herstellung solcher Kämme vorgearbeitet waren. — Aus dem römischen Pfahlbau beim Dimeser Ort. — Privatbesitz in Mainz.

„ 9. Oberer Theil einer Haarnadel aus Bein. — Gefunden bei Erdarbeiten innerhalb der Stadt Mainz. — Museum zu Mainz.

„ 10, 11 u. 12. Ebensolcher. — Ebendaher. — Ebendaselbst.

„ 13. Ebensolcher, halbverbrannt. — Gefunden in einer römischen Graburne in der Umgegend von Mainz. — Museum zu Mainz.

„ 14. Ebensolcher, gefunden in Heddernheim. — Privatbesitz zu Mainz.

„ 15. Ebensolcher, gefunden in Mainz. — Museum zu Mainz.

Beschläge von Schwertscheiden.

Silber und Erz.

Aus fränkischen und alamannischen Gräbern.

N⁰ 1. Ortband einer Spatha. Erz. — Aus einem fränkischen Grabe bei Kostheim, unweit Mainz. — Museum zu Mainz.

„ 2. Bruchstück eines Sax mit Resten der Lederscheide und einem Ortbeschläge aus Erz. — Aus den alamannischen Gräbern bei Kirchheim, Württemberg. — Museum zu Stuttgart.

„ 3. Scheidebeschläg. Erz. — Aus einem Todtenbaume der Gräber am Lupfen bei Oberflacht. — Sammlung des Württembergischen Alterthumsvereins.

„ 4. Ortband einer Spatha; den untern Knopf bildet ein phantastisch gestalteter Thierkopf. Silber mit Vergoldung an der obern Streifung des Ortbandes und an dem Thierkopfe.

„ 4ᵇ Seitenansicht des letztern. — Aus den alamannischen Gräbern bei Pfullingen. — Sammlung des Herrn Obermedicinalrath Dr. Hölder zu Stuttgart.

„ 5. Beschläg eines Sax. Erz. — Aus den Gräbern von Pfronstetten, Württemberg. — Museum zu Stuttgart.

„ 6. Ebensolches. — Museum zu Tübingen.

Schaustücke und Geräthe.

Aus fränkischen und alamannischen Gräbern.

N° 1. Scheibenförmige reichverzierte Fibula. Gold mit Einlagen von braunrothen Pasten. Aus den Gräbern von Bopfingen. — Sammlung des württembergischen Alterthumsvereins zu Stuttgart.

„ 2. u. 3. Vordere und Rückseite eines kleinen Seihlöffels von Silber. — Aus den Gräbern von Pfullingen. Sammlung Sr. Durchlaucht des Herzogs Wilhelm auf Schloss Lichtenstein.

„ 4. Spangenförmige reichverzierte Fibula. Die inneren Felder und die phantastischen Thierhäupter am Rande sind vergoldet, die einfassenden Leisten und Bänder mit Niello verziert. Der Bügel und die untere Platte sind mit Granaten oder rothen Glasperlen besetzt; die beiden Ecken der obern Platte und der unterste Knopf haben blaue Glaseinsätze. — Aus den Gräbern von Nordendorf. — Museum zu Darmstadt.

„ 5. Verzierter Schlüssel. Erz. — Aus den Gräbern von Nordendorf. — Baierisches Nationalmuseum zu München.

„ 6. Ebensolcher aus den Gräbern bei Wärmlingen. — Museum zu Stuttgart.

„ 7. Obere Platte einer scheibenförmigen Fibula. Erzblech mit getriebenen Verzierungen. Aus den alamannischen Gräbern bei Ulm. — Sammlung des Vereins für Kunst und Alterthum in Ulm.

Gussformen für Bronzegeräthe.

N° 1 a. u. c. Ansicht der Breitseiten zweier Steintafeln, welche zu Gussformen für zwei
Messer und einige kleinere Gegenstände bearbeitet sind.

Die Seite a. zeigt eine Messerform, deren Griff der Länge nach gerippt und
in der Mitte etwas schmäler, nach oben und unten weiter ausgebogen ist. Oben
befindet sich ein kleiner Ring und vor der Klinge ein quergeripptes Band. Die
Schneide der Klinge ist leicht einwärts gekrümmt, während der Rücken, stark
nach aussen gewölbt, sich nach der Spitze zu einsenkt und dort sich mit derselben wieder etwas aufwärts hebt. Bis über die Mitte hinaus läuft eine doppelte
Rippe neben dem Rücken her.

Die Seite c. zeigt ein Messer von gleichgeformter, etwas schmälerer Klinge,
aber mit ganz verschiedenem Griff. Dieser besteht aus zwei getrennten Spangen,
welche durch gerippte Bänder unter dem Knopfe und über der Klinge zusammengehalten, in der Mitte des Griffs den grössten Zwischenraum bieten, so dass
derselbe, wo er bei a. am schmalsten ist, hier am breitesten erscheint. Der
Knopf besteht aus einer viereckigen Platte, an welcher ein kleiner Ring zum
Anhängen des Geräthes bestimmt war.

Neben der Klinge ist die Form für den Guss eines kleinen, halbrunden,
halbflachen Metallstabs angebracht, und ausserdem ist noch der Raum für die
Form zu einem kleinen Ringe benützt.

Der Einguss für die beiden Messer findet sich an der Spitze der Klinge.
Bei c. wie bei a. zeigen sich an entsprechenden Stellen der Steinplatten durch-
gehende Löcher, welche zur Verbindung der beiden Theile während des Gusses
dienten.

Die Seite b. zeigt die Nebenansicht der beiden aufeinander liegenden Platten,
an deren Schmalseite noch eine vertiefte Rinne ohne erkennbaren Zweck sichtbar ist.

Die Steinart, aus welcher beide Tafeln bestehen, ist ein unter den Ge-
schieben der norddeutschen Ebene sehr seltener, glimmerartiger Thonschiefer,
der leicht zu bearbeiten und so weich ist, dass er mit dem Nagel geritzt werden
kann. Es ist wohl mit Sicherheit anzunehmen, dass die Platten vielleicht schon
mit den eingegrabenen Formen aus einem der Länder, in welchem ihre Steinart ansteht, also entweder von Süden aus Sachsen her, oder von Westen aus
Thüringen, Belgien etc. nach der Mark eingebracht wurden. Welchen Werth
man denselben beilegte, ergibt sich daraus, dass die beiden, offenbar durch
starken Gebrauch zerbrochenen Stücke mit Klammern aus Bronze wieder zu-
sammengeheftet sind.

Gefunden auf einer Anhöhe bei dem Schermützelsee unweit Bukow, eine
Meile von Müncheberg (Mark Brandenburg). — Sammlung des Vereins für Hei-
mathskunde in Müncheberg.

„ 2 a. u. b. Ansicht der beiden Breitseiten zweier Steintafeln mit Gussformen für zwei
Messer und einen Meissel.

Auf der Seite a. die Form für eine leicht gekrümmte Messerklinge mit gradem
Dorn für den Griff. Einguss auf der Seite des Dorns. Neben demselben die
Form für einen Meissel, bei dessen Guss aber die beiden Platten verschoben

werden mussten, dass die eine über die andere vorragte. Bei N° 4648 ist deshalb auch die Rinne des Eingusses verlängert. In dieser Vertiefung ist ein Loch eingebohrt, welches wahrscheinlich zur Befestigung des Kernstücks für die Schafthülse des Meissels diente.

  Die Seite b. zeigt die Form einer ähnlichen, leicht gekrümmten Messerklinge. Einguss an der Spitze derselben.

  c. Nebenansicht der beiden Platten, auf welcher ebenfalls wie bei N° 1 eine vertiefte Rinne erscheint.

  Fundort und Aufbewahrungsort wie N° 1. — Die Arbeit ist in härterem Stein nicht mit gleicher Sorgfalt wie bei N° 1 ausgeführt. Derselbe Fund brachte noch eine fünfte Steinplatte zu Tage mit der Form einer gerippten Sichelklinge ohne Griff, nur mit einer knopfartigen Verstärkung an dem untern Ende.

N° 3. a. Innere Ansicht einer Gussform aus Erz für einen Meissel (Palstab).
  b. Nebenansicht dieser Form.
  c. Aeussere Ansicht.
  Gefunden in der Feldmark Haassel, Amt Medingen (Hannover). — Museum zu Hannover.

N° 4. Aehnliche Form aus Erz für einen Meissel.
  a. Innere Ansicht.
  b. Nebenansicht.
  c. Aeussere Ansicht.
  Gefunden bei Lindenstruth, Amt Grünberg (Hessen). — Museum zu Darmstadt.

N° 5. a. — e. Steinform für den Guss von zwei Lanzenspitzen, eines Meissels und einer kegelförmigen Spitze. Der Stein in Gestalt eines Langwürfels zeigt auf jeder seiner Seitenflächen eine der Formen für die genannten Gegenstände, und bedurfte für die Ausführung des Gusses noch eines entsprechenden Gegenstückes, in welchem die erforderliche andere Hälfte der Formen eingegraben war.
  Fundort Insel Anglesea. — Britisches Museum zu London.

<hr style="width:20%">

  Unter diesen Gussformen zeigen jene aus Erz (N° 3 u. 4) ganz denselben technischen Charakter, wie gleichartige in Italien gefundene, z. B. die bronzene Gussform für einen Schwertgriff, die wir aus der königl. vereinigten Sammlung zu München (I. Band, Heft 1, Tafel 2, N° 10, 11 und 12) abgebildet haben.

  Dagegen gewähren die in Stein ausgeführten Formen, welche am ersten als Erzeugnisse einheimischer Industrie betrachtet werden können, eine klare Vorstellung von dem Abstande dieser mühevollen Nachahmungen von ihren Vorbildern, den gleichartigen Messern und Lanzen etc., welche in vortrefflicher Ausführung und fein durchgebildeter Gestaltung unter den nordischen Funden vorliegen. Ein vergleichender Blick auf die britische Steinform (N° 4) der Lanzenspitzen, und anderseits auf die geschmackvolle Formbildung der Bronzelanzen überhaupt, lässt die rohe Auffassung und mangelhafte Ausführung dieser Copien, sowohl in der Unregelmässigkeit der ringförmigen Ansätze an der Schafthülse, als vielmehr noch in dem plumpen und unschönen Verhältniss der letzteren zu der Spitze selbst erkennen. Auch die weit überwiegende Menge trefflich stylisirter und gearbeiteter Waffen und Werkzeuge, gegenüber jenen, die eine rohere und ungeschicktere Ausführung zeigen, gibt eine sichere Andeutung über das Verhältniss der einheimischen Versuche für Herstellung dieser Geräthe, zu dem Umfang ihres Imports aus den alten Culturländern her.

<hr style="width:20%">

Durchbrochene Arbeiten.

Erz.

N° 1. a. und b. Obere Ansicht und Profil einer flachkonischen Scheibe aus Erzblech. Der mittlere Theil ist ausgebrochen und lässt es ungewiss, ob hier auf der Aussenseite ein Knopf als Handhabe, oder auf der Innenseite ein Ring oder eine Oese zur Befestigung an einen andern Gegenstand vorhanden war. Die reiche Verzierung in durchbrochener Arbeit ist mit Sicherheit und Geschick, wenn auch nicht mit ängstlicher Regelmässigkeit ausgeführt. In dem innersten Felde zeigen sich vier grössere Radornamente zwischen strahlenförmig nach der Mitte laufenden Streifen, welche mit dem sogenannten Tremolirstich verziert sind und in eigenthümlicher Weise durch hakenförmige Verbindungen zusammenhängen. Die Form der letzteren ist offenbar aus einem einfachen, der Bronzetechnik sehr geläufigen Verzierungselement hervorgegangen, aus einem Streifen, welcher aus zwei Strichlagen gebildet wird, die von entgegengesetzter Richtung her in einem spitzen Winkel zusammentreffen, ein Motiv, dessen Benutzung für durchbrochene Arbeit sehr nahe lag. In gleicher Weise ist die Verbindung der inneren Abtheilung des Ornaments mit der äusseren ausgeführt, welche durch einen Kranz von 31 kleineren radförmigen Verzierungen gebildet ist und mit einem Streifen abschliesst, dessen innerer Raum durch zwei Reihen kräftig eingeschlagener Punkte markirt ist.

Fundort nicht näher bezeichnet, Süddeutschland. — Museum zu Mainz.

„ 2 a. u. b. Aeussere und innere Ansicht einer flachgewölbten Zierscheibe. Erz. Aussen ist ein runder Knopf auf einer radförmig ausgeschnittenen Platte befestigt. Das gravirte Ornament der Scheibe bildet ebenfalls ein Rad, dessen Felge und fünf Speichen mit einem Gitterwerk von Rauten verziert sind. Zwischen diesen Speichen zeigen sich fünf kleinere Radornamente, welche, wie alle Formen der Verzierung, mit einer punktirten Linie umgeben sind. Die innere Ansicht zeigt einen im Mittelpunkt der Scheibe angebrachten Ring zur Befestigung des Ganzen auf einen andern Gegenstand. Auch hier ist mit feinen eingeschlagenen Punkten ein Rad mit fünf Speichen angedeutet, dessen Rand mit einer Reihe von Dreiecken strahlenförmig besetzt ist. Zwanzig runde durchbrochene Stellen, in zwei Kreise geordnet, zeigen sich hier deutlicher als auf der Aussenseite, wo sie auch in der Darstellung zu klein und unbedeutend gerathen sind.

Fundort nicht näher bekannt. — Privatbesitz in Prag.

Durchbrochene Erzarbeit, welche unter den Denkmalen römischer Zeit ausserordentlich häufig erscheint, ist jedoch hier vorzugsweise in Gusswerk und Gegenständen von grösserer Metallstärke erhalten, während solche in Erzblech, wie z. B. an Fibeln und Beschlägen von Geräthen, begreiflicherweise leichter zerstörbar, auch verhältnissmässig weit seltener zu Tage kommt. Unter den Ueberresten der merovingischen Periode fehlt die ausgeschnittene

Blecharbeit durchaus und selbst das durchbrochene Zierwerk in Guss oder stärkerem Metall zeigt einen weit geringeren Umfang der Verwendung und einen beschränkteren Bereich auf bestimmte Geräthe.

Es erscheint deshalb beachtenswerth, dass eine ausgesprochene Vorliebe für durchbrochene Ornamente auf Gold- und Erzblech oder dünnen Erzplatten in einer Reihe alterthümlicher Fundstücke zu Tage tritt, welche ihrem Stylcharakter nach offenbar nicht der römischen Kaiserzeit oder gar einer späteren Periode zugetheilt werden können. Wir verweisen auf die Reste eigenthümlicher durchbrochener Verzierungen an der Dolchscheide und auf die besser erhaltenen des Rings von Weisskirchen (II. Bd., Heft 8, Tafel 3), auf die Ornamente des Gürtelhakens von Nierstein (II. Bd., Heft 4, Tafel 2), auf jene des Besseringer Grabhügels N° 13 und 15 der Tafel »Verzierungen« (Beilage zu Heft 8, Bd. II) und des Dreifusses von Dürkheim derselben Tafel, N° 11, wie auf die Goldornamente des Grabhügels von Schwarzenbach, derselben Tafel N° 1 und 3.

Zeigen die vorliegend abgebildeten Scheiben auch nicht einen zutreffend gleichartigen Verzierungscharakter, dagegen eher in dem Vorherrschen des Radornaments eine genauere Beziehung zu den räto-etruskischen Bronzen der Alpenländer, so sind es doch bestimmte Einzelheiten der Technik, welche sie auch jenen Grabhügelfunden des Rheinlandes wenigstens zeitlich nahe bringen. Nicht allein die punktirte Linie, welche den gravirten oder ausgeschnittenen Contur begleitet, ist es, und der Tremolirstich, der freilich auch den Römern noch geläufig war, aber auch den unzweifelhaften Erzeugnissen etruskischer Erzkunst eigenthümlich und für die Verzierungen der Hallstätter Bronzen häufig verwendet ist. Es ist mehr als dieses, es ist das aus dem Ganzen wie dem Einzelnen hervortretende Zeugniss einer äusserst gewandten, leicht producirenden, durch vollkommen ausgebildete Werkzeuge geförderten Technik, welche diese Geräthe in ihrer Gesammtheit nicht als Produkte vereinzelter Arbeiter, sondern als Fabrikwaare verschiedener grosser Centralpunkte der alten Industrie erscheinen lässt, und zwar zu einer Zeit, in welcher der Geschmack des römischen Kaiserreiches noch nicht der herrschende geworden war.

Römische Fibulae.

N° 1. Fibula, Erz. An die querliegende Hülse, in welcher die aufgerollte Feder der
Nadel ruht, schliesst sich der gerippte Bügel, offenbar nur zur Zierde, da er
hier nicht, wie bei den meisten andern Arten der Fibula, zur Aufnahme der
Gewandfalte dienen kann, indem die Rückseite des Geräthes eine vollkommen
ebene Fläche bildet. Ebenso wenig ist ein bestimmter Zweck für den Stift erkennbar, welcher hinter dem Bügel durchläuft und mit seinen Schlussknöpfen an
beiden Seiten hervorragt. Der Bügel sitzt auf einer runden Platte, über welche
sich ein hohler, stark erhobener kreisrunder Wulst erhebt, der in durchbrochener Arbeit verziert ist. Auf dem innern Theil der Platte zeigt sich in einem
Halbkreisbogen eine Reihe nicht bestimmbarer Buchstaben, der Name des Ver-
fertigers oder Besitzers? An dieses scheibenförmige Mittelstück der Fibula schliesst
sich ihr unterer Theil, auf dessen Rückseite der Haken zur Aufnahme der Nadel
befestigt ist. Dieser untere Fortsatz ist genau wie der Bügel gerippt und gewährt
den Anschein einer direkten Verbindung mit demselben, als bildeten beide zusammen eine Spange, welche durch die runde Metallplatte geschoben und von
derselben theilweise bedeckt sei. In der That aber sind Bügel und der untere
Fortsatz vollkommen isolirt. — Fundort ungenannt. — Museum zu Darmstadt.

„ 2. Ebensolche. Der mittlere Theil besteht aus einer viereckigen Platte mit einem entsprechend geformten Wulst, der mit spitzen und runden Bogen in durchbrochener
Arbeit verziert ist. — Fundort Umgegend von Mainz. — Museum zu Mainz.

„ 3. Ebensolche. Im Ganzen wie N° 2, nur mit der seltenen Eigenthümlichkeit, dass
der Bügel aus der Figur eines springenden Löwen gebildet ist. — Fundort ungenannt. — Museum zu Darmstadt.

„ 4. Ebensolche wie N° 1, von seltener Grösse, aus einem römischen Grabe bei Monsheim. — Museum zu Mainz.

„ 5. Ebensolche mit anderer Gestaltung des durchbrochenen Ornaments. — Umgegend
von Mainz. — Museum zu Mainz.

„ 6. Ebensolche ohne Bügel. Der mittlere Theil bildet eine schildförmige, flach erhabene
Buckel; der untere Theil ist mit der Figur eines Delphins verziert. — Fundort
Kleinwinternheim, Rheinhessen. — Museum zu Mainz.

„ 7. Ebensolche mit einer flachen Scheibe, die mit concentrischen Kreisen verziert ist. —
Aus einem römischen Grabe bei Bechtheim, Rheinhessen. — Museum zu Mainz.

„ 8. Ebensolche ohne Bügel; die mittlere Scheibe ist in Form einer Rosette in durchbrochener Arbeit verziert. — Umgegend von Mainz. — Museum zu Mainz.

„ 9. Ebensolche wie N° 2. Aus dem Pfahlbau am Dimesser Ort unterhalb Mainz. —
Privatbesitz zu Mainz.

Bei Abbildung dieser Gewandnadeln folgten wir der nun einmal allgemein üblichen
Art der Darstellung, welche von der Ansicht ausgeht, dass jene Stelle der Fibula, an
welcher sich die aufgerollte Feder der Nadel befindet, als der obere Theil der Nadel zu
betrachten sei. Dies ist jedoch keineswegs in der Sache selbst und dem etwa nur in dieser

Richtung möglichen Gebrauch des Geräthes begründet. Die Annahme ist nicht gerechtfertigt, dass bei einer umgekehrten Stellung der Fibula der alsdann abwärts gekehrte ungleich schwerere Theil mit der Nadelrolle die Spitze der Nadel aus dem Haken herausziehen, die Verbindung des Gewandes lösen und das Herabfallen der Fibula veranlassen müsste. Alles dieses ist schon deshalb nicht zu besorgen, weil die Nadel nicht, wie jene der modernen Broschen, einfach nur durch ein Scharnier bewegbar ist, sondern vermöge ihrer Federkraft, wenn sie einmal in den Haken eingeklemmt wurde, einen nach allen Seiten hin sicheren Halt gewährt. Dieser Umstand gestattet jeden Gebrauch der Nadel, so dass die Rolle der Feder beliebig nach oben oder nach unten gerichtet sein konnte. Für die letztere Stellung sprechen sogar die bestimmtesten Zeugnisse antiker Bildwerke, nicht allein das Halberstadter Diptychon, sondern auch Steinreliefs des Grazer und Bayerischen Nationalmuseums, welche wir später in Abbildung geben werden.

Gewiss wurden die verschiedenen Formen der Fibula auch in verschiedener Weise angeheftet. Von jenen, welche entweder ganz in Form von Thierfiguren gebildet sind (wie die auf Tafel 4 des siebenten Heftes dieses Bandes gegeben), oder figürliche Darstellungen haben, ist wohl mit Sicherheit anzunehmen, dass sie in einer Richtung gebraucht wurden, welche jene Darstellung erkennbar zeigte und diese konnte nur durch eine horizontale Befestigung der Nadel erreicht werden.

Ueber die Altersstellung der vorliegenden Form ist noch wenig Gewissheit erlangt; soviel ist immerhin zu beachten, dass die barbarische Gestaltung der Löwenfigur bei N° 3, wie die verhältnissmässige Rohheit der Töpferwaaren, welche bei N° 4 gefunden wurden, auf eine Spätzeit hinweisen, für welche auch der Umstand eine bestätigende Andeutung gewährt, dass in fränkischen Gräbern noch einzelne wohlerhaltene Exemplare dieser Gattung der römischen Fibula gefunden werden (das germanische Todtenlager bei Selzen, pag. 19).

Das Maass der abgebildeten Gegenstände beträgt $^2/_3$ der natürlichen Grösse und nicht $^1/_3$, wie irrthümlich auf der Tafel angegeben ist.

Schmuckringe.

Erz.

N° 1. Halsring, Erz. Der vordere Theil hat eine eigenthümliche Verzierung in durchbrochener Arbeit. Zwei Schwimmvögel halten mit ihren langen, aufwärts gebogenen Schnäbeln eine Scheibe, welche durch vier Bogen in fünf Felder getheilt
ist, welche Spuren einer frühern Ausfüllung mit einer farbigen Paste zeigen.
Nicht wohl zu verkennen bleibt es, dass Form und Technik dieses Ringes
ganz bestimmte Beziehungen ergeben, sowohl mit andern eigenthümlichen Metallarbeiten, welche im Rheinlande bei etruskischen Erzgefässen gefunden sind, als
auch mit vielen etruskischen Bronzen selbst. In Hinsicht der ersteren müssen
wir auf die punktirte Linie verweisen, welche dem äussern Contur der Formen
folgt, und auf die Andeutung jener emailartigen farbigen Einlagen. In Bezug
der letzteren ist es die radförmige Scheibe, vor allem aber die Verwendung und
Gestalt der Vögel, welche als ein ausschliessliches Merkmal etruskischer Metallarbeit zu betrachten sind, nicht allein unter den italischen Bronzen, sondern auch
unter allen übrigen Erzgeräthen der Funde diesseits der Alpen. Für die Untersuchung des Ursprungs und der Herkunft der alten Bronzegeräthe bleibt die
Beachtung solcher Einzelheiten, die Erkenntniss ihrer Beziehungen zu den Erzeugnissen der alten Culturvölker von nächster Wichtigkeit. Selbst für den Fall,
dass bessere Gründe als bisher gefunden würden, Gegenstände wie diesen Ring
für eine barbarische Imitation und nicht als Produkt altitalischer Industrie zu
betrachten, so müsste doch bei so speciellen Zeugnissen einer Uebereinstimmung
des Styls und der Ausführung italischer und barbarischer Metallarbeit die Ueberzeugung bestehen bleiben, dass die ältere Bronzetechnik in Gallien in gleicher
Weise eine importirte war, wie jene der gallo-römischen Zeit.
    Gefunden wurde dieser Ring auf dem gallischen Todtenfelde bei Catalauni,
Departement Marne. — Musée de St. Germain.

„ 2. Fragment eines Halsringes, Erz. Der mittlere Theil ist nach aussen hin mit bogenförmigen sich kreuzenden Rippen verziert. Von dem schalenförmigen Schlussknopfe läuft eine Reihe von sechs kleineren Knöpfen, welche durch drei grössere
in zwei Abtheilungen geschieden sind. — Fundort nicht genannt, Frankreich. —
Musée du Louvre.

„ 3. Reichverzierter Halsring, Erz. An drei Stellen, in der Mitte und den beiden
Seiten ein eigenthümliches, kräftig ausgeführtes Ornament. Die Schlussknöpfe
sind von kolossaler Grösse im Vergleich zu den drei andern ihnen angereihten
Knöpfen. — Fundgegend Departement des Vosges. — Musée de St. Germain.

„ 5. Armring, Erz, mit ähnlichem an drei Stellen vertheilten Ornament. — Fundgegend:
Departement Haute Marne. — Musée de St. Germain.

    Bereits in dem I. Bande dieses Werks, 6. Heft, Taf. 3, und in dem II. Bande, 5. Heft,
Tafel 1, 6. Heft, Tafel 2, N° 1, haben wir gleichartige Ringe abgebildet, halten aber
eine Vermehrung des Materials für die Beurtheilung ihrer Ornamentik deshalb für empfoh-

len, weil dieser eigenthümliche Verzierungsgeschmack, seit er in immer zahlreicheren und wichtigeren Denkmalen zu Tage tritt, die Aufmerksamkeit der Forschung in erhöhtem Maasse in Anspruch nimmt. Man hat sich seither vergeblich mit der Erklärung dieser Ornamentik abgemüht, welche sich nun einmal nicht in die herkömmliche zeitliche und nationelle Eintheilung der Alterthümer einschieben liess. Da sie weder griechischen noch römischen Charakter zeigt (der uns freilich nur für die Kaiserzeit in einer Aufschluss gebenden Fülle der Denkmale bekannt ist), so war man übereingekommen, sie für barbarisch oder noch in allgemeinerer Weise für orientalisch zu erklären. Andererseits ist man mit ihrer Zeitbestimmung bis zu den Normannen des 10. Jahrhunderts herabgestiegen (Ch. de Linas in seinem Werke: Armures des hommes du Nord, les Casques de Falaise et d'Amfreville, 1869), weil in dem Museum von Kopenhagen, welches in den Grabschätzen der alten Dänen die Handelswaare und Raubbeute des ganzen Welttheils zur Anschauung bietet, auch diese Verzierungsweise auf vereinzelten Schmuckgeräthen zu entdecken ist. Ja bis zu den Hunnen und Mongolen haben sich einige, auf anderem Gebiete besser orientirte Forscher (Violet le Duc) verirrt, um eine Erklärung dieser Ornamentik zu finden.

Näher liegt wohl die vorurtheilsfreie Beachtung einiger Thatsachen, welche sich aus der einfachen Frage ergeben, in Begleitung welcher anderer Gegenstände diese Verzierungsweise in den Grabfunden auftritt, und wie weit ihre räumliche Verbreitung bis jetzt wenigstens nachzuweisen ist.

Die Beantwortung der ersten Frage bringt diese eigenthümliche Ornamentik zunächst in Verbindung mit den Bronze- und Goldgeräthen jener Grabhügelfunde, von welchen altitalische Erzgefässe einen hervorragenden und sicher erkennbaren Bestandtheil bilden. Wir erfahren ferner, dass dieser Styl selbst in den Goldarbeiten jener Funde eine ausgezeichnete Vertretung findet, dass er weiterhin nicht blos durch räumliche Verbindung in den Gräbern, sondern auch durch gegenseitige Aufnahme einzelner wichtiger Motive in nächstem Zusammenhang steht mit jener Zierweise, die aus wellenförmigen Voluten (postes) und jenen phantastisch verschlungenen geschnörkelten Triquetren und fischblasenartigen Ornamenten gebildet ist, welche französische Forscher wegen ihrer Aehnlichkeit mit jenen der späteren Gothik mit dem gleichen Namen des *style flamboyant* bezeichnen, und dass beide Verzierungsarten deshalb wohl als gleichzeitig und gleichen Ursprungs zu betrachten sind.

Die bestimmteste Sicherheit über diese Thatsachen ergibt sich aus dem überaus wichtigen und reichen Grabhügelfund, welcher in allerneuester Zeit in Waldalgesheim zur Entdeckung kam und in dem ersten Hefte des dritten Bandes unseres Werkes eine Abbildung und nähere Erläuterung finden wird.

Aber auch die geographische Verbreitung des fraglichen Styls bietet das beachtenswerthe Ergebniss, dass sich dieselbe im Ganzen westwärts von dem Rheine nur bis zu dem obern Lauf der Marne, und ostwärts nur bis über Württemberg erstreckt, und damit nahezu genau das Gebiet bezeichnet, innerhalb welchem bis jetzt Spuren altitalischen Verkehrs über die Schweiz nach dem Norden herauf durch unbestreitbare Denkmale aus der Zeit vor der römischen Herrschaft in jenen Gegenden nachgewiesen sind.

Eine schärfere Beobachtung nach dieser Richtung und auf diesem Gebiete wird bald zu dem gewünschten vollen Aufschluss bezüglich des Stylcharakters jener Erzeugnisse alter Metallarbeit führen, über welche die Systematiker bisher genugsames Licht verbreitet zu haben glaubten, indem sie dieselben theils der Bronzeperiode, theils der ersten Eisenzeit überwiesen.

Zierstücke

aus fränkischen und alamannischen Gräbern.

Nᵒ 1. Scheibenförmige Fibula, Erz, durch ein schmales Kreuz in vier Felder getheilt. Die tief eingeschnittenen Verzierungen der letzteren zeigen eine seltene Rohheit und Formlosigkeit, im Gegensatze zu den ansprechenderen Ornamentbildungen anderer Ziergeräthe desselben alten Friedhofs. Wir hielten aber die Abbildung der vorliegenden Gewandnadel aus dem Grunde gerechtfertigt, weil die Fundverhältnisse derselben aufs Neue bestätigen, dass sich aus der roheren oder besseren Ausführung von Arbeiten desselben Styls keineswegs auf eine wesentliche Zeitverschiedenheit einzelner Gräber schliessen lässt. — Aus dem fränkischen Friedhofe bei Sprendlingen (Provinz Rheinhessen). — Privatbesitz zu Mainz.

„ 2. Riemenbeschläge, Erz, mit phantastischen Thierköpfen und Flechtwerk verziert. — Aus dem fränkischen Friedhofe bei Lörzweiler (Provinz Rheinhessen), auf welchem in vielen Gräbern unverkennbare Spuren einer schon in alter Zeit ausgeführten Beraubung der Todten beobachtet wurden. — Museum zu Mainz.

„ 3. Aehnlich verziertes Riemenbeschläg von Erz. — Museum zu Stuttgart.

„ 4. Scheibenförmiger verzierter Knopf, Erz. — Aus den Gräbern bei Nordendorf. — Königl. Antiquarium zu München.

„ 5. Ebensolcher. — Aus den Gräbern bei Wurmlingen (Württemberg). — Museum zu Stuttgart.

„ 6. Eigenthümliches Zierstück ohne nachweisbare Bestimmung. Erz. Das Oberthell der Platte hat die Form eines querliegenden, nach drei Seiten regelmässigen Vierecks, während die vierte Seite nach unten einen weit vorspringenden Bogen bildet, der ein roh geformtes Thierhaupt ohne bestimmbaren Charakter einschliesst. Ueber demselben füllt ein regelloses Geflecht von Bändern das Innere des Rahmens, welcher in Gestalt eines geperlten Randstreifens das Ganze umgibt. — Gefunden im Departement du Puy de Dome bei Clermont. — Museum zu Wiesbaden.

„ 7 a. u. b. Obere und Seitenansicht eines pyramidalförmigen Knopfs. Eisen mit Silber belegt. Auf der hohlen Innenseite befindet sich eine kleine Querspange zur Befestigung des Zierstücks auf Leder. — Aus den fränkischen Gräbern bei Oberolm (Rheinhessen). — Museum zu Mainz.

„ 8 a. b. u. c. Obere und die Seitenansichten eines ebensolchen Knopfes. Erz mit eingravirten Verzierungen. Die beiden gegenüber liegenden Seitenflächen haben das gleiche Ornament. — Ebendaher. — Ebendaselbst.

„ 9. Scheibenförmiger Knopf, Erz, verziert mit phantastischen Vogelköpfen, deren Hälse aus den gekrümmten Spitzen eines Dreiecks auslaufen. Aehnliche Triquetren mit gerollten und geschnörkelten Spitzen zeigen sich schon auf Bronzen einer weit älteren Zeit. Auf der Rückseite befindet sich, wie bei Nᵒ 4, 5 und 10 der Stift, durch welchen der Knopf auf das Leder festgenietet wurde. — Ebendaher. — Ebendaselbst.

„ 10. Aehnlicher Knopf von Erz, mit vier solcher Vogelköpfe verziert, die von einem Vierspitz mit gebogenen Enden ausgehen. — Aus den Gräbern bei Sprendlingen. Museum zu Mainz.

N° 11. Gewandnadel in Gestalt eines Vogels mit grossem, stark gekrümmtem Schnabel. Vergoldetes Silber. Das Auge und der Schweif sind mit Einlagen aus rothem Glase besetzt. — Aus den fränkischen Gräbern am Schiersteiner Weg bei Wiesbaden. — Privatbesitz zu Mainz.

„ 12. Kleine Schnalle mit Beschläg in durchbrochener Arbeit; versilbertes Erz. — Aus den bajuvarischen Gräbern bei Peiting. — Sammlung des historischen Vereins von Oberbayern in München.

„ 13. Kleine Gewandnadel aus vergoldetem Silber in Gestalt eines auf die Kante gestellten Quadrats, dessen vier Spitzen mit runden Einlagen aus rothem Glase besetzt sind. — Aus den fränkischen Gräbern bei Wiesbaden. — Privatbesitz zu Mainz.

Seltenere Schmuckstücke und Geräthe

aus Gräbern der merovingischen Zeit.

N° 1. Scheibe aus dünnem Erzblech, Rückseite der unter N° 2 in verkleinertem Maasse abgebildeten Goldfibula. Die leider sehr beschädigte Erzplatte, auf welcher die Nadel und ihr Haken an den jetzt abgebrochenen Theilen befestigt waren, zeigt in getriebener Arbeit eine Art figürlicher Darstellung, wie sie, in Deutschland wenigstens, nur äusserst selten unter den Gräberfunden dieser Zeit begegnet. Nach dem bärtigen Kopfe eines Mannes, dessen gescheitelte Haare über die Wangen herabfallen, greifen die Tatzen zweier Thiere, welche gemäss der Bildung ihres schlangenartigen Unterleibs und der Mähne an ihrem Halse wohl als Meerthiere und eine Art von Seelöwen zu betrachten sind. Mit ihrem Rachen fassen diese Thiere einen Bogen, auf dessen Mitte der menschliche Kopf ruht, vielleicht den Körper einer Schlange, deren Kopf und Schweif mit den abgebrochenen Theilen verschwunden ist. Den Raum zwischen diesem Bogen und dem Rande füllen sehr beschädigte Verschlingungen, ob von Bändern oder Thieren, ist nicht mehr zu unterscheiden.

Die ähnliche Darstellung eines bärtigen Männerkopfs zwischen phantastischen Thieren zeigt nur das Bruchstück einer vergoldeten Erzfibula aus den Gräbern bei Osthofen im Mainzer Museum. Ausserdem sind Versuche figürlicher Darstellungen auf Erzarbeiten merovingischer Zeit uns nur an jenen Zierscheiben und Beschlägen von Gürtelgehängen bekannt, die wir in vorliegendem Werke abgebildet haben (I. Band, Heft 1, Tafel 7; Heft 10, Tafel 7; Heft 12, Tafel 7, N° 7, und II. Band, Heft 5, Tafel 4).

„ 2. Vorderseite von N° 1 einer scheibenförmigen Fibula in verkleinertem Maasse. Eine Goldplatte mit reichen Filigranverzierungen und farbigen Glasflüssen besetzt. Der runde Einsatz in der Mitte ist blaues Glas. Dann folgt ein Kreis von vier rothen viereckigen und vier runden weissen Glaseinlagen und aussen an dem Rande abwechselnd eine Reihe von blauen Perlen und viereckigen grünen Pasten. — Fundort der fränkische Friedhof bei Sprendlingen (Rheinhessen). — Museum zu Mainz.

„ 3. Kapsel (bulla) von dünnem Erzblech, zwei hohle, durch ein Scharnier verbundene Halbkugeln, durch Bänder mit eingeschlagenen Strichverzierungen ornamentirt. Sie soll eine knochenähnliche Substanz enthalten haben, die nicht aufbewahrt werden konnte. Eine andere einfachere Kapsel dieser Art, aus demselben Gräberfelde, enthält noch einen kleinen silbernen Ohrring, offenbar eines Kindes. Obwohl auf mehreren Friedhöfen dieser Zeit solche Kapseln, jedoch meist mit völlig zerstörtem Inhalt, zu Tage gekommen sind, gehören dieselben immerhin zu den selteneren Fundstücken der sogenannten Reihengräber. — Aus den fränkischen Gräbern bei Sprendlingen. — Museum zu Mainz.

„ 4 u. 5. Die beiden Seiten eines Riemenbeschlags aus massivem feinem Silber. Die Form ist eine ähnliche wie jene auf der 8. Tafel des 6. Heftes im I. Bande dieses Werkes abgebildete, jedoch die Arbeit eine weit kunstvollere.

4) Der ganze Oberthell ist vergoldet und auch die kräftig ausgeschnittenen Ornamente auf der runden Platte, mit Ausnahme ihrer Hochkanten, auf welchen niellirte feine Linien durchlaufen.

5) Die Thierköpfe (Pferde?) sowohl, als das Blatt zwischen ihren Hälsen, und die tief eingeschnittenen Ornamente sind vergoldet. Die Strichverzierungen, welche die Hälse der Pferde wie die Bogenornamente der Platte füllen, sind in Niello aus Schwefelsilber ausgeführt.

Leider ist von dem reichen Grabfunde, welchem diese Beschläge angehörten, nichts weiteres erhalten worden. — Fundort Babenhausen. — Museum zu Mainz.

N° 6. Kugel von Bergkrystall in einer Fassung von Gold, gebildet aus vier senkrechten gewölbten Spangen, welche unten durch einen Reif zusammengehalten werden, oben durch eine kleine runde Platte mit Filigranornamenten, an welcher auch der Ring zum Anhängen des Ganzen befestigt ist.

Von solchen Kugeln aus Krystall in kunstvoller Goldfassung existirt ausser der vorliegenden bis jetzt nur noch einzige, welche in einem Grabe bei Lens, Pas de Calais, gefunden wurde. Bei einer zweiten als Chalcedon bezeichneten Kugel, die in den Gräbern bei Oberstotzingen, unweit Ulm, entdeckt wurde, lagen Goldlamellen, welche vermuthlich die ursprüngliche Fassung derselben bildeten.

Von einer dritten weiss man, dass sie zu den Zeiten des Königs Franz I. bei Lyon in einem Grabe gefunden wurde und als höchst werthvolle Seltenheit in die königliche Schatzkammer gelangte. In Silber gefasste Krystallkugeln sind dagegen etwas weniger selten. In Deutschland wurden ein kugelförmiger Rauchtopas, mit Silber garnirt, aus den Gräbern von Nordendorf, und ebenso gefasste Krystallkugeln zu Heddendorf bei Neuwied und in Gräbern am Schiersteiner Wege zu Wiesbaden entdeckt.

In verschiedener Grösse fanden sich solche in Frankreich zu Longavène und Vicq, in England zu Chatam und auf der Insel Wight.

Ohne alle Fassung zeigten sich Krystallkugeln in einem alamannischen Grabhügel bei Oberstotzingen und in einem Grabe bei Metz. Bekannt ist, dass jene Childerichs I. keine Fassung hatte; ob dies aber auch für die fünf gleichartigen Kugeln Geltung haben kann, welche bei der Beraubung der fränkischen Königsgräber in St. Denis zu Tage kamen, bleibt eben dieser Veranlassung ihrer Auffindung wegen dahin gestellt. Sicher jedoch erscheint es, dass die grosse Seltenheit der Entdeckung dieser Gegenstände, nur in Begleitung von anderen kostbaren Grabesbeigaben, auf ihre besondere Werthschätzung und die hohe Stellung oder fürstlichen Reichthum ihrer früheren Besitzer hinweist. — Fundort in einem Frauengrabe bei Alzey. — Museum zu Mainz.

„ 7. Ohrring, Gold. Der würfelförmige eingehängte Knopf war mit Perlen und rothem Glase besetzt, welche jetzt theilweise verloren sind. — Ebendaher. — Ebendaselbst.

„ 8. Haarnadel. Der Knopf besteht aus Gold und ist mit Filigran reich verziert. Die Nadel ist von Silber und mit Goldblech überzogen. — Ebendaher. — Ebendaselbst.

„ 9. Untere und Seitenansicht einer Nadelbüchse aus Gold. Der Bodentheil ist reich mit Filigran verziert. Eine beinahe gleichartige, jedoch ohne Filigranornament und nur aus Erzblech, wurde in einem angelsächsischen Grabe bei Kingston gefunden. (Inventorium sepulchrale von Roach Smith, plate XIII, Nr. 9.) In ihr wie in einer solchen Büchse aus Bein, welche aus den Gräbern bei Sinsheim erhoben wurde, lagen noch Nähnadeln aus Eisen oder Stahl, welche bei der unsrigen verloren sind. — Ebendaher. — Ebendaselbst.

N° 10. und 11. Obere und Seitenansicht eines Fingerrings aus Gold mit einer römischen Gemme aus Chalcedon, welche in roher Ausführung einen sitzenden Jupiter darstellt. — Ebendaher. — Ebendaselbst.

„ 12. Kugel aus Eisenkies, in Silber gefasst. Wenn Krystallkugeln wie N° 6 von einem Theile der Forscher, wiewohl ohne ausreichenden Grund, ausschliesslich nur als Bestandtheile des Schmucks betrachtet werden, so kann diese Annahme für jene dunkel kupferfarbigen, braunschwarzen Eisenerze unmöglich Geltung haben, wie sie in den Grabfunden des mittleren Rheinlandes erscheinen und in den Museen von Wiesbaden und Mainz aufbewahrt sind. Dieselben müssen denn doch wohl ursprünglich für Phylakterien oder Amulete gehalten worden sein, und die Einsprache, welche französische Forscher gegen diese Ansicht erheben, hat geringe Begründung, oder man müsste den Franken eine richtigere und unbefangenere Beurtheilung der vermeintlichen geheimen Eigenschaften der Mineralien zutheilen, als der gesammten antiken Welt. Es ist dies aber um so weniger gestattet, als alle diese von ältester Zeit überlieferten Vorstellungen noch weit ins Mittelalter hin sich erhalten haben, namentlich gerade in Bezug der blutstillenden Kraft gewisser Eisenerze durch Auflegen auf die Wunde sowohl, als durch innerlichen Gebrauch, und es wird demnach den Kugeln aus Eisenerz wie jenen aus Krystall doch noch eine weitere Bedeutung als die von Schmuckgeräthen verbleiben müssen.

Fundort ebendaselbst. — Museum zu Mainz.

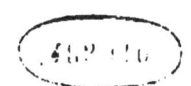

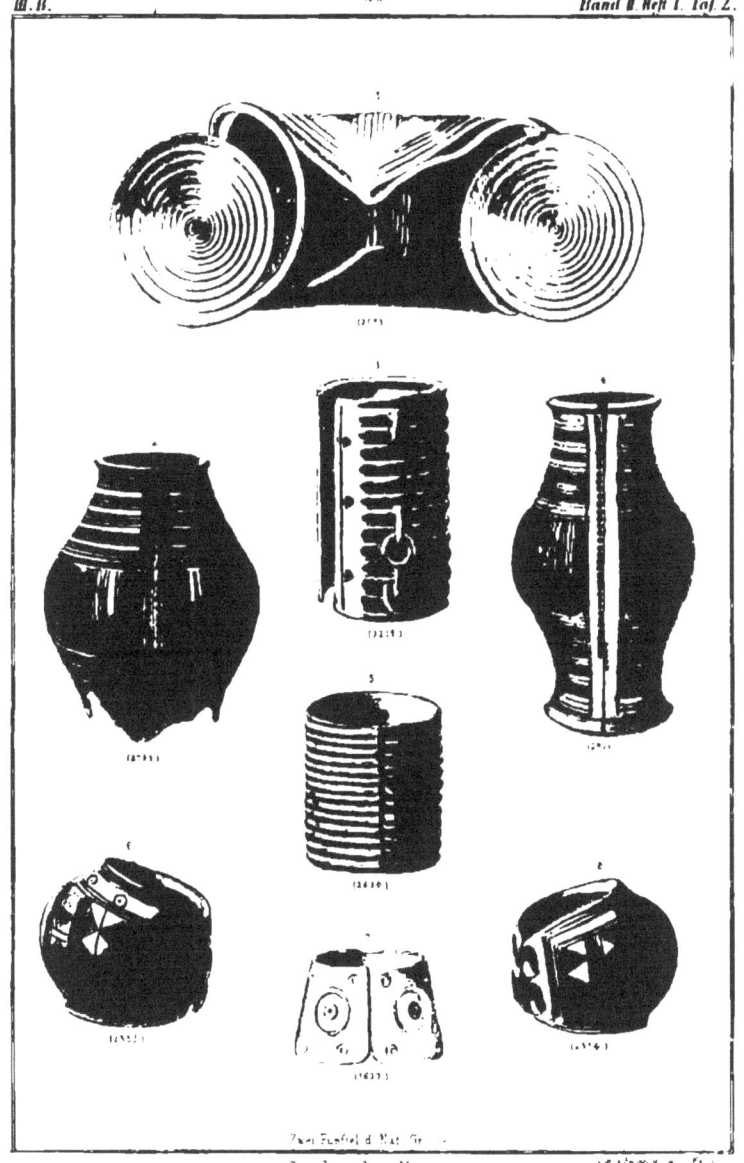

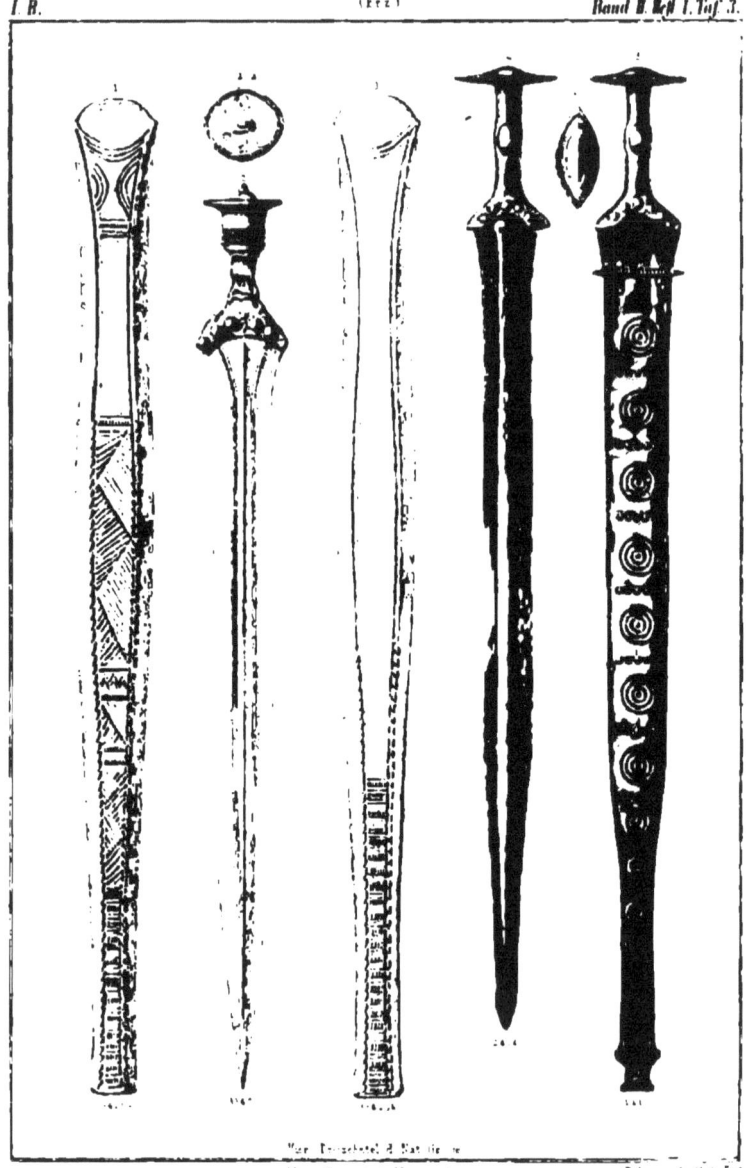

(Nach Lindenschmit d. Nat. Alter.)

(Im k. Germ. Nat. Museum)

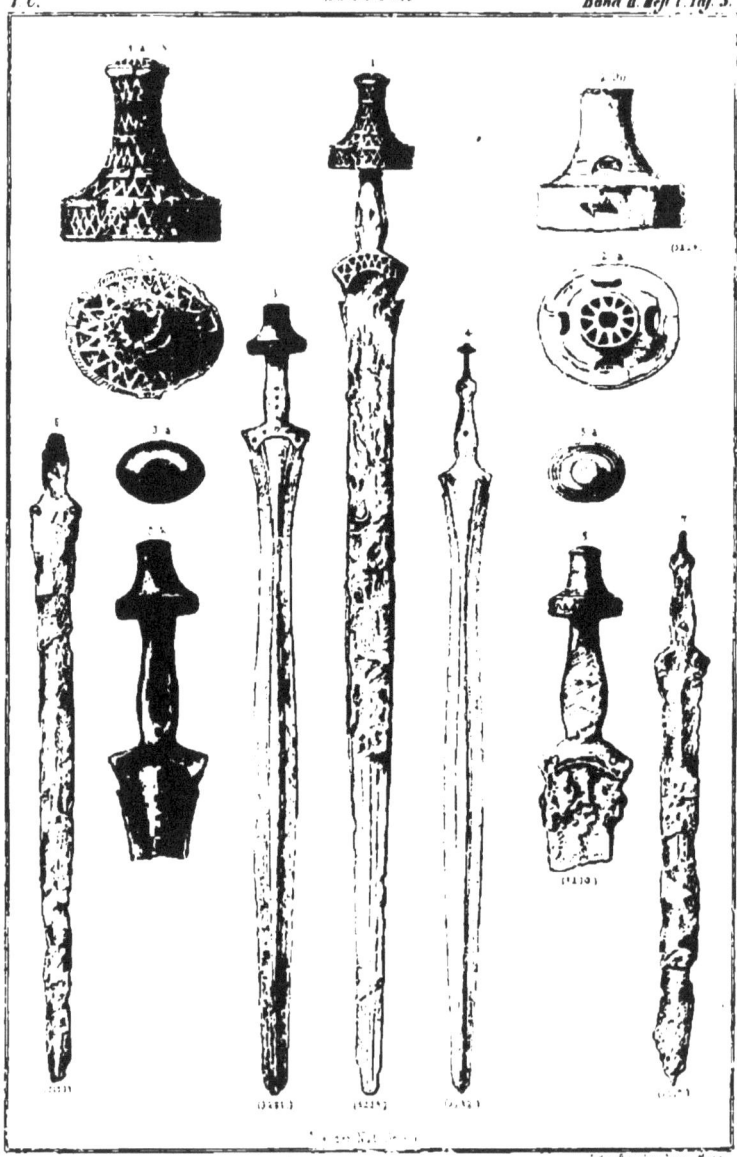

Drei Zehntel d. Nat. Größe.

(Rom Germ Cent Museum.)

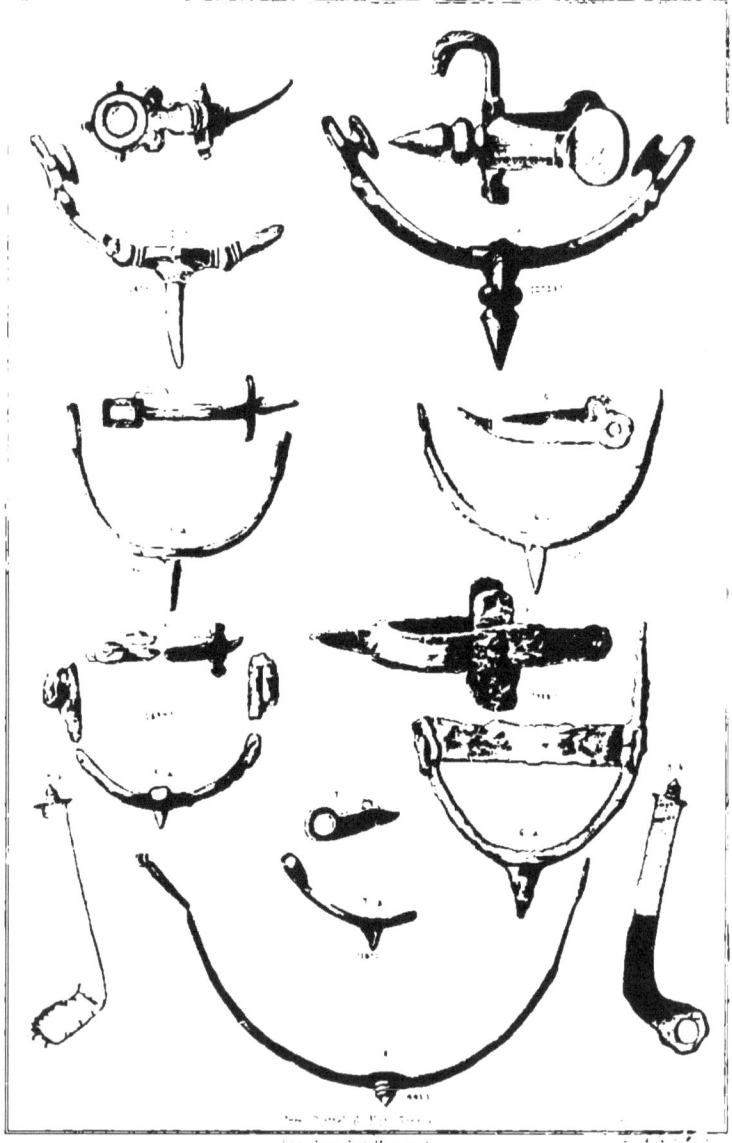

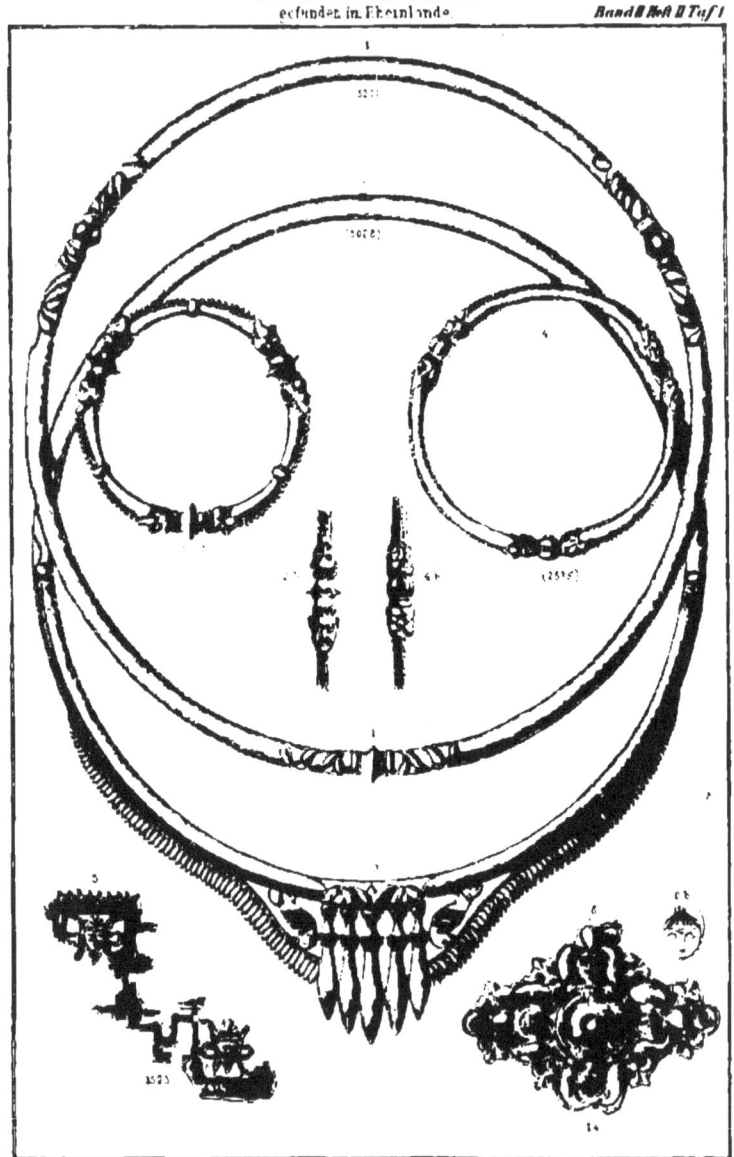

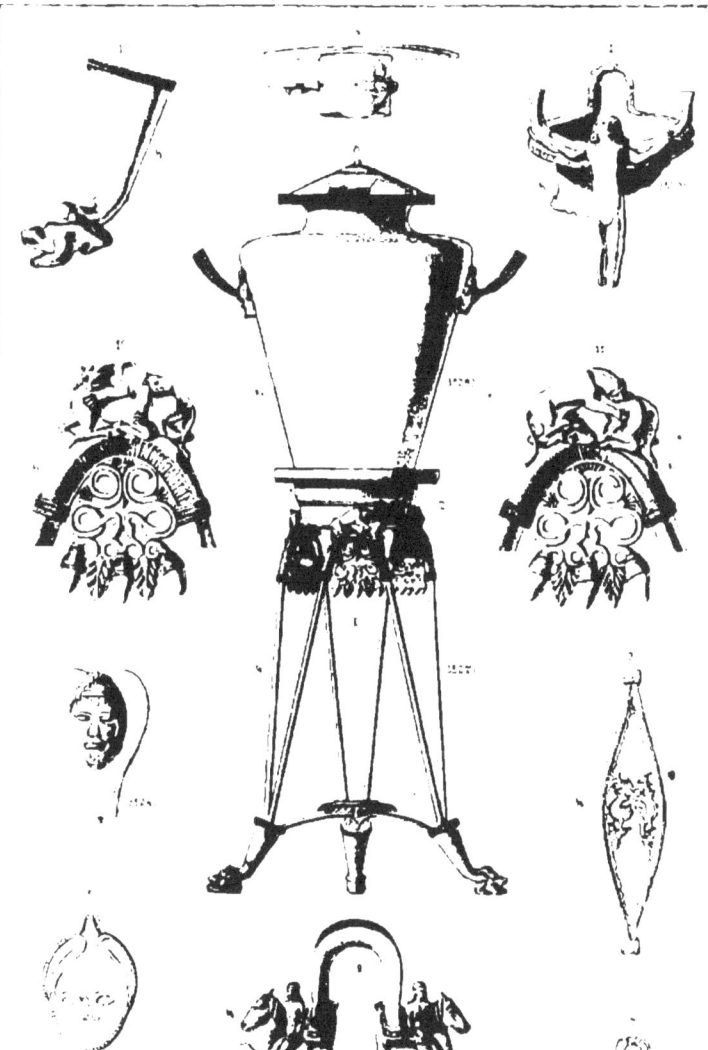

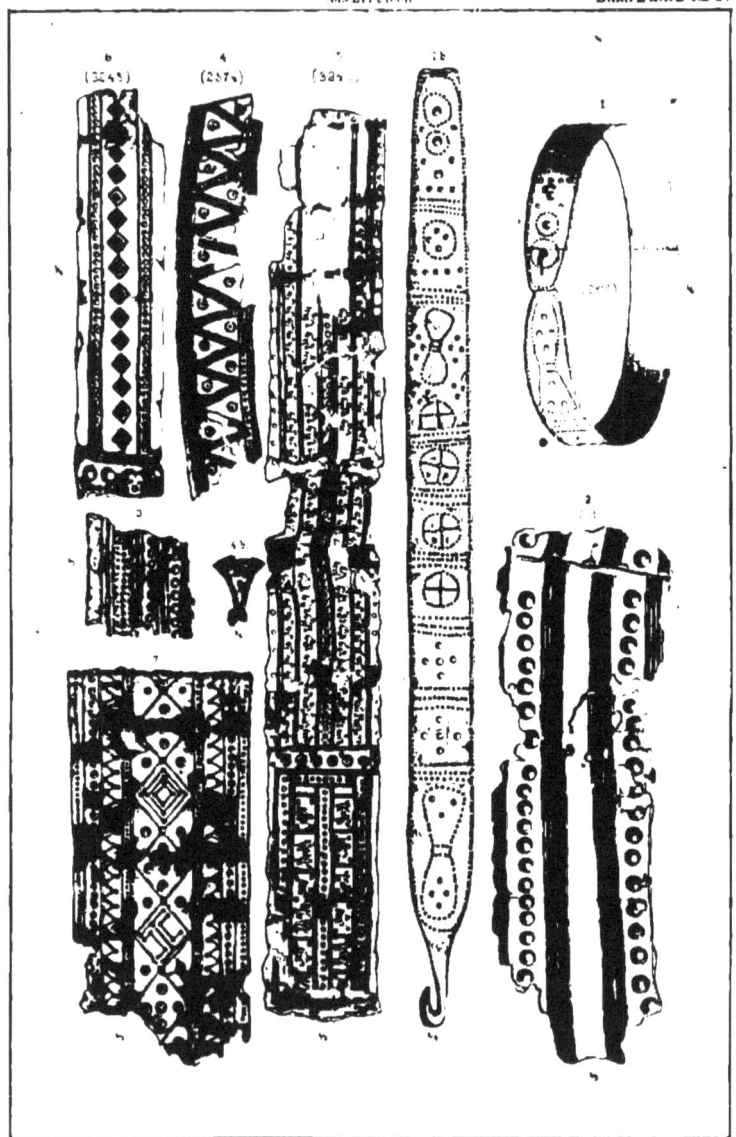

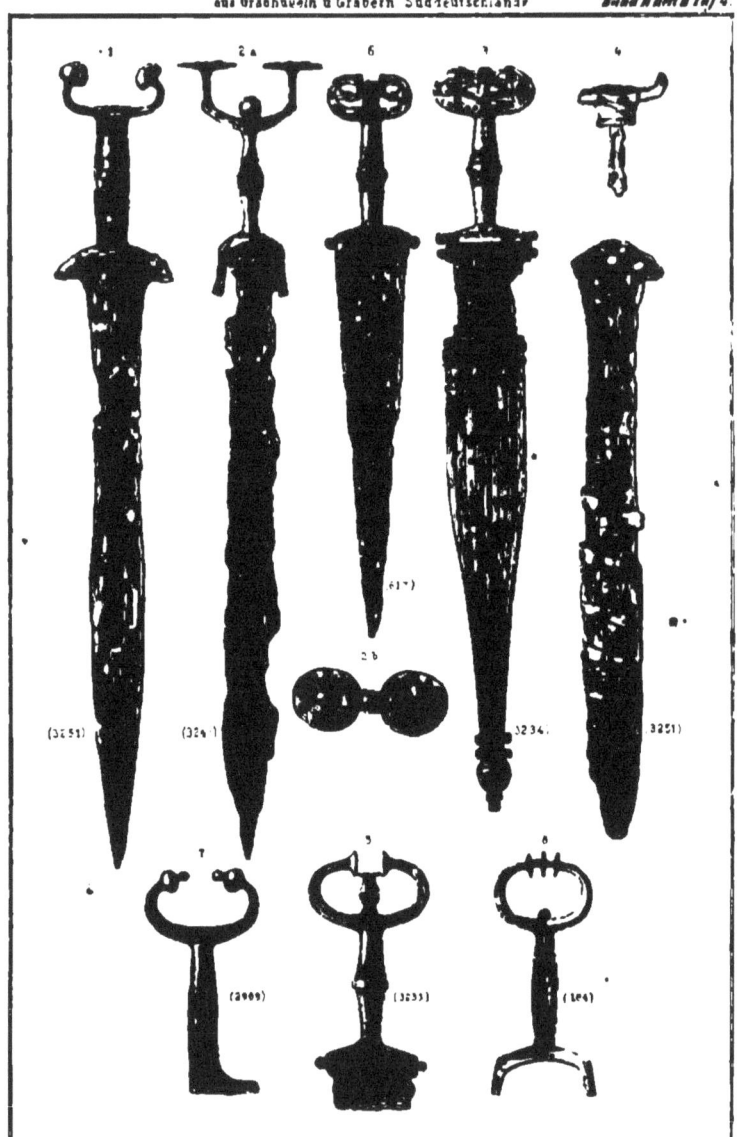

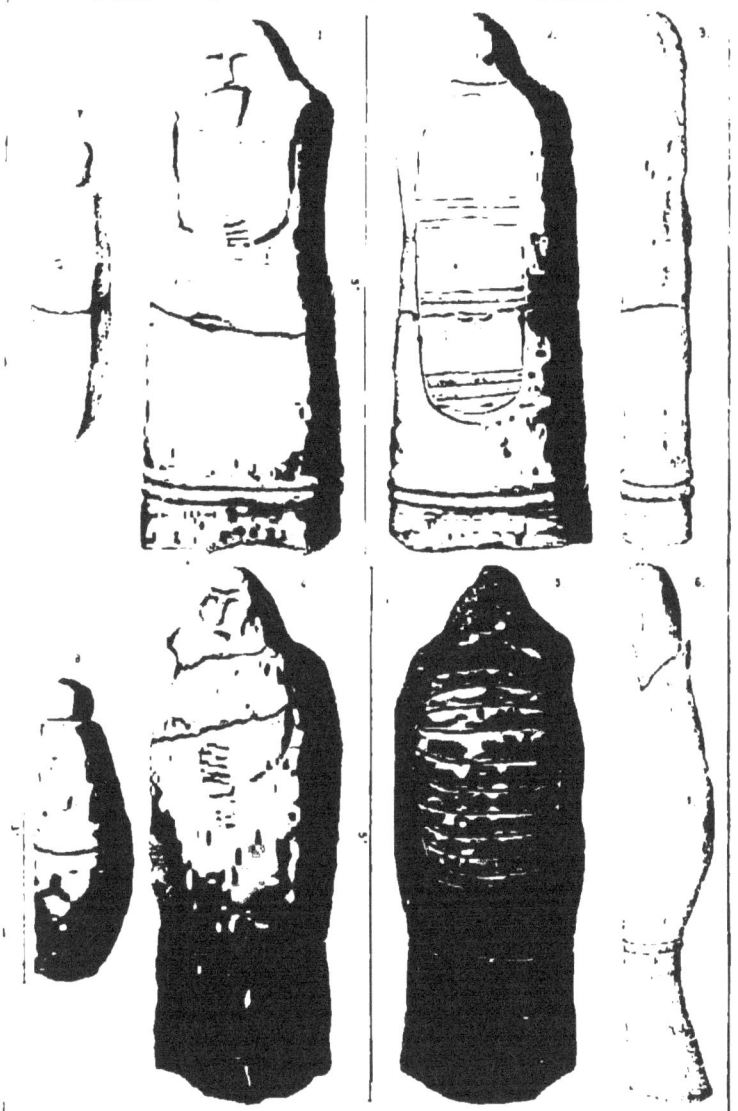

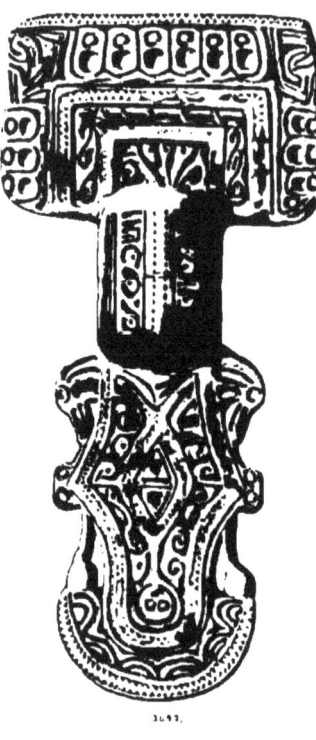

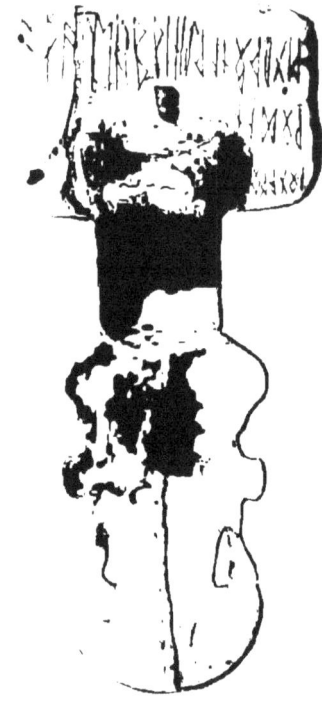

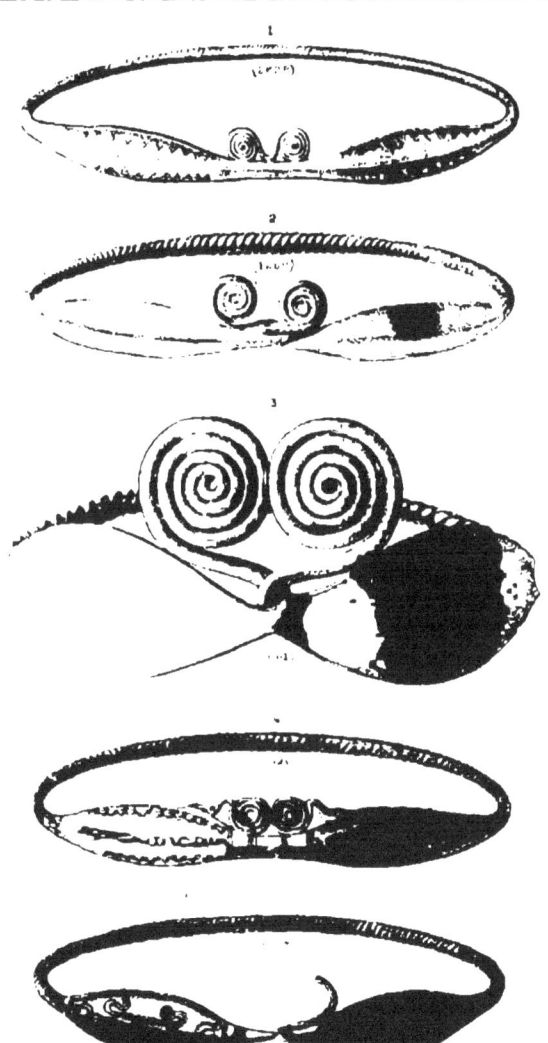

.

AEXTE.
Kupfer Erz. Gold

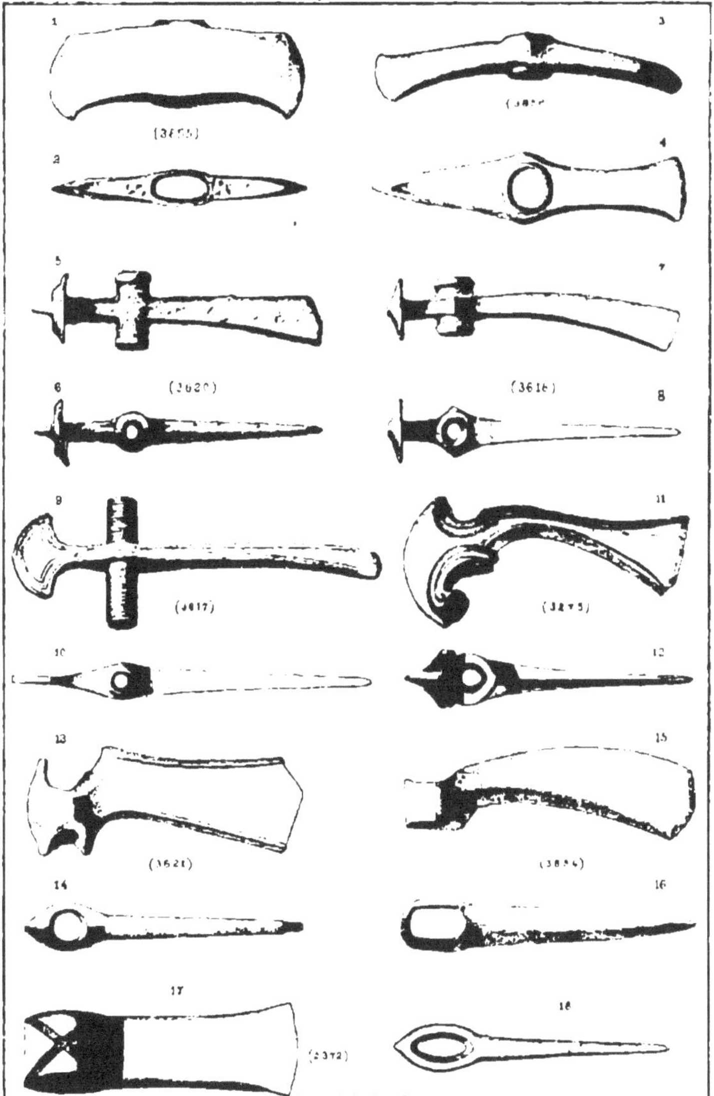

Ein Drittel d. Nat. Grösse

Röm. Germ. Cent. Museum

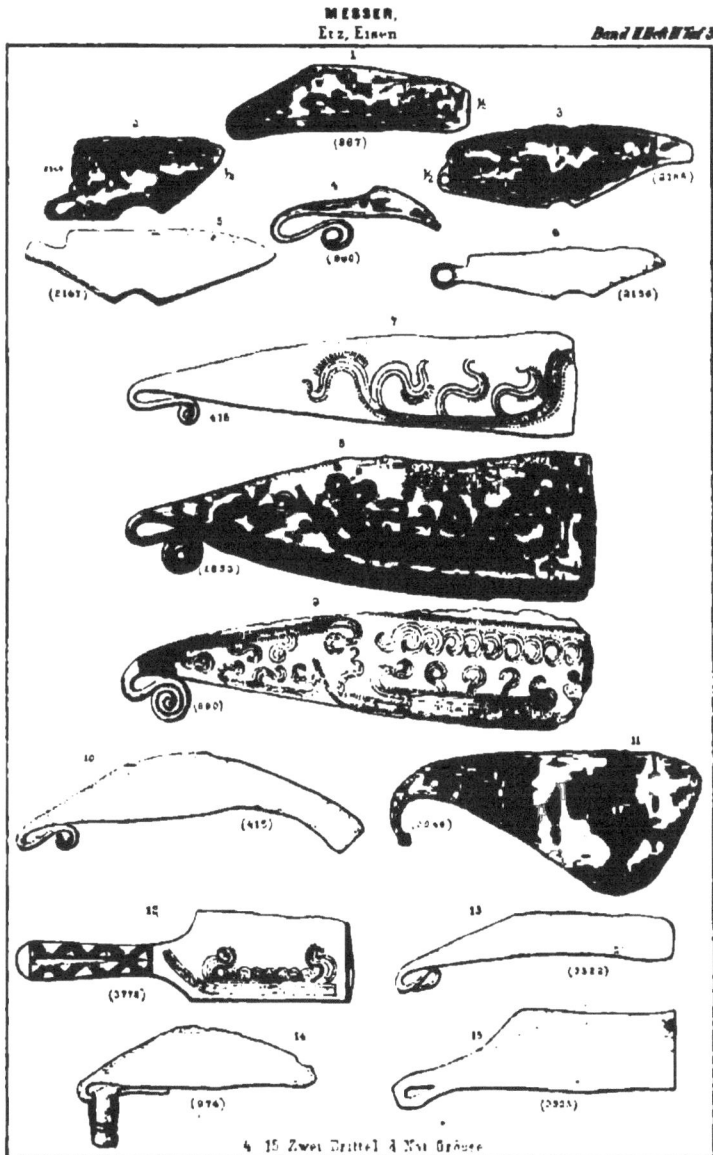

KÄMME UND HAARNADELN

Erz.

Band II Heft III Taf. 4

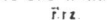

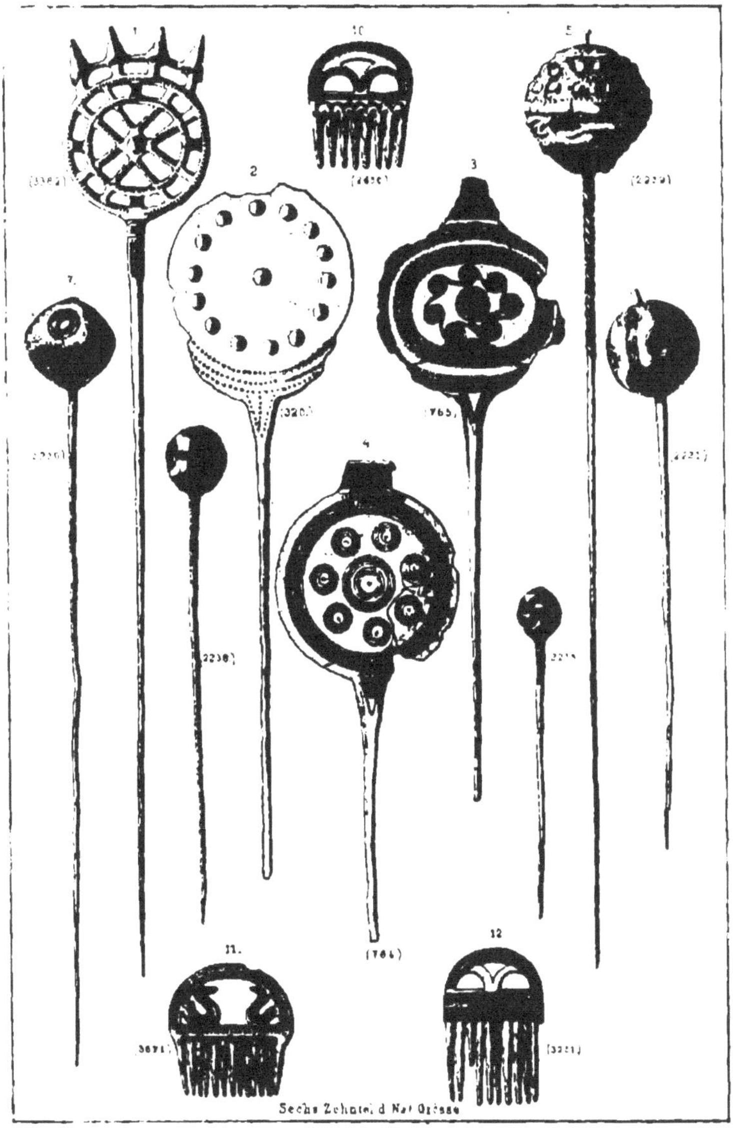

Sechs Zehntel d. Nat. Grösse

Röm. Germ. Cent. Museum

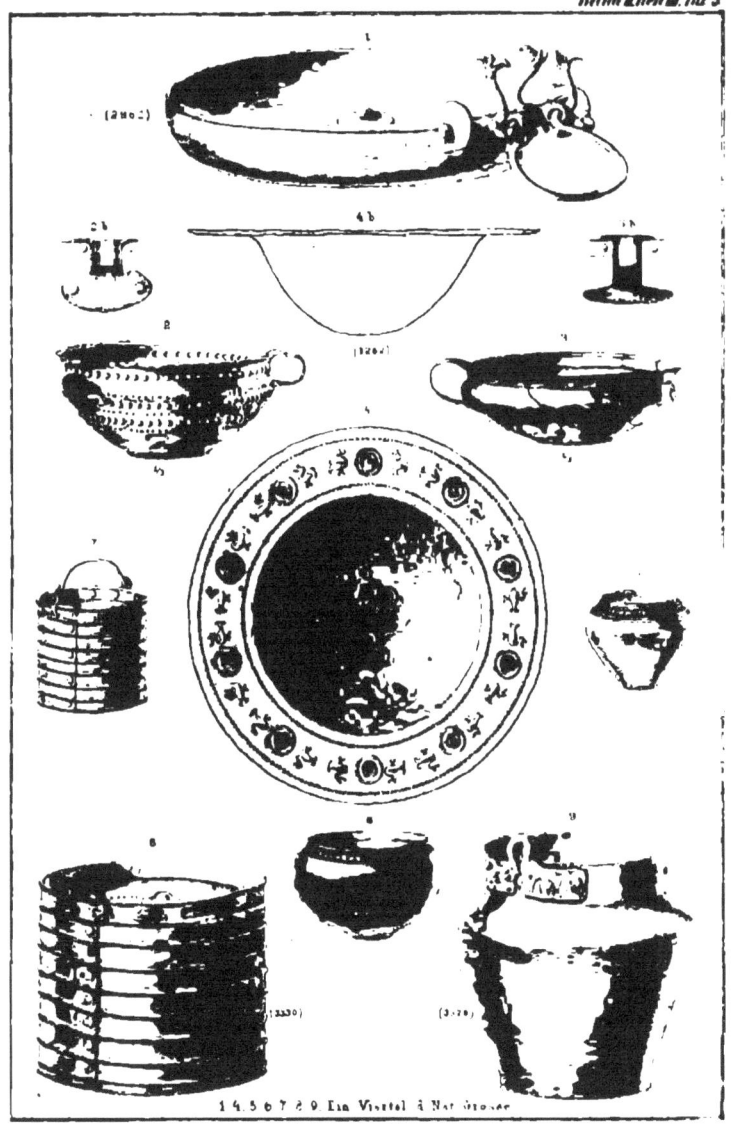

1 4 5 6 7 8 9 Ein Viertel à Nat Grösse

Röm Germ Cent Museum

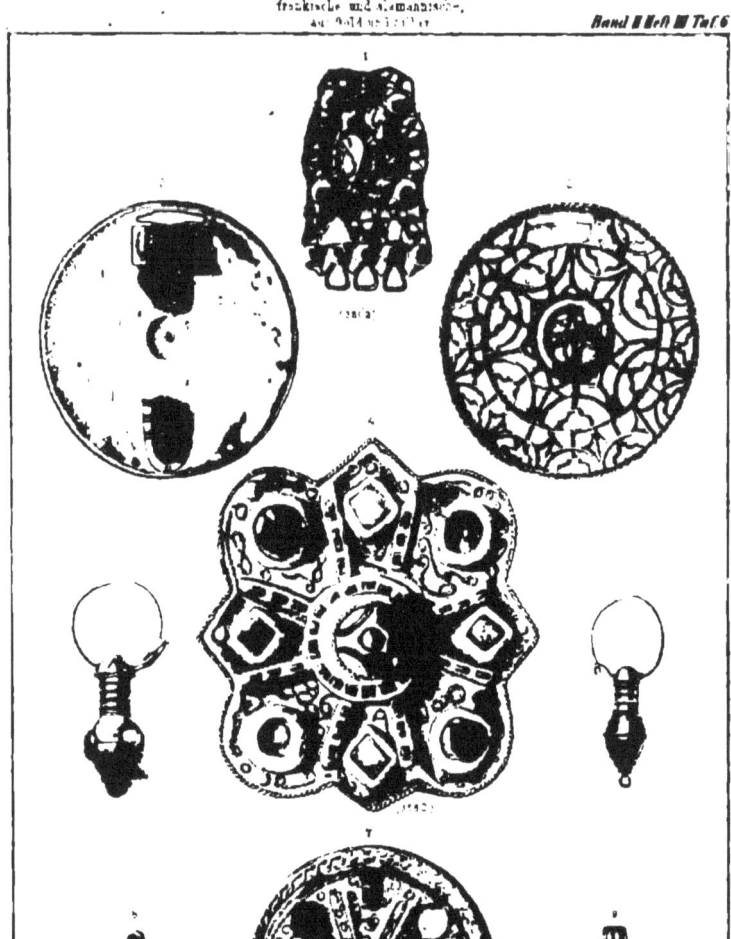

Natürl. Grösse

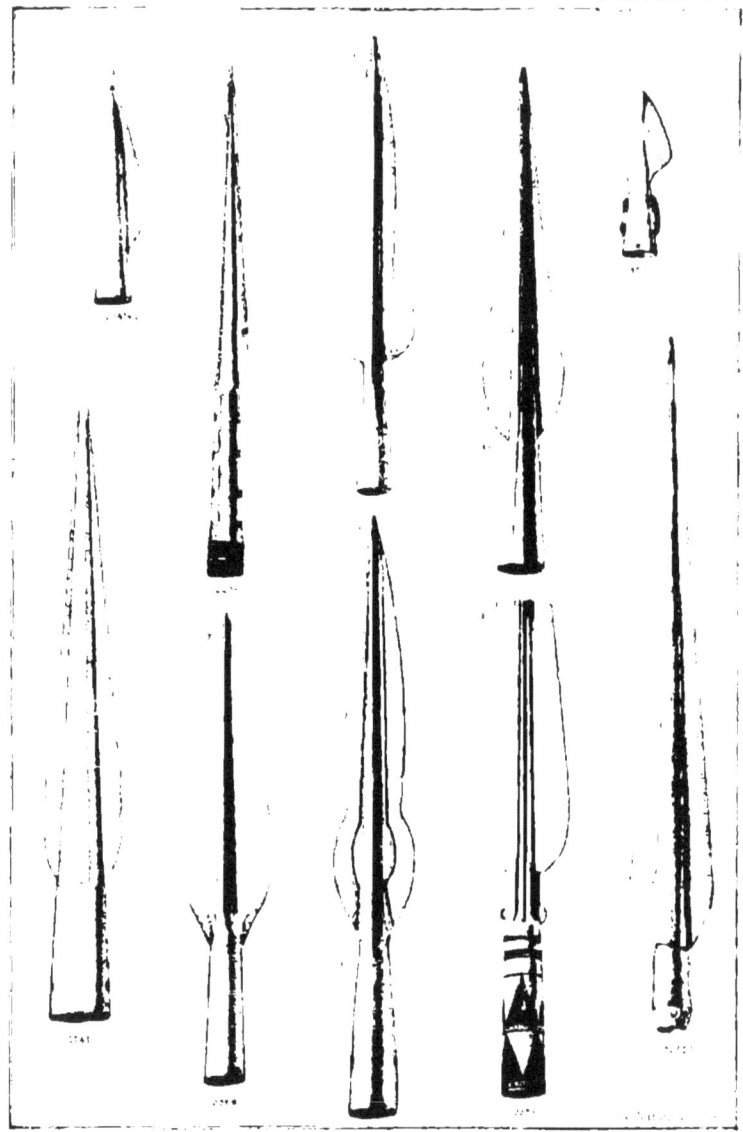

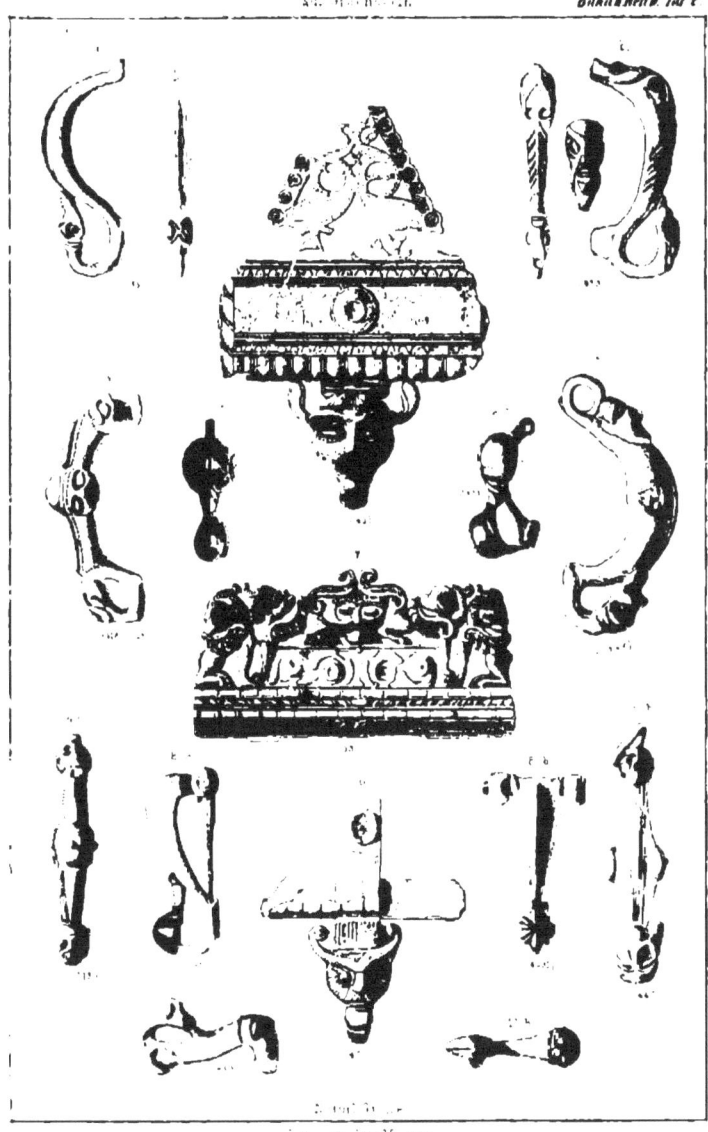

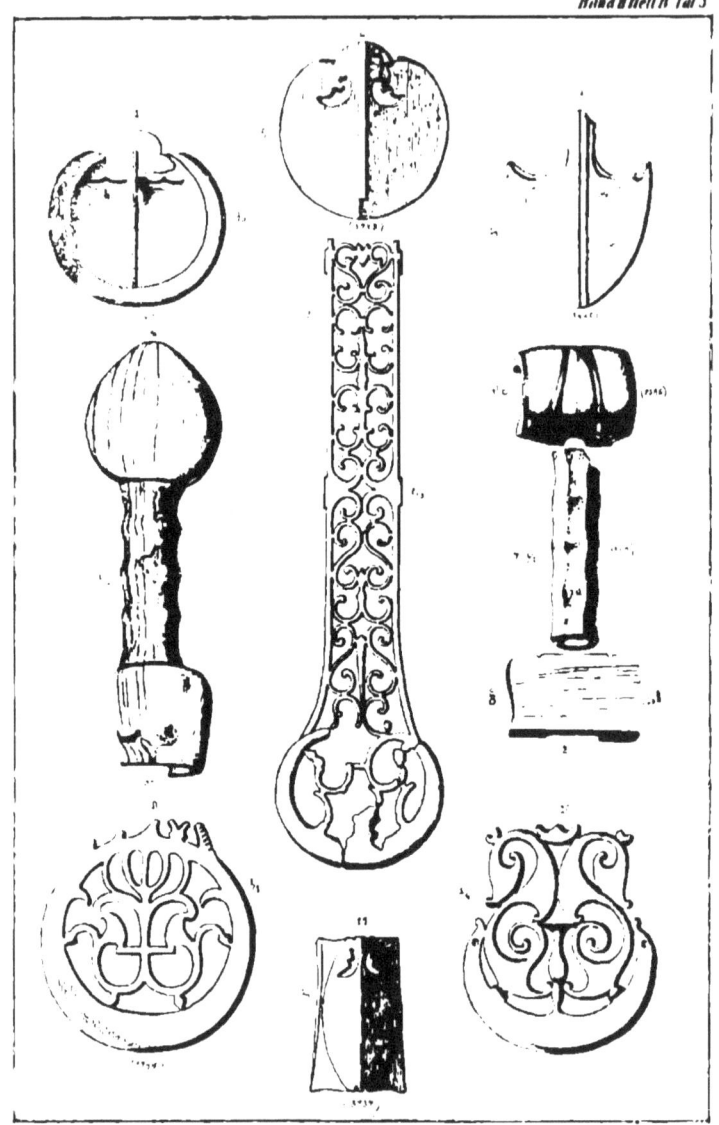

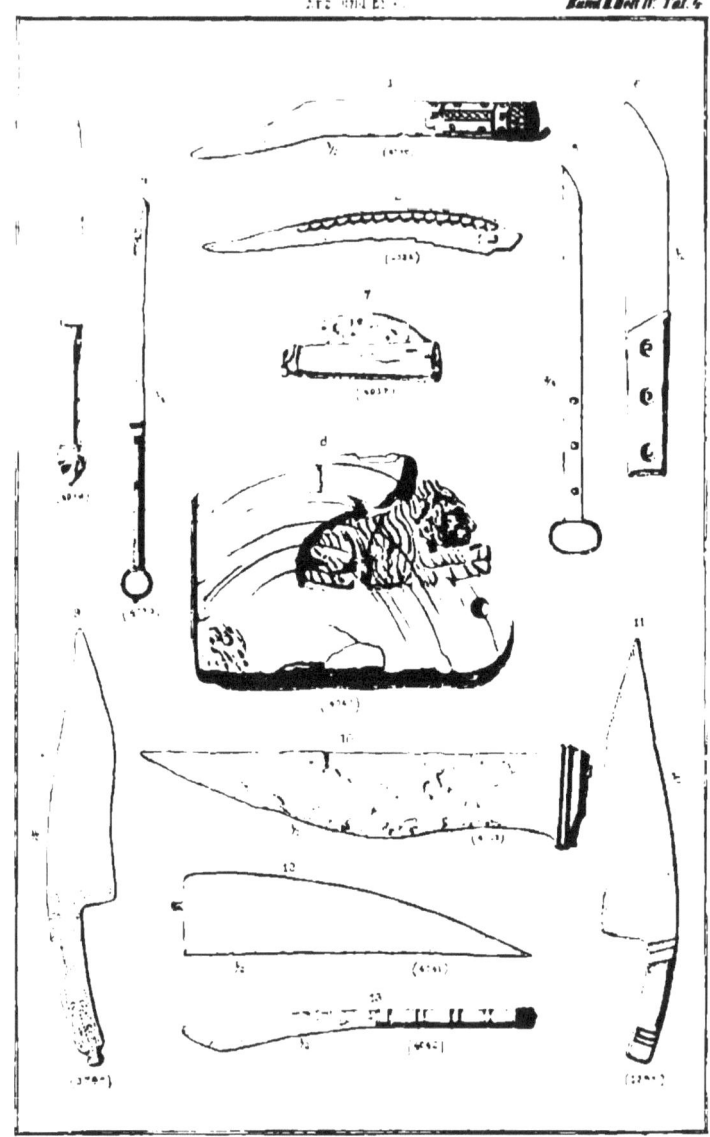

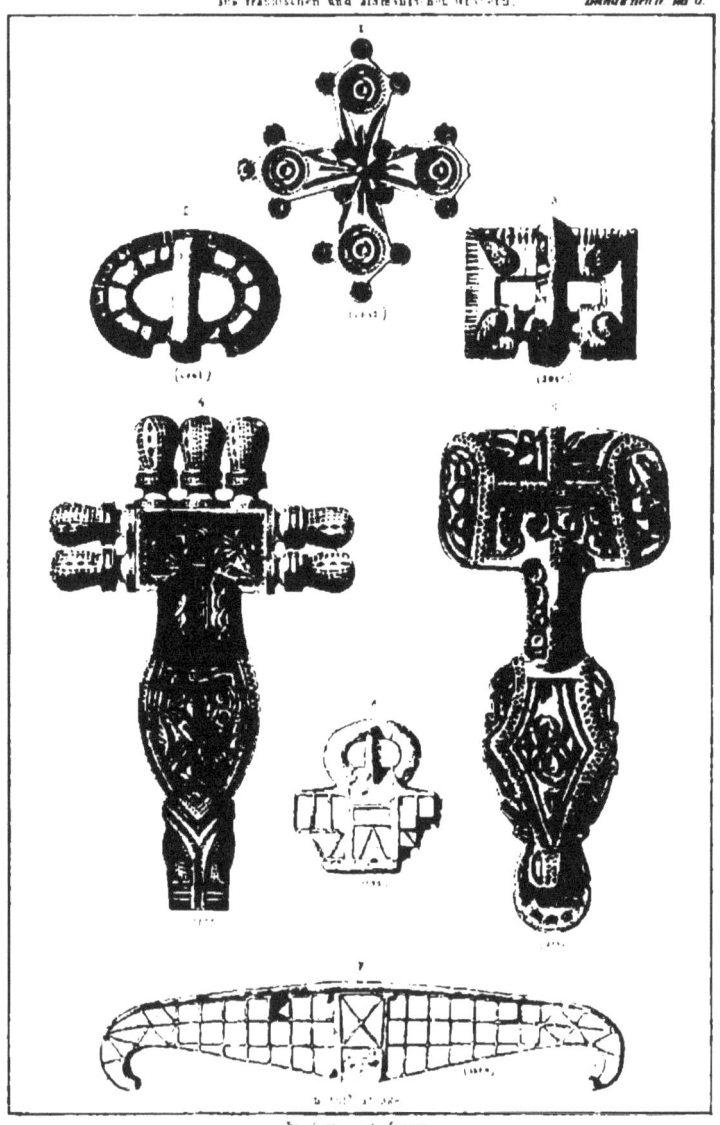

.

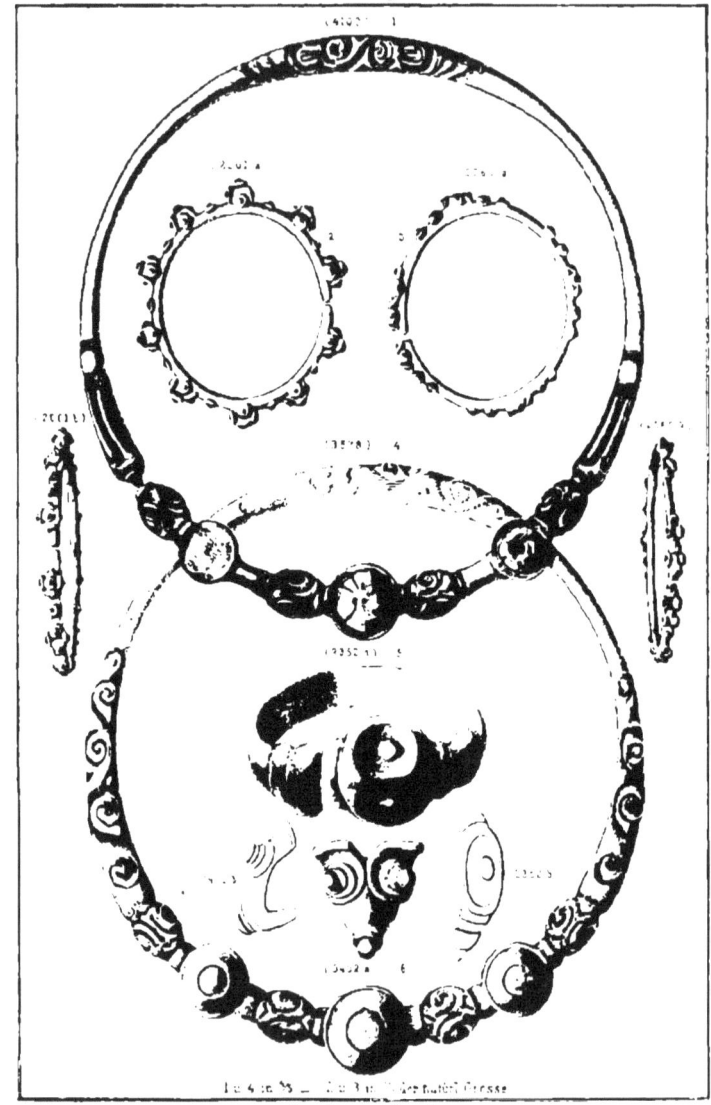

In der natürl. Grosse.
Rom. Germ. Cent. Museum.

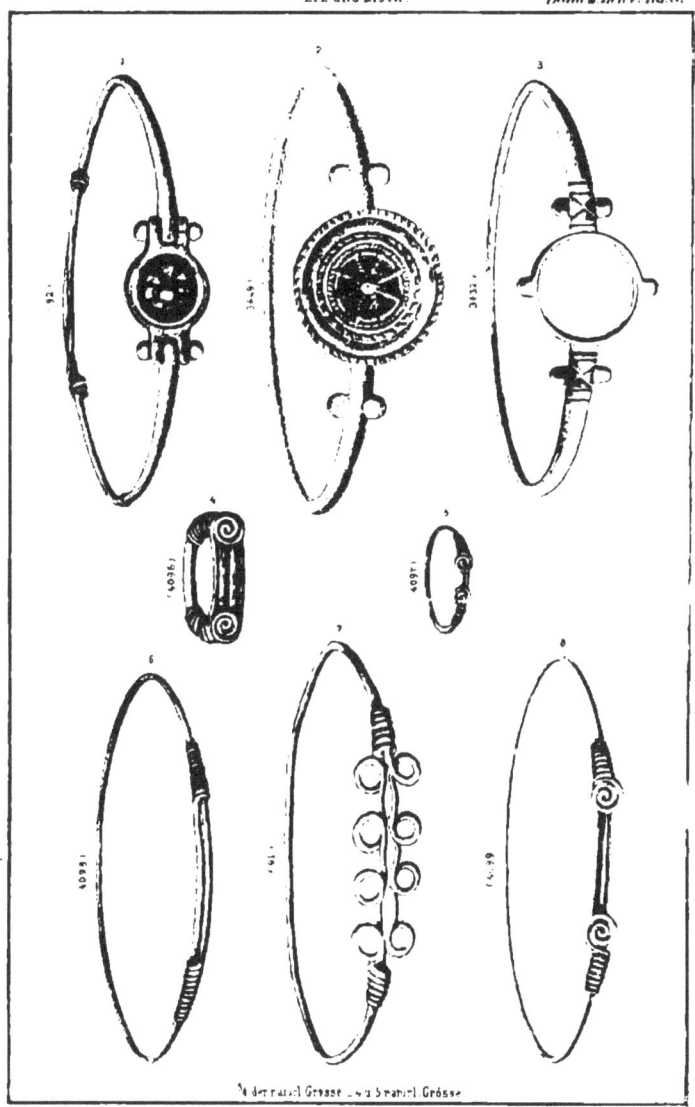

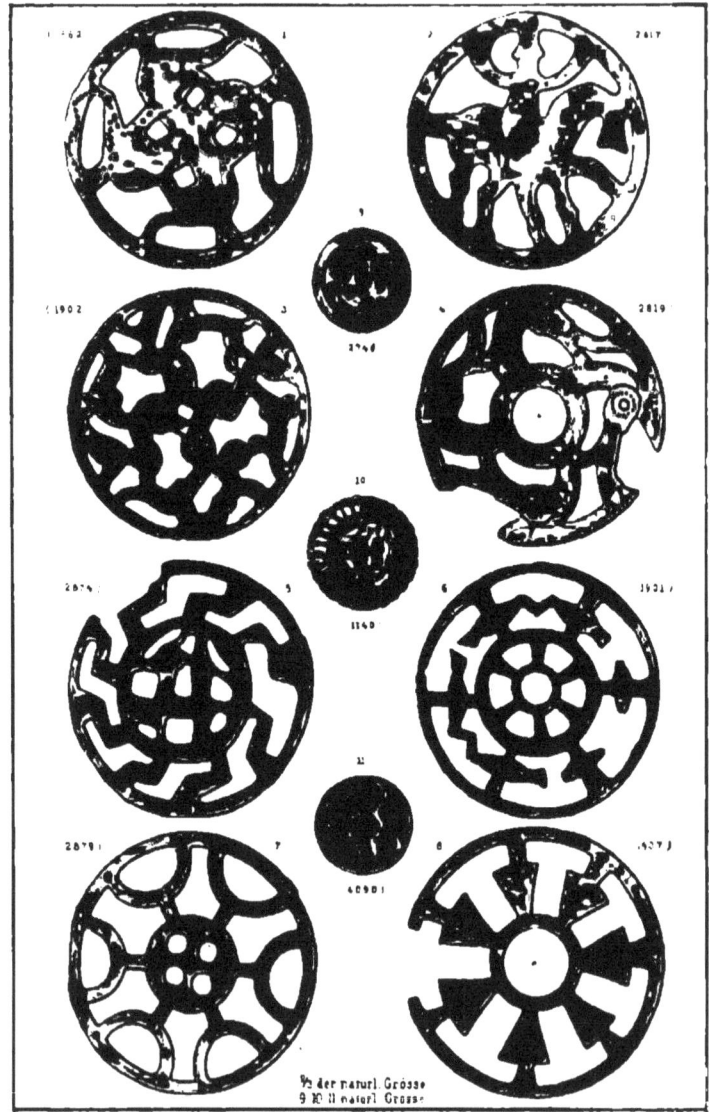

⅓ der natürl. Grösse
9 10 11 natürl. Grösse

Röm. Germ. Cent. Museum

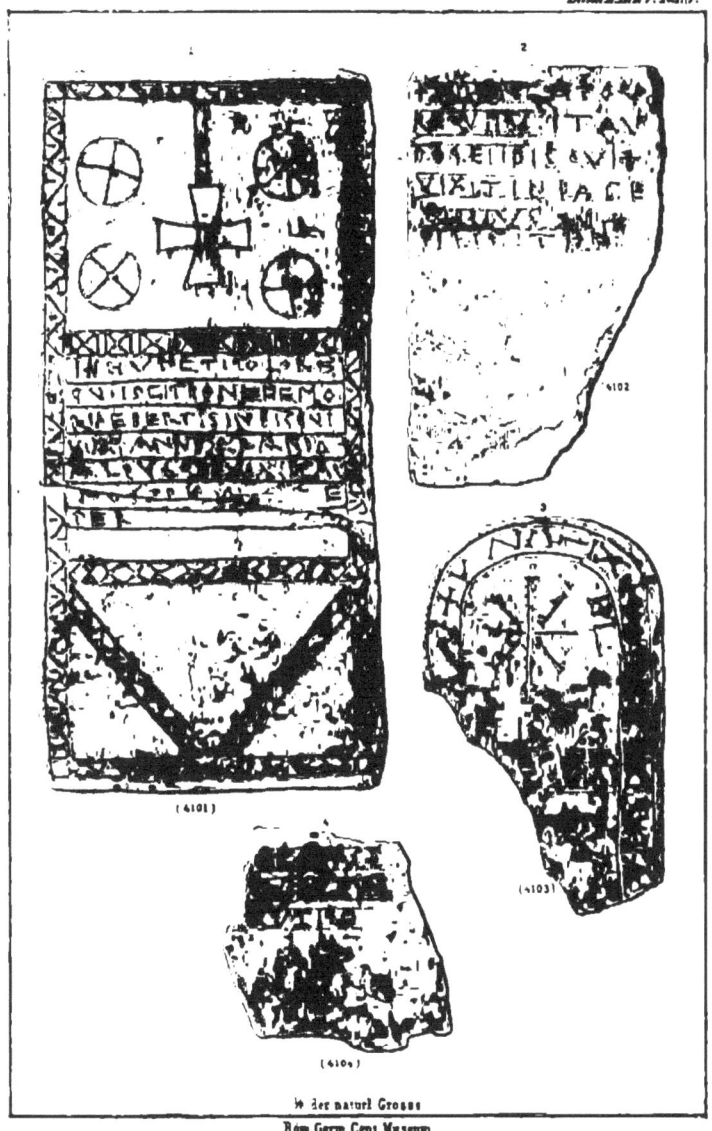

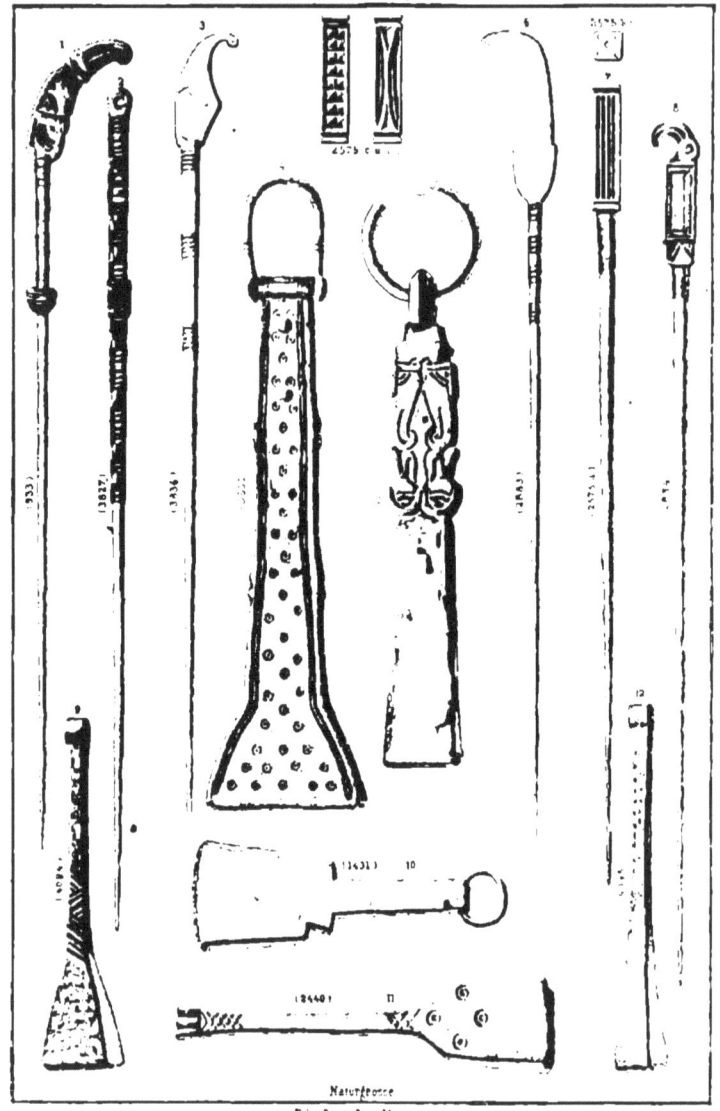

Naturgrösse

Röm. Germ. Prov. Museum

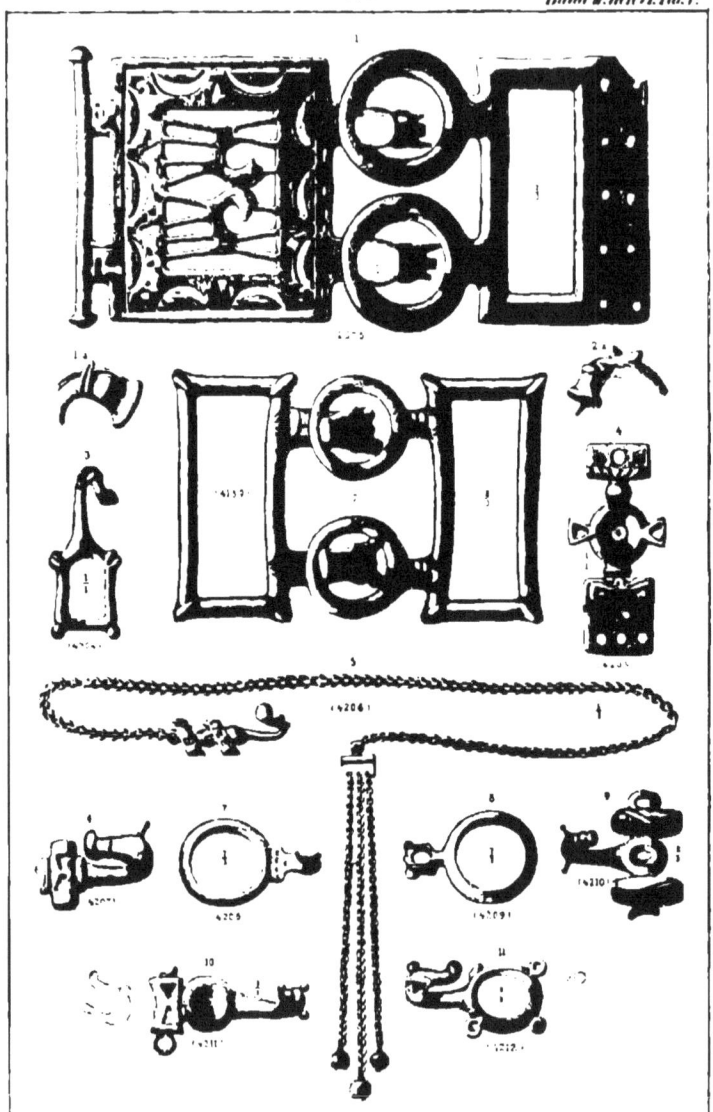

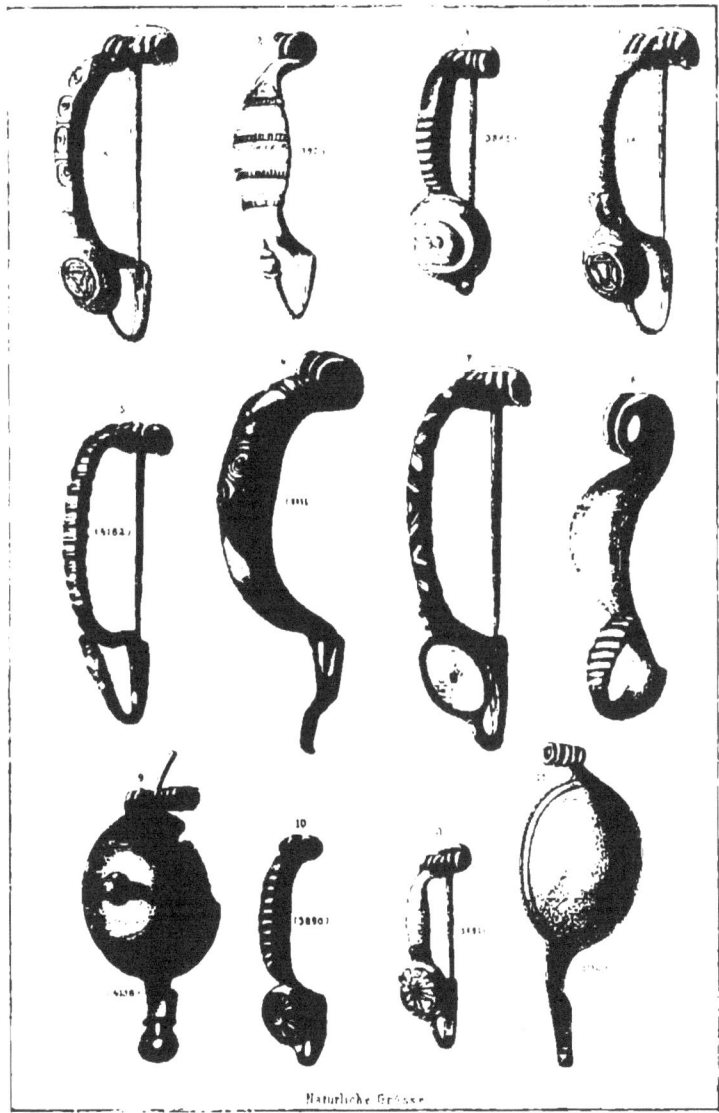

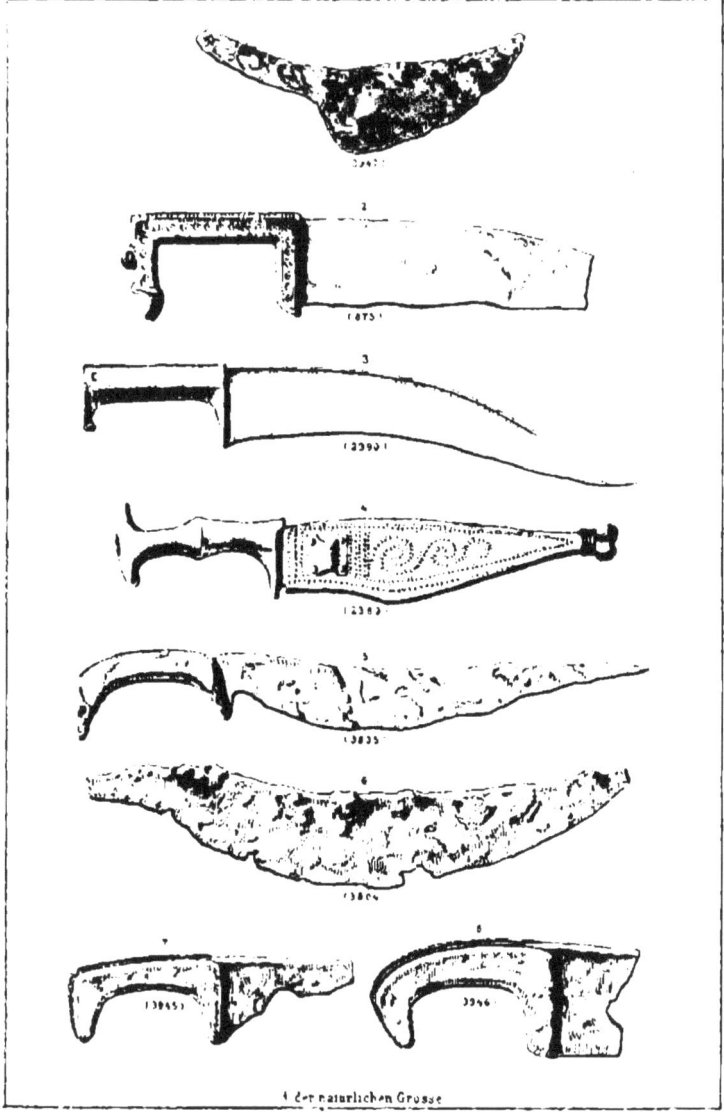

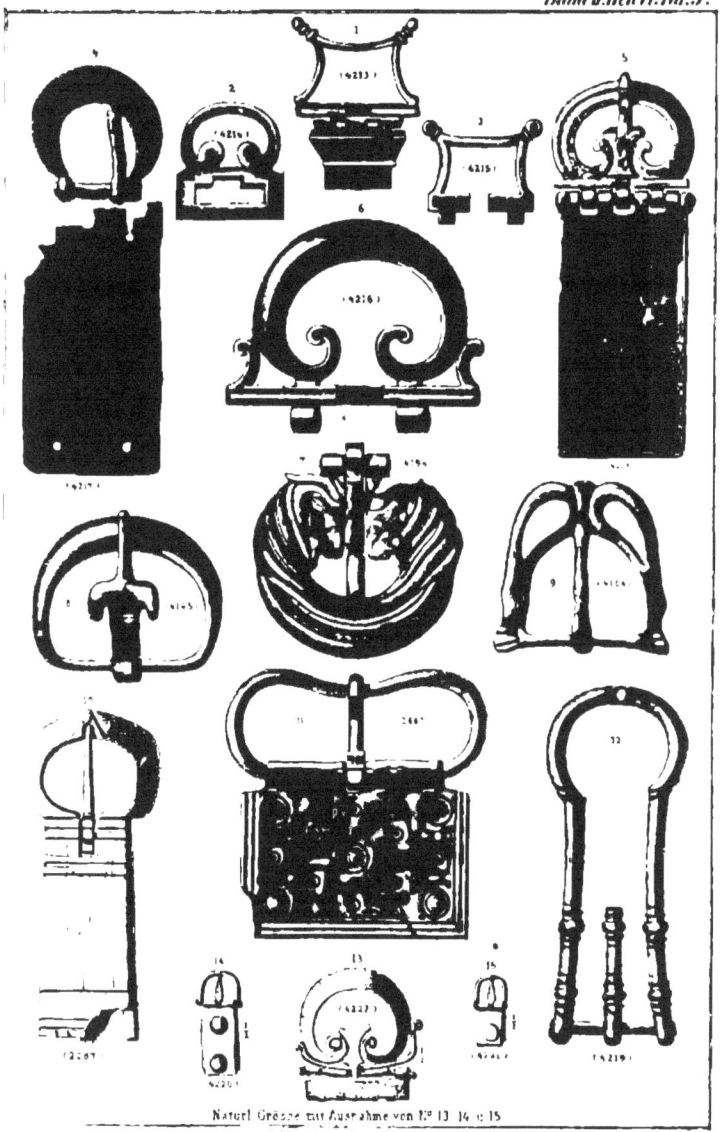

Naturl. Grösse mit Ausnahme von N° 13. 14. u. 15.

Röm. Germ. Cent. Museum.

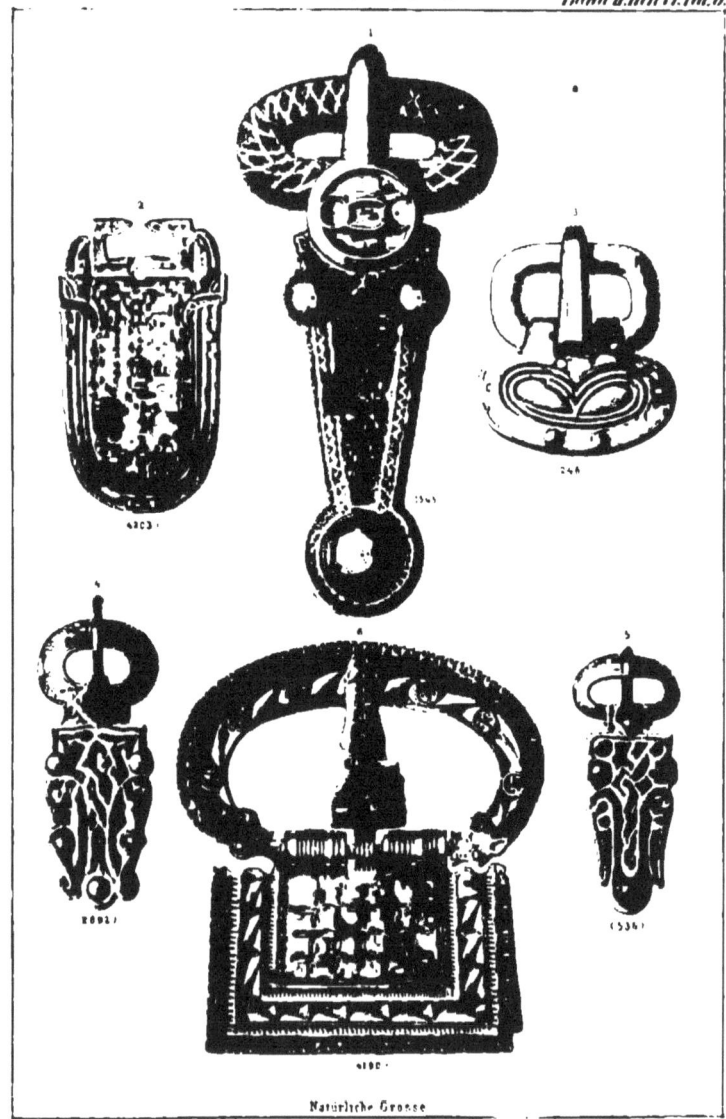

Natürliche Grosse

Rom Germ Cent Museum

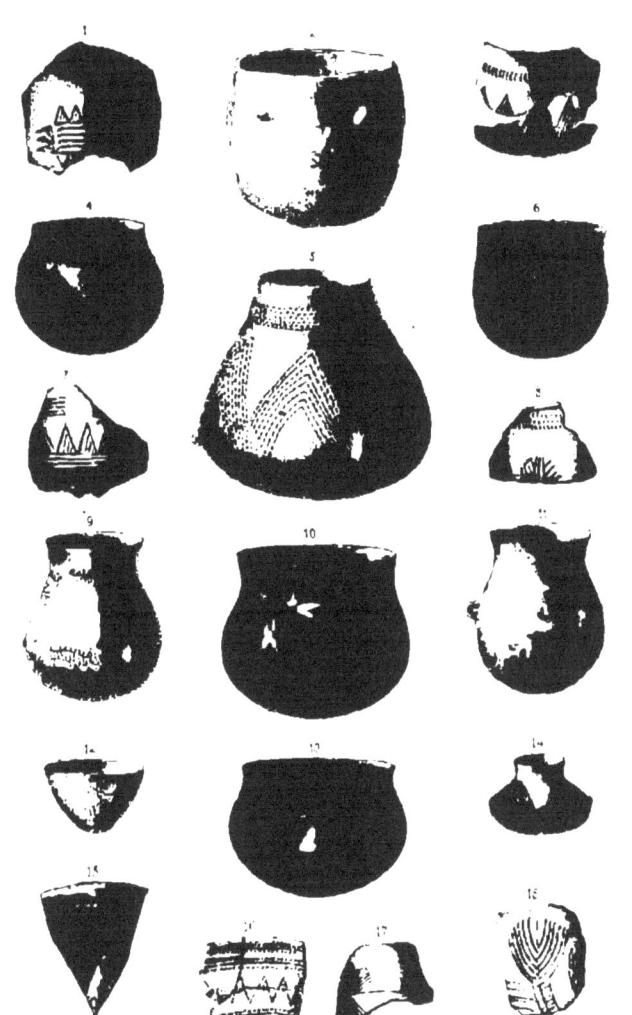

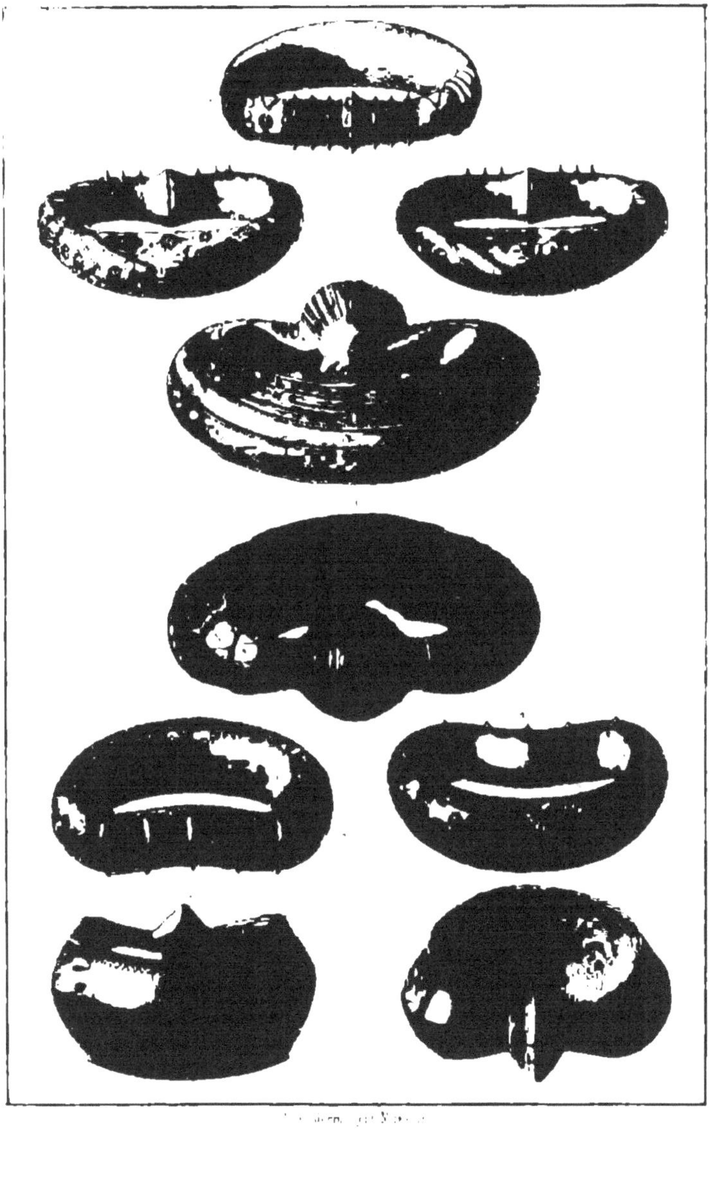

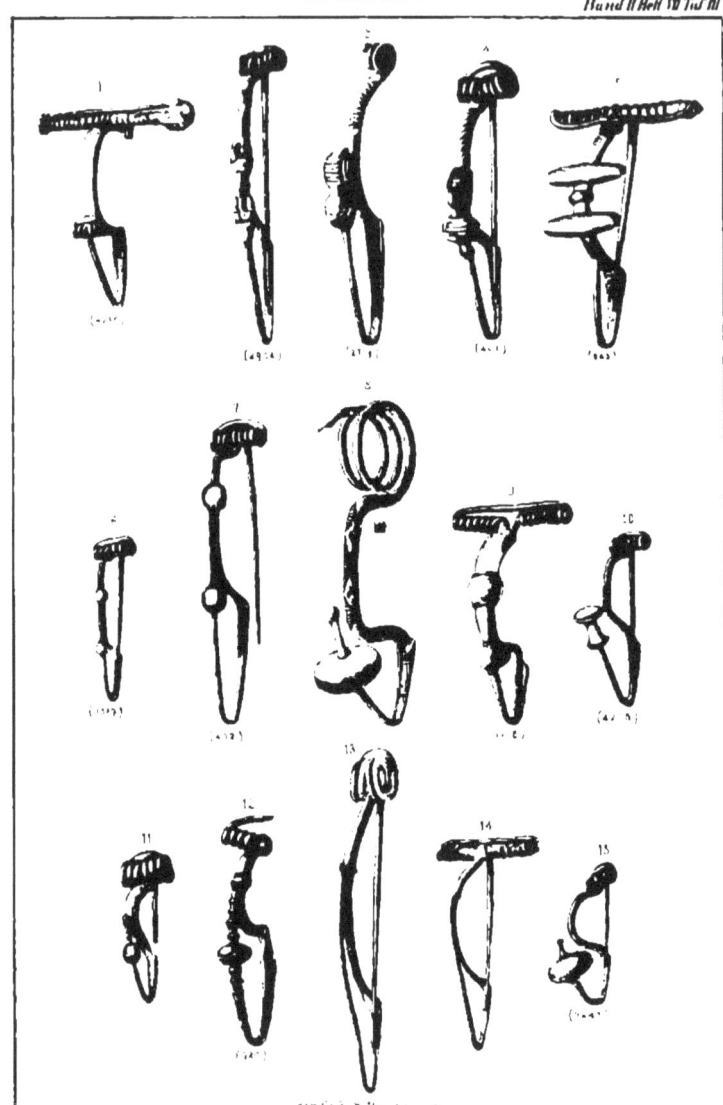

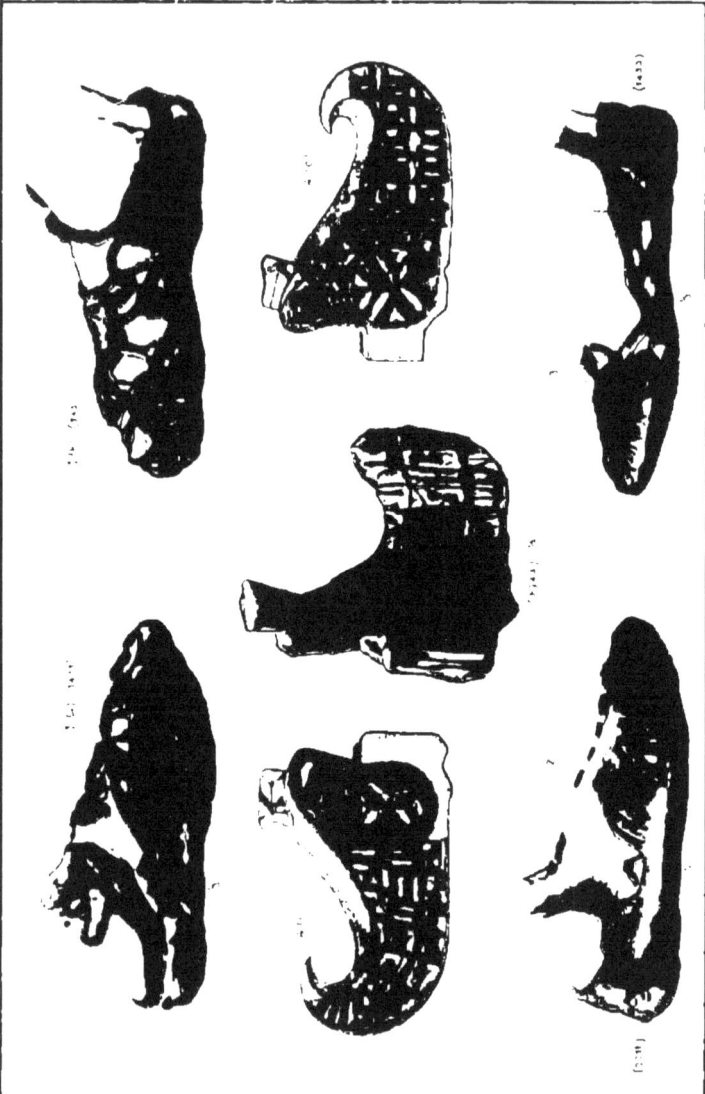

SCHUHE (LEDER)
und sogenannte Todtenschuhe aus Holz.

Frankfurter Leder Museum

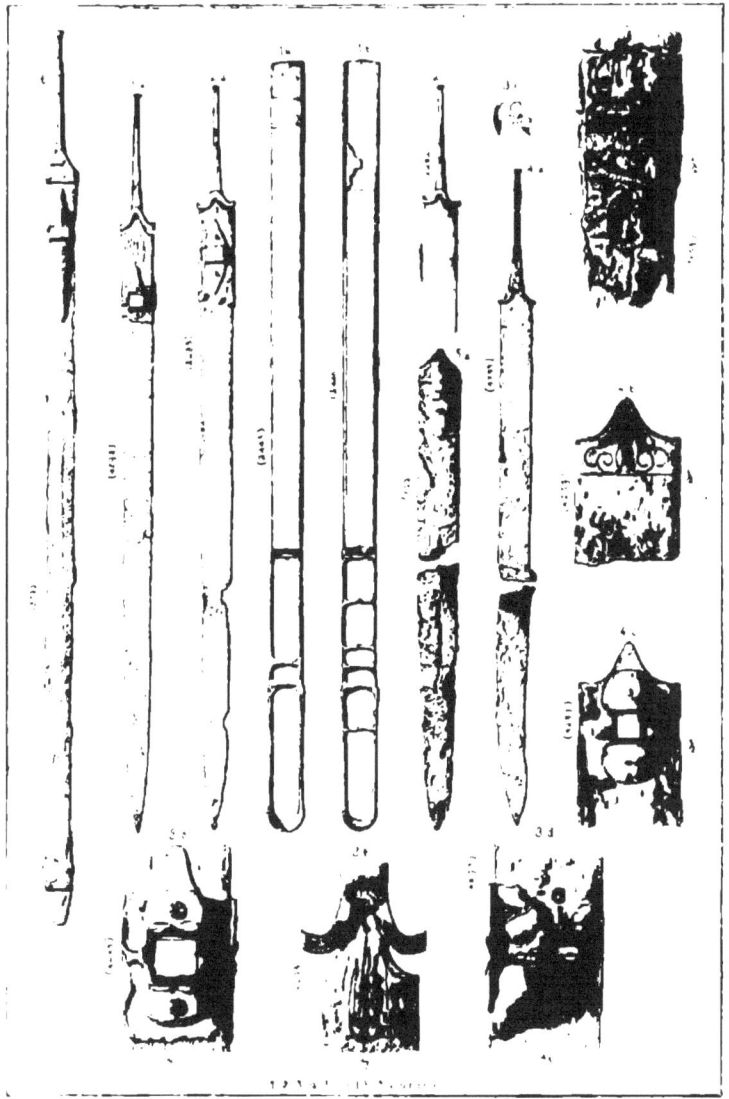

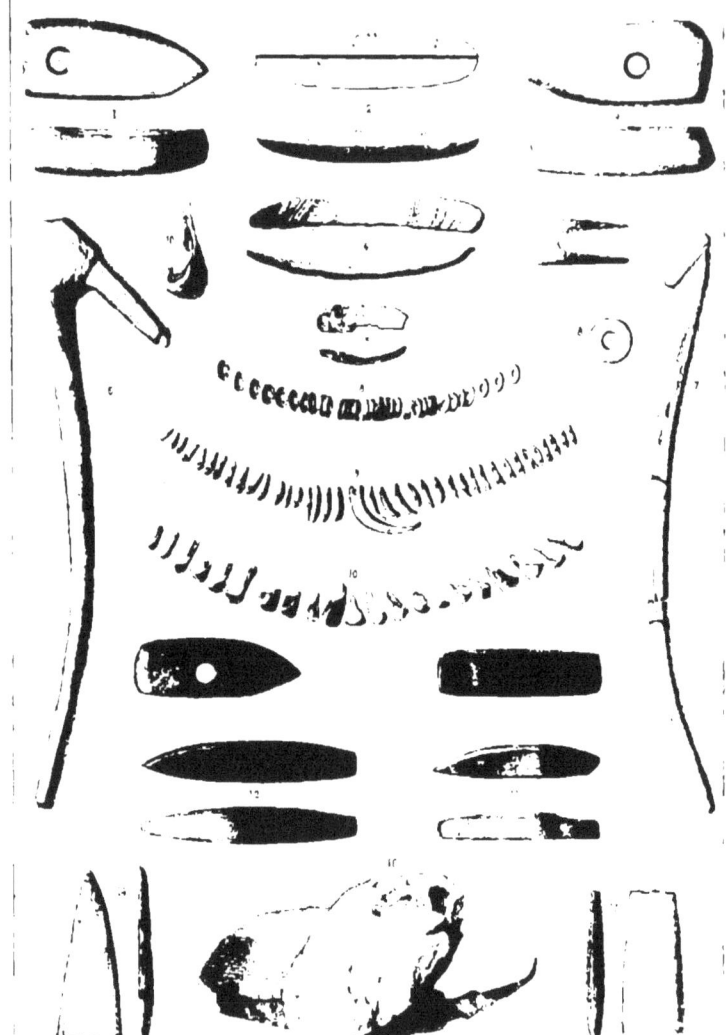

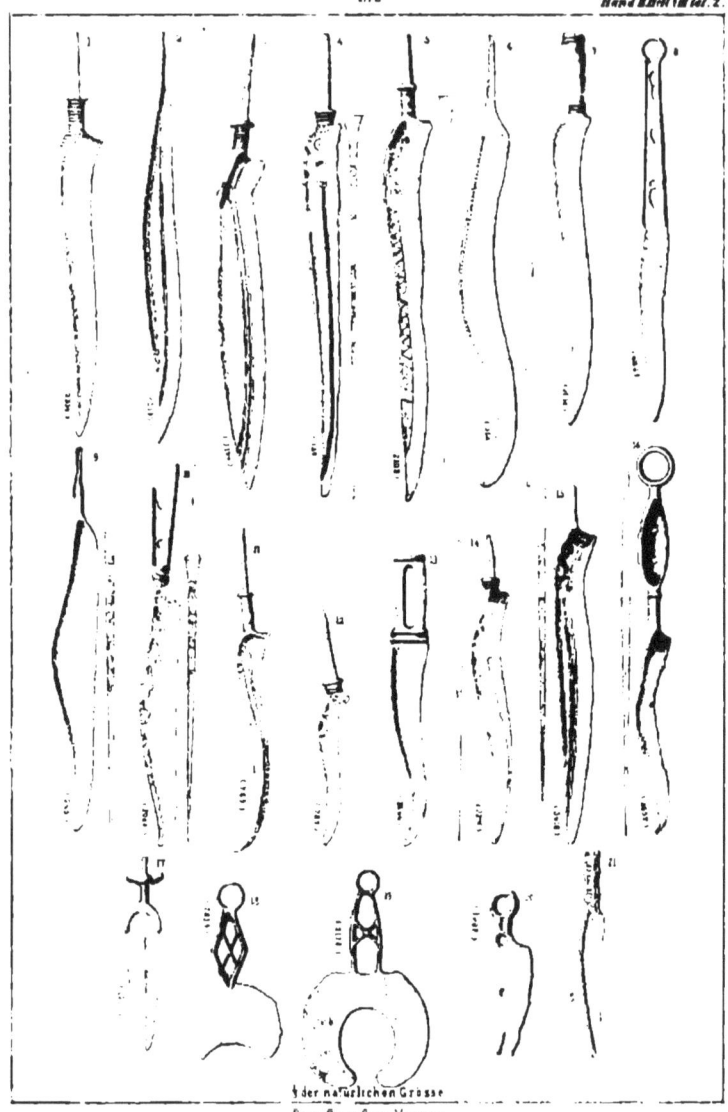

½ der natürlichen Grösse
Röm. Germ. Cent. Museum.

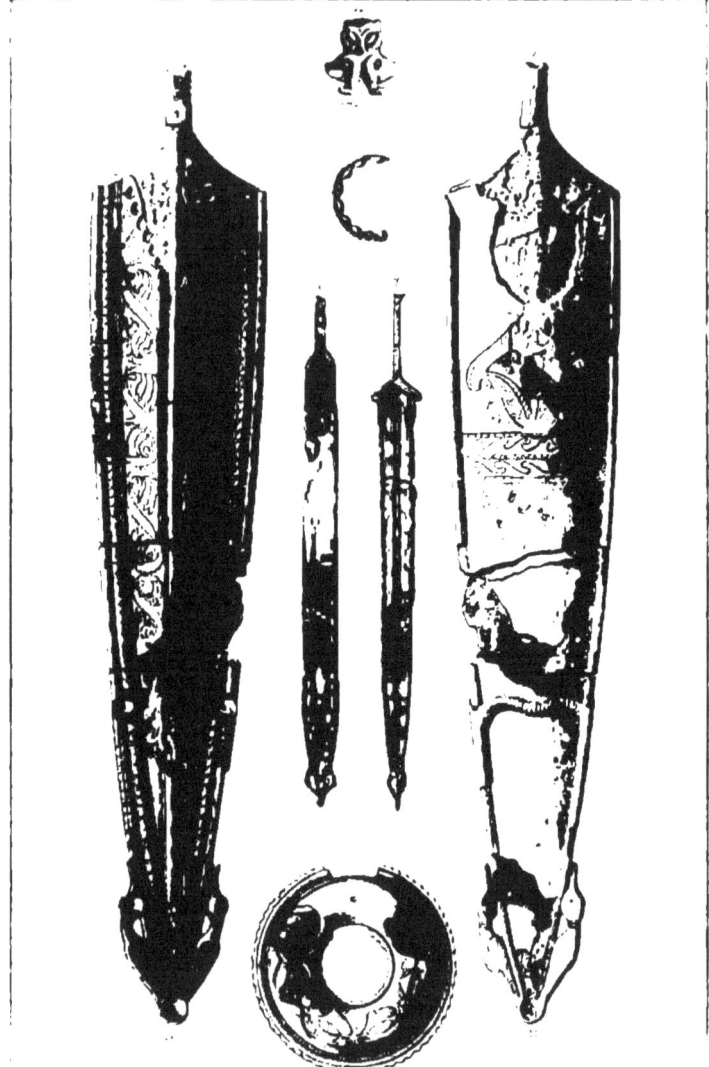

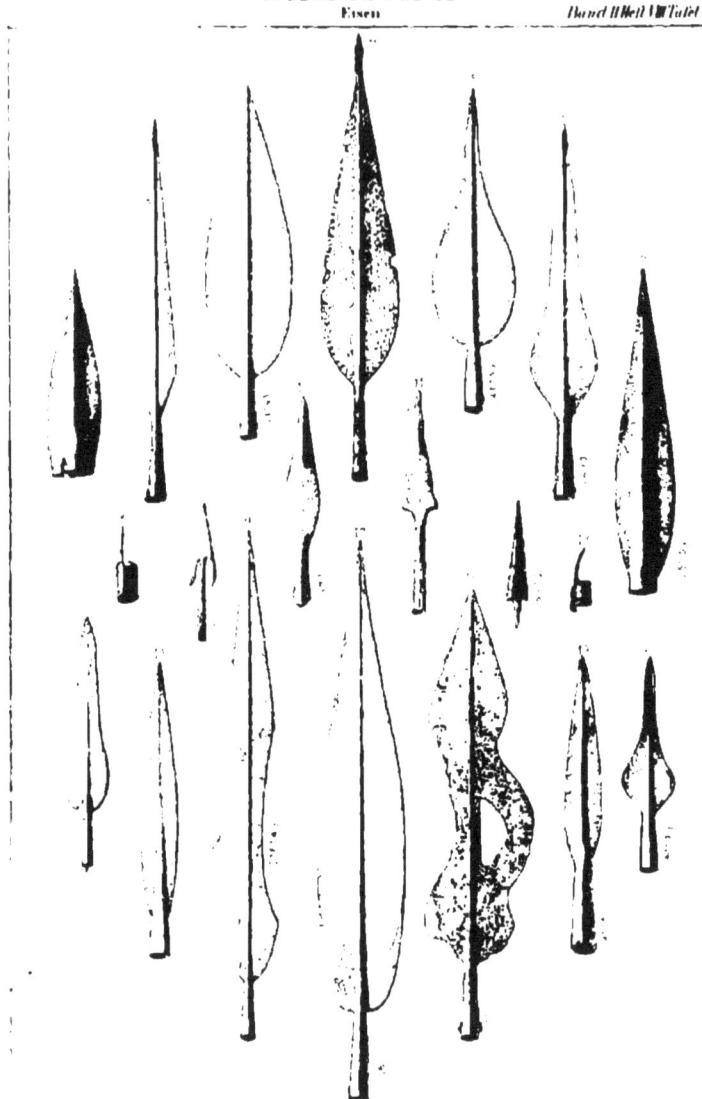

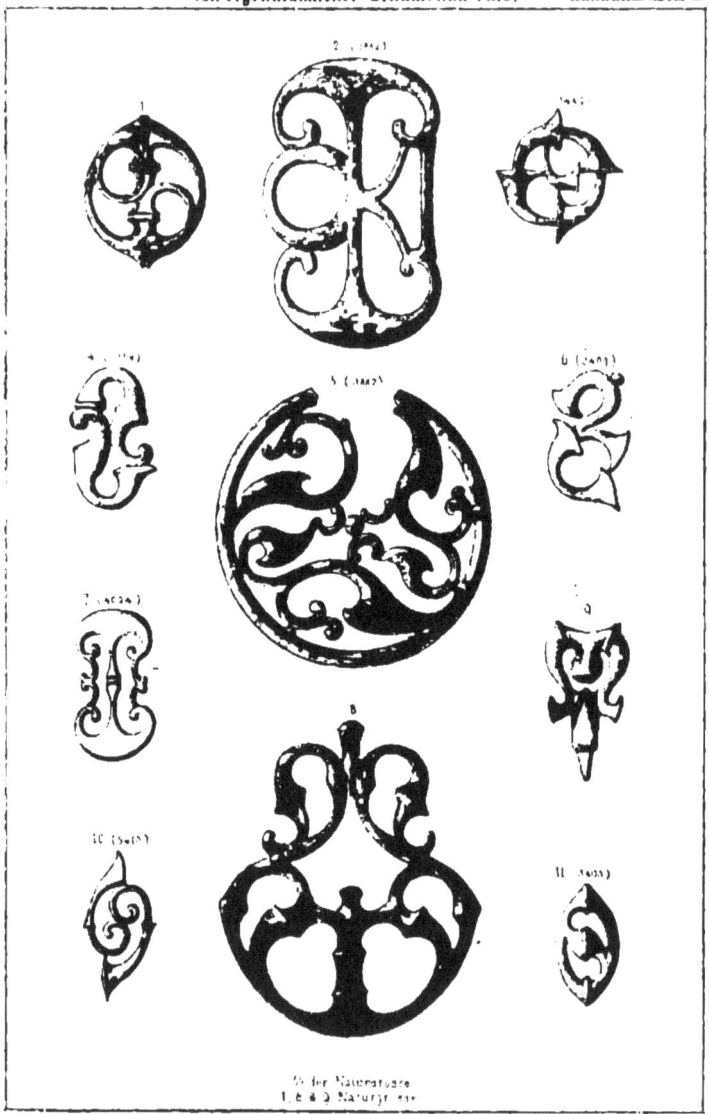

Nach der Natur aufnahme
1. 8 & 9. Naturgr. 488
Rom Germ Cent Museum

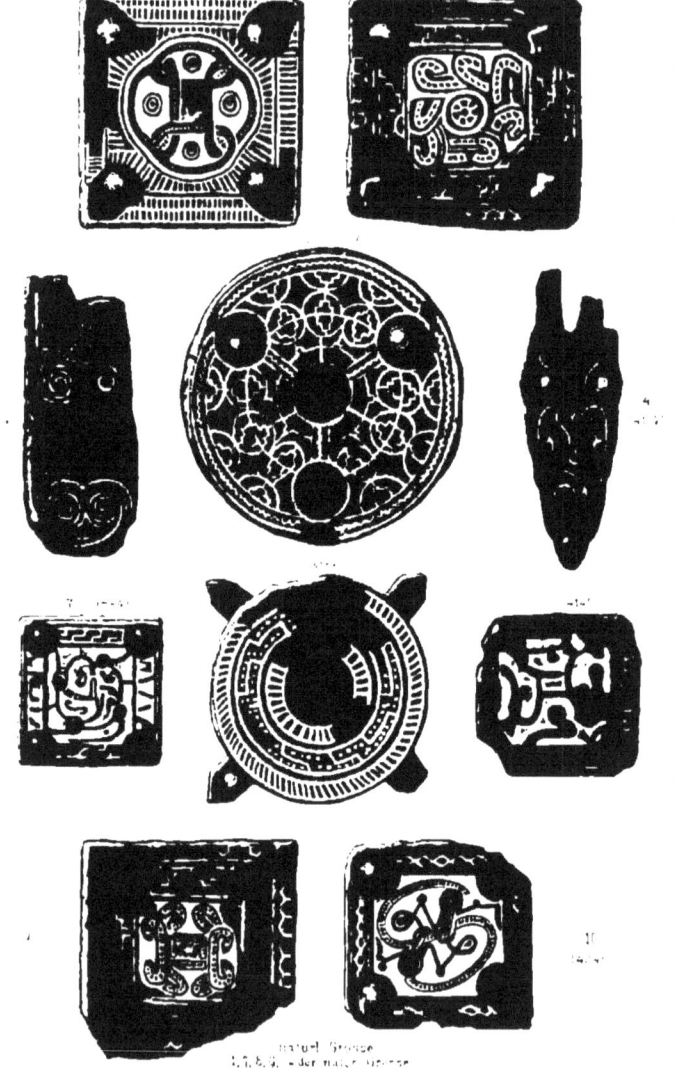

natürl. Grösse
1, 2, 3, 4, der natürl. Grösse

Von Gem. den Mitgl.

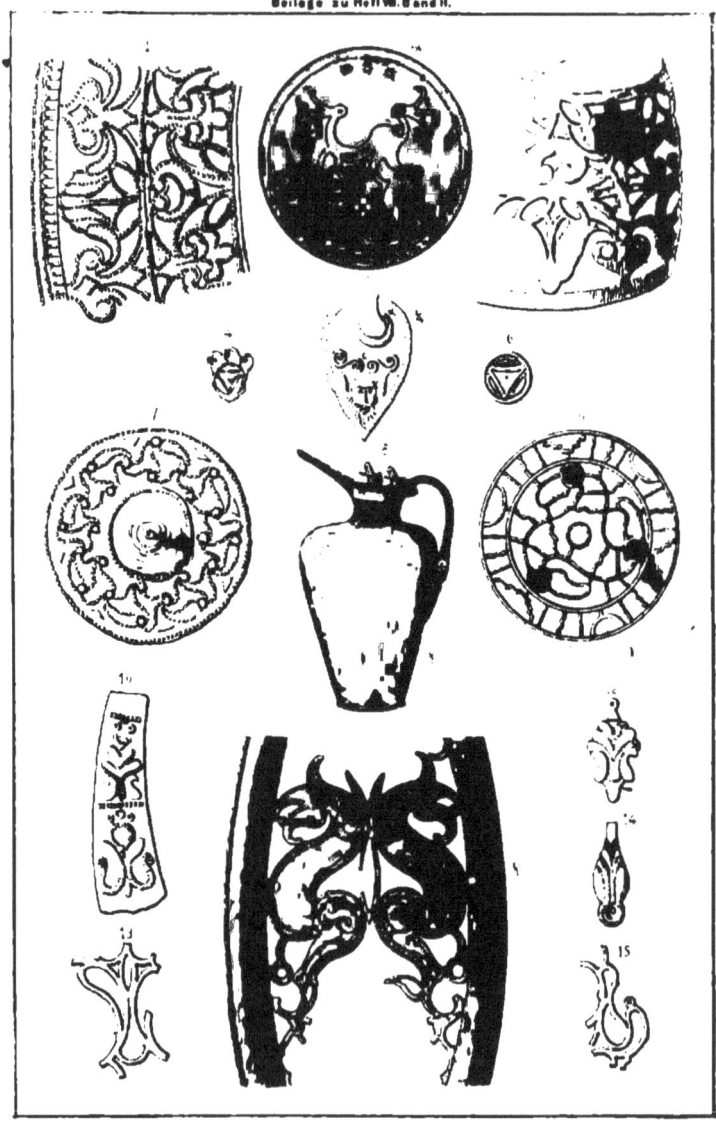

.

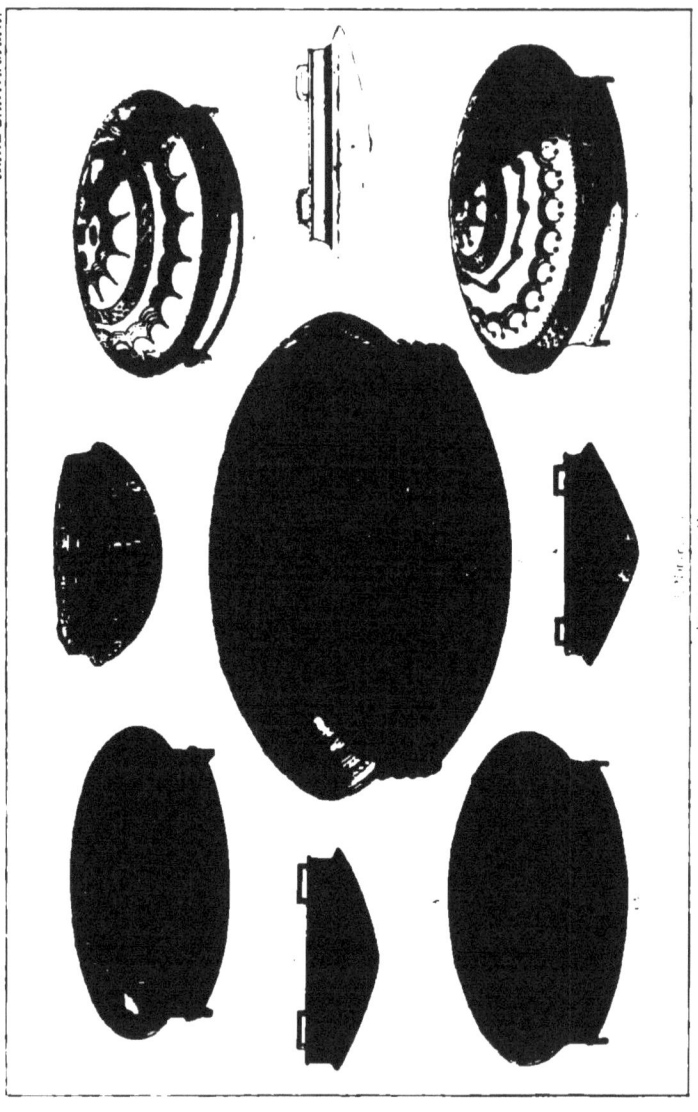

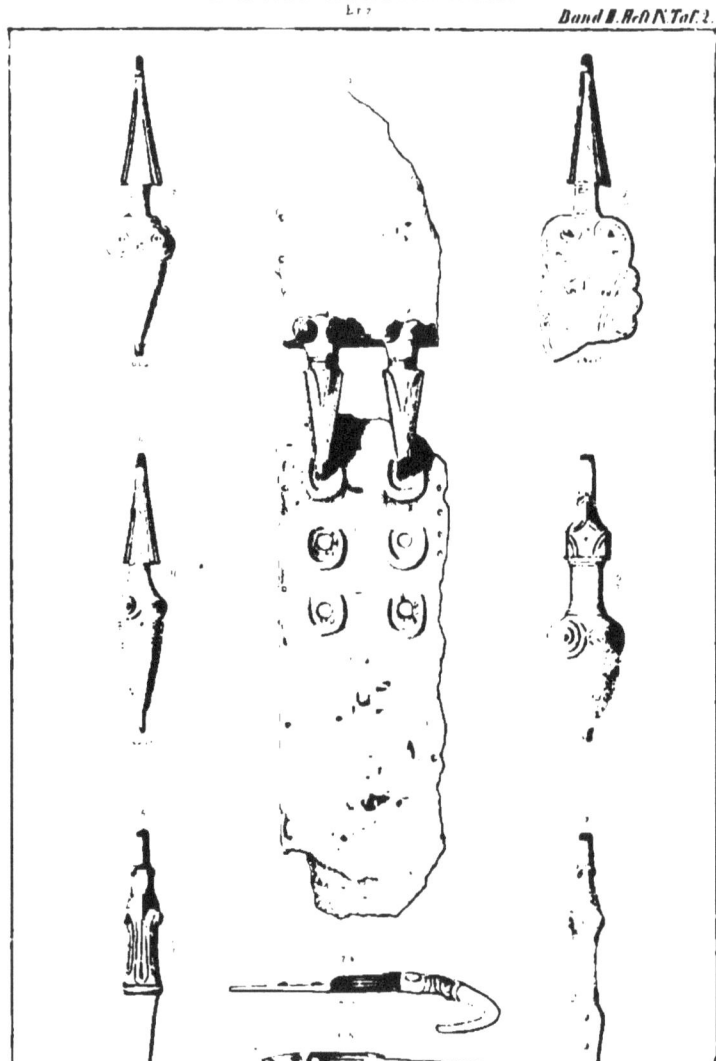

.

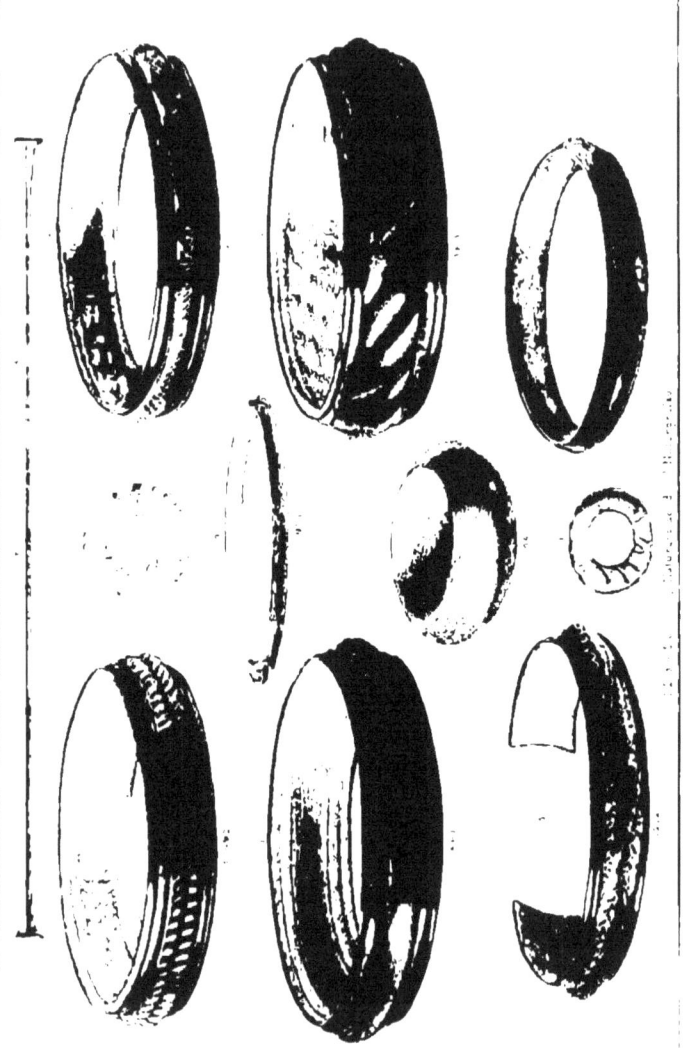

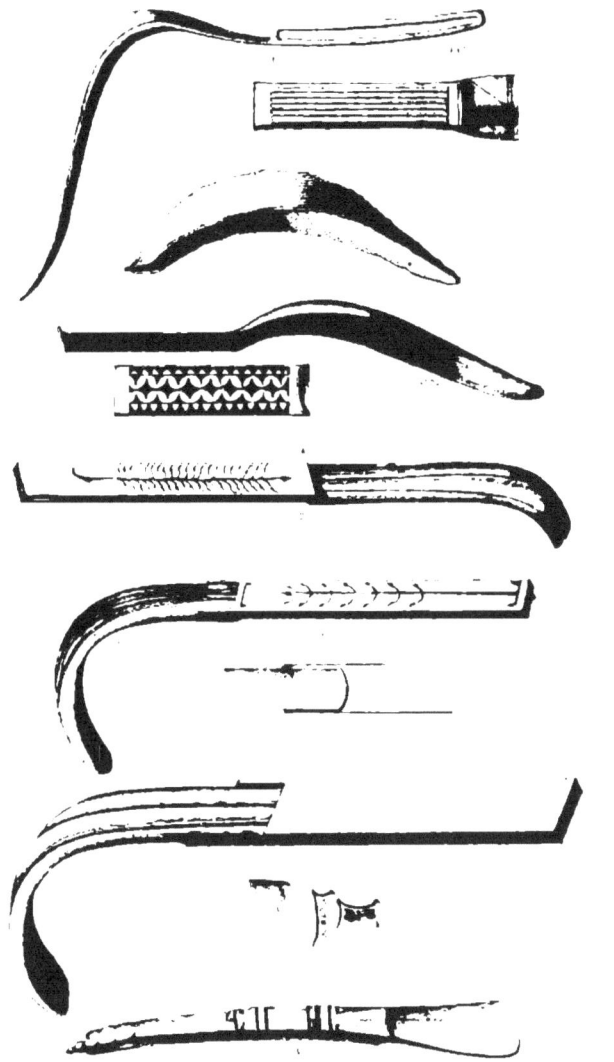

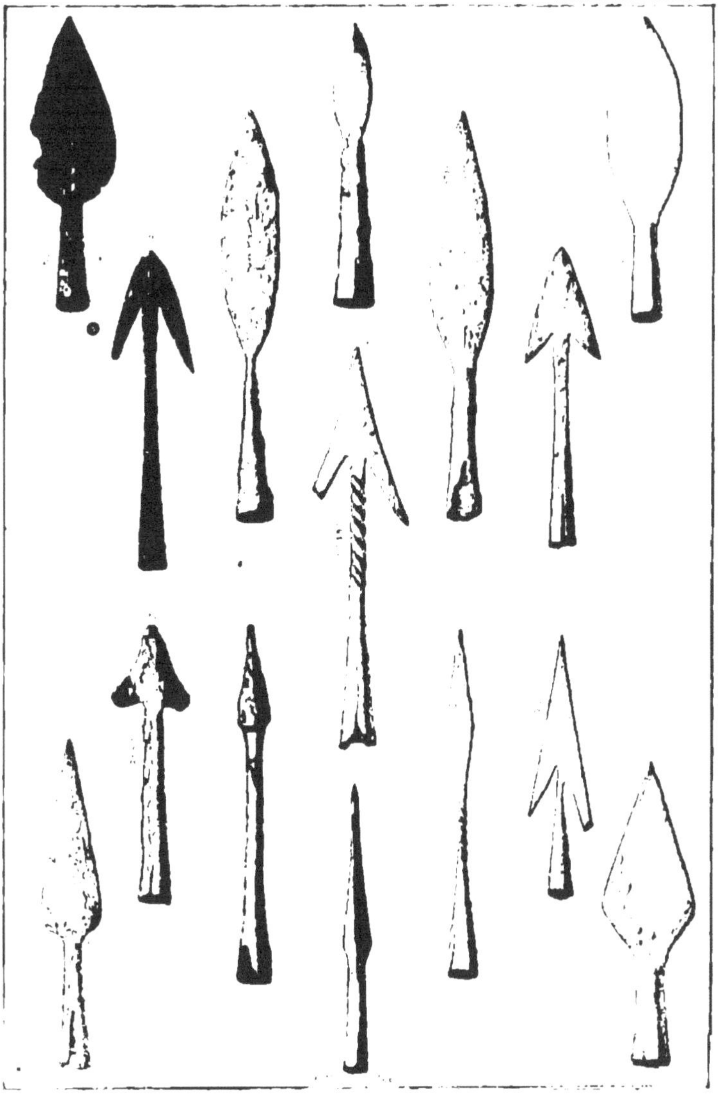

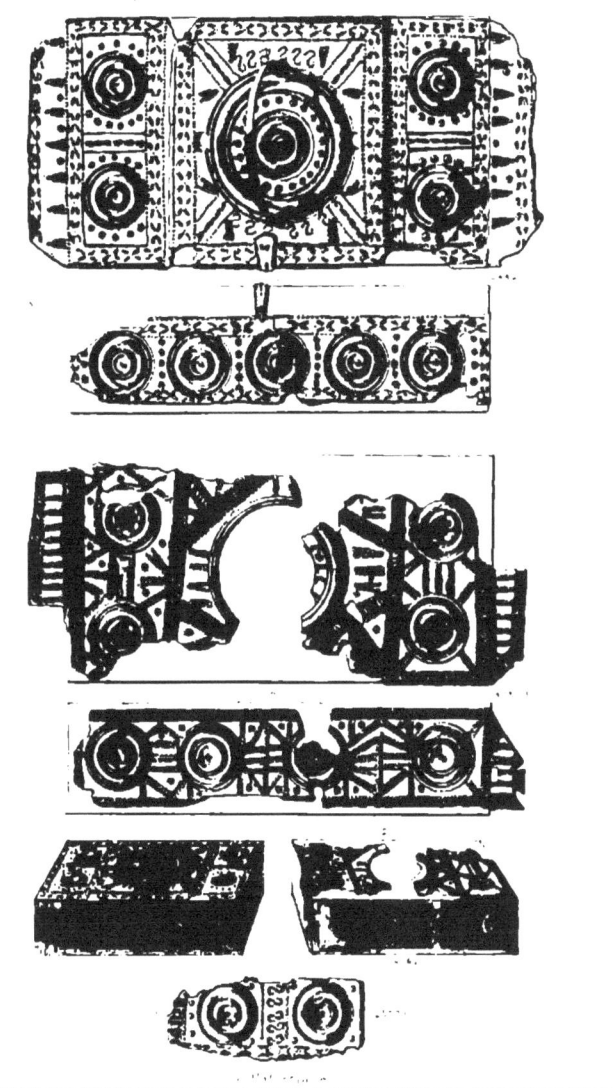

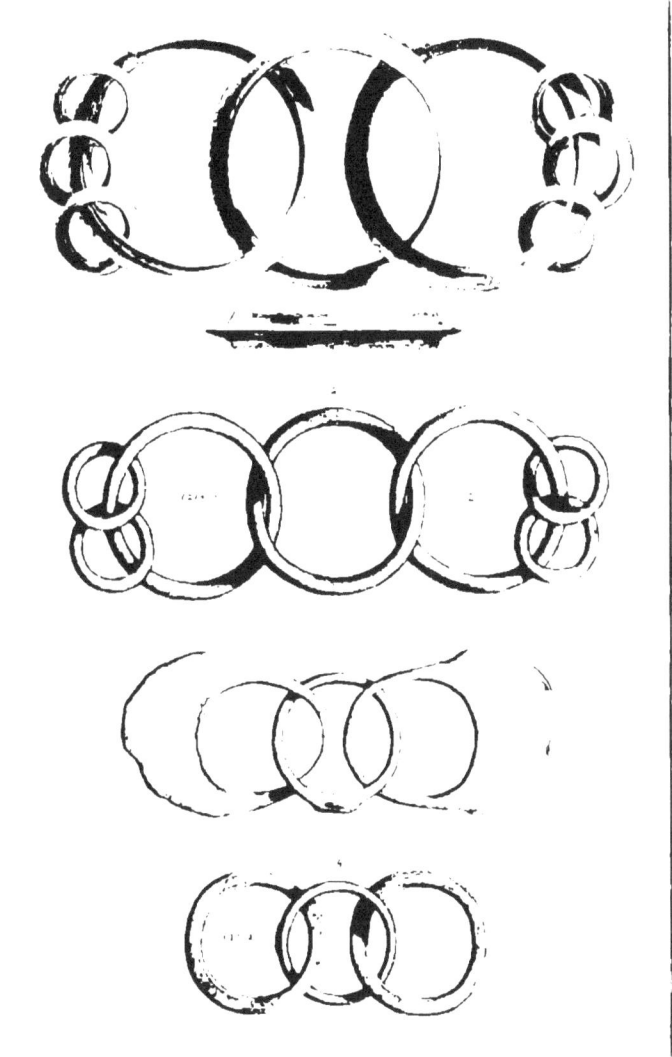

·

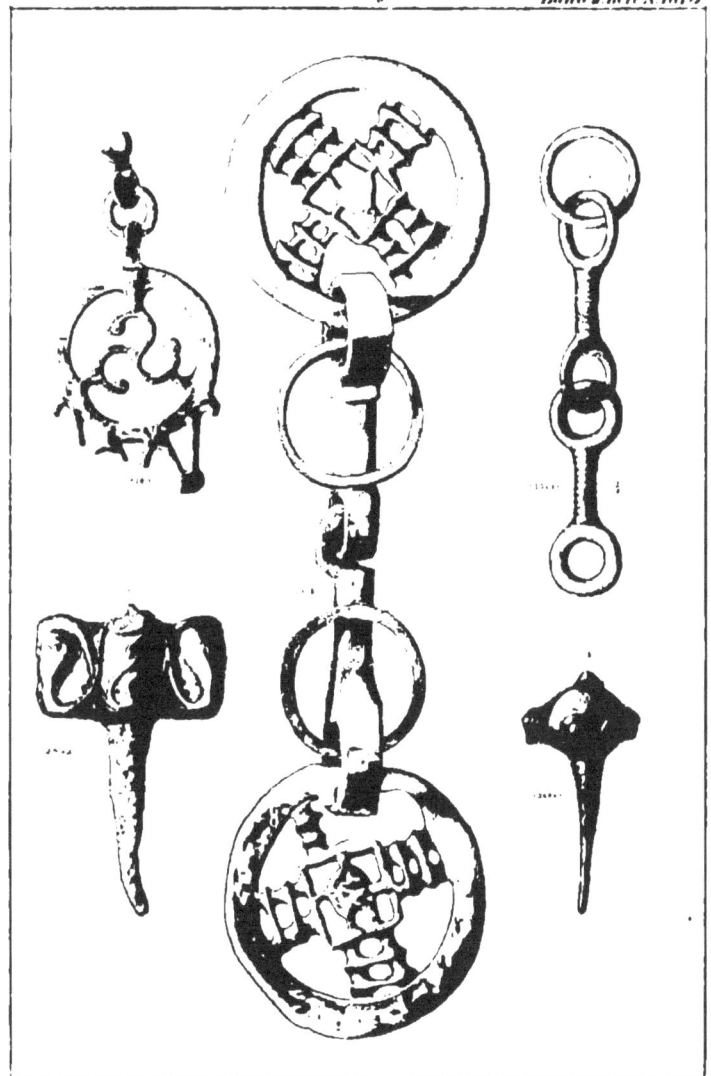

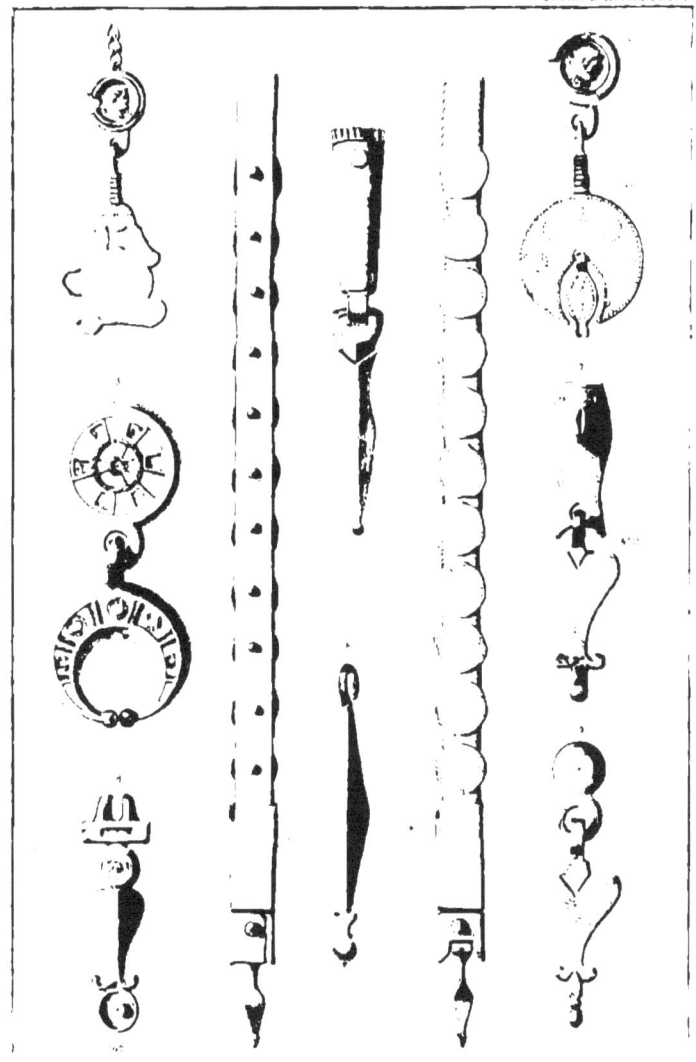

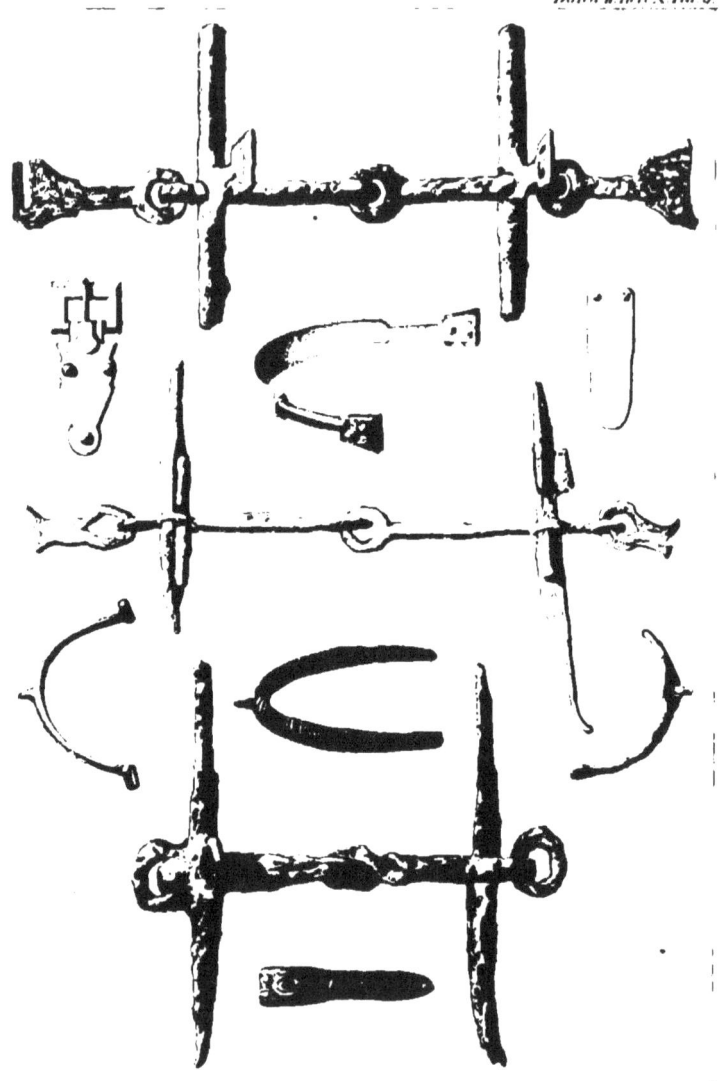

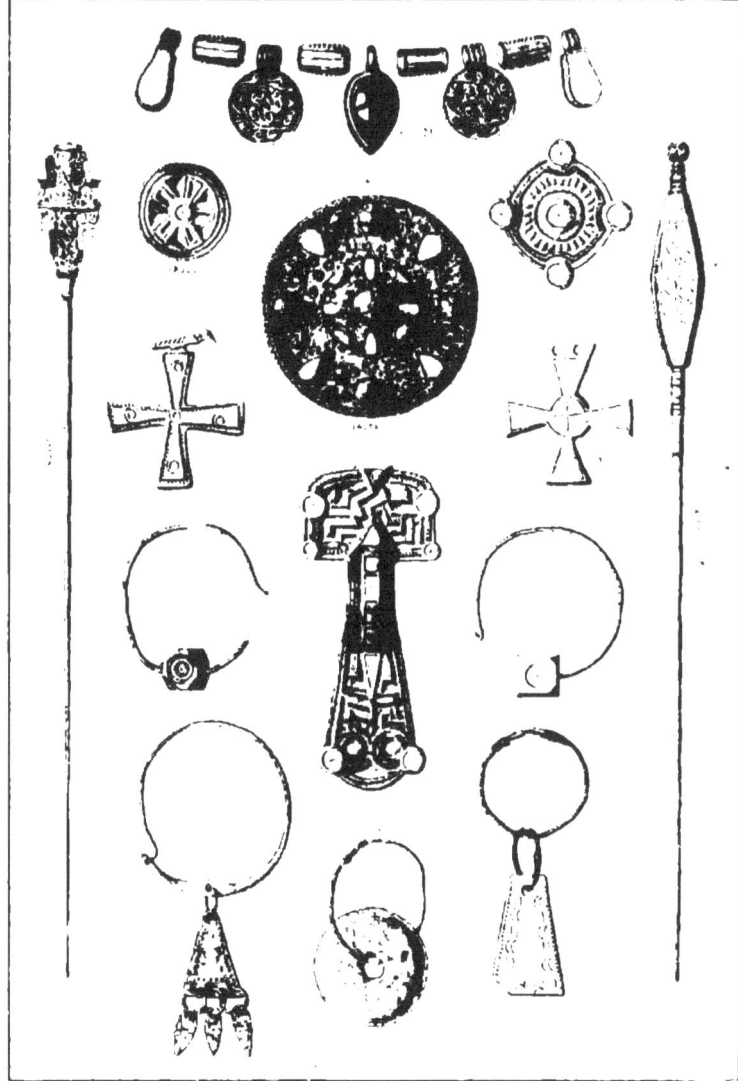

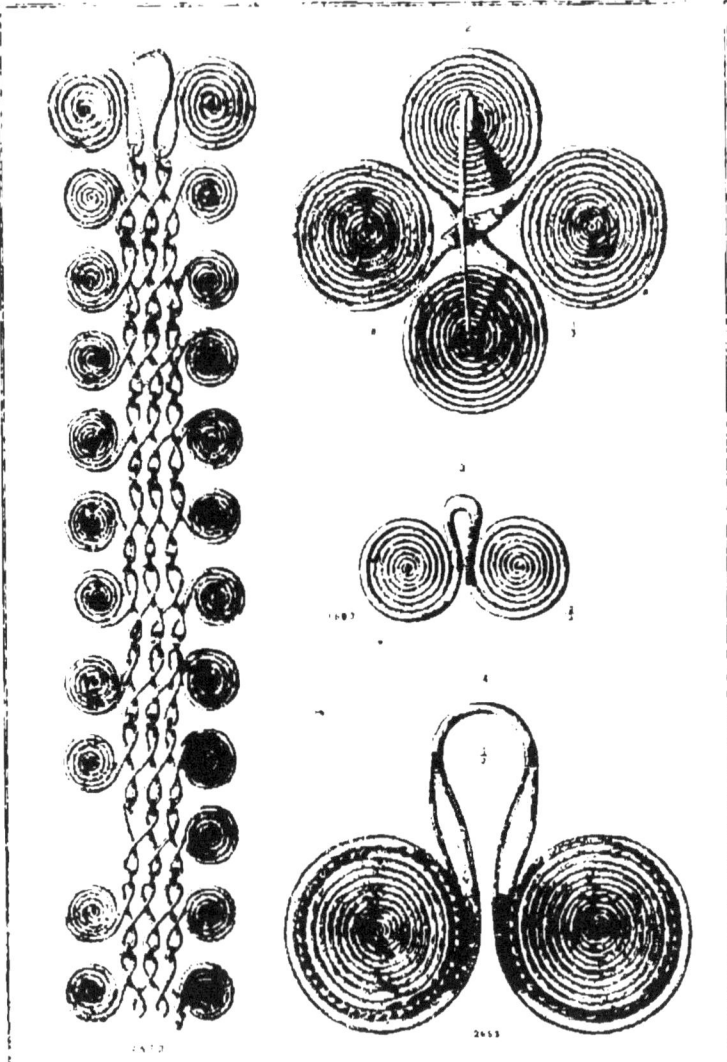

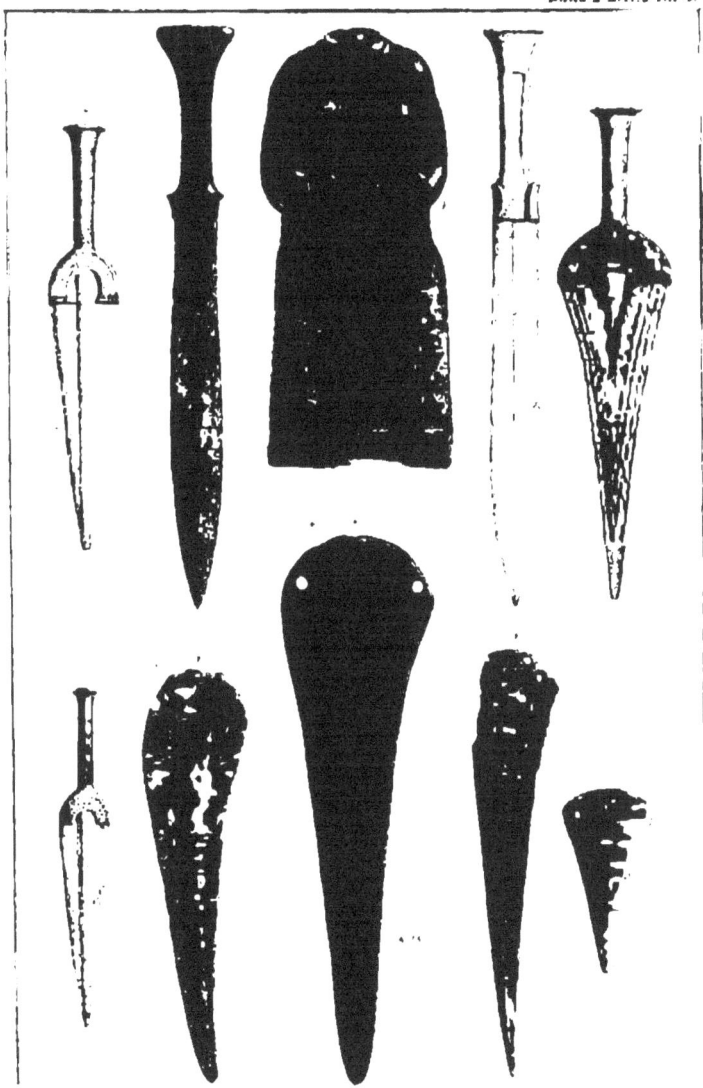

KAEMME und HAARNADELN

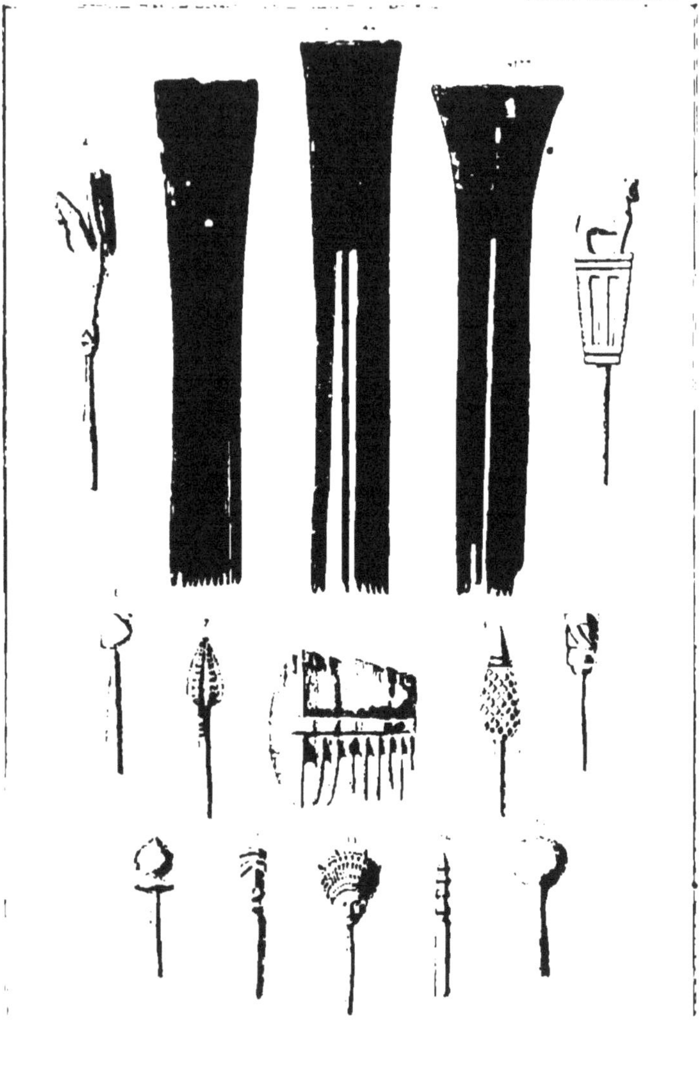

BESCHLAECE von SCHWERTSCHEIDEN

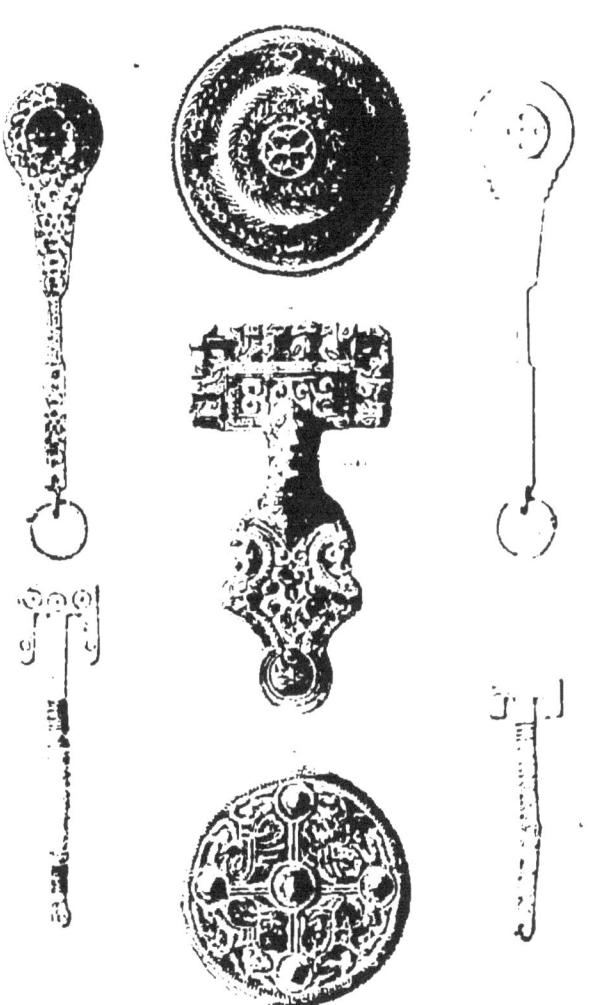

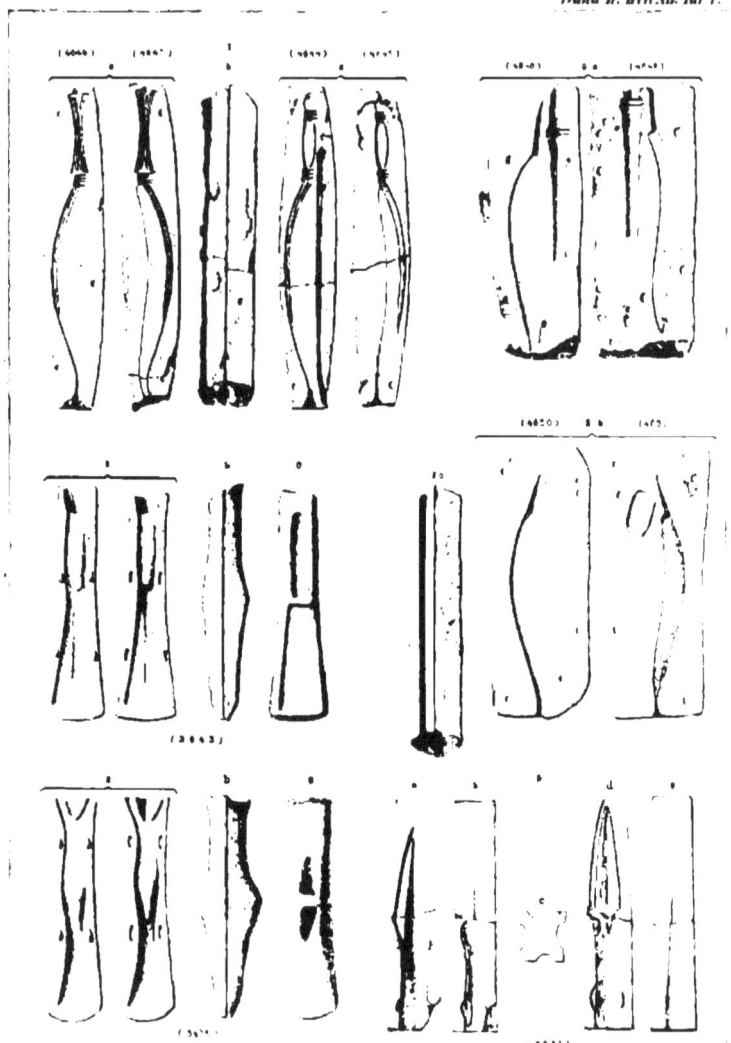

.

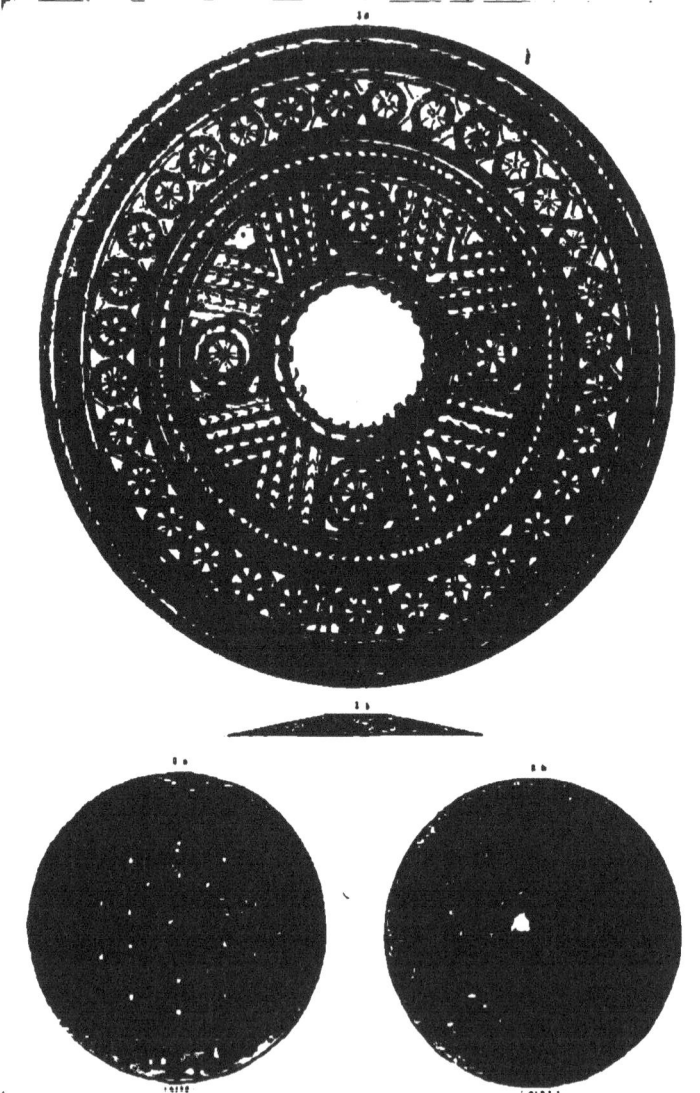

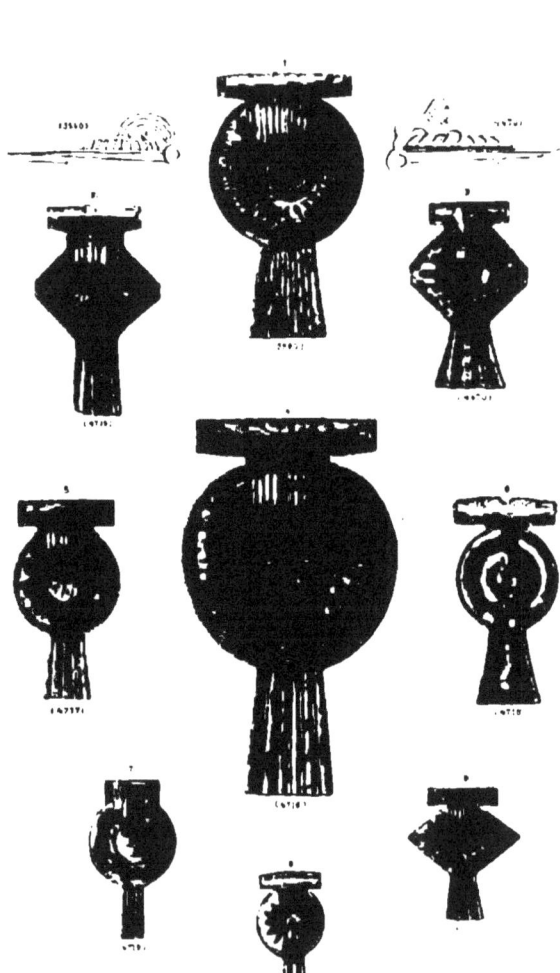

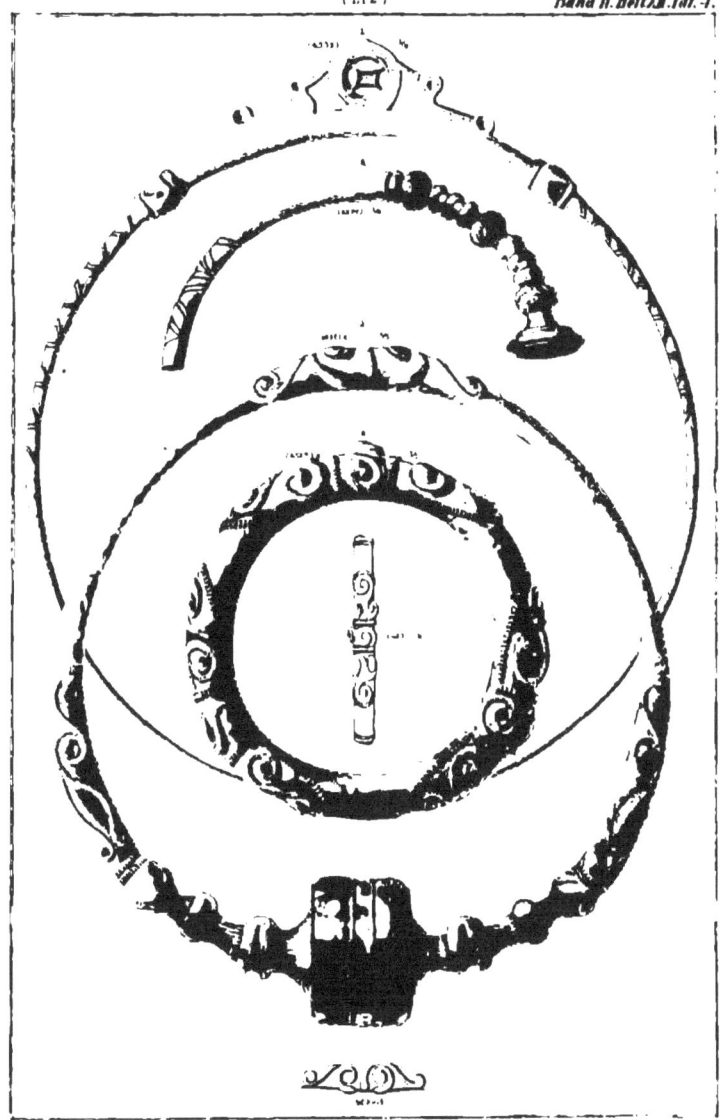

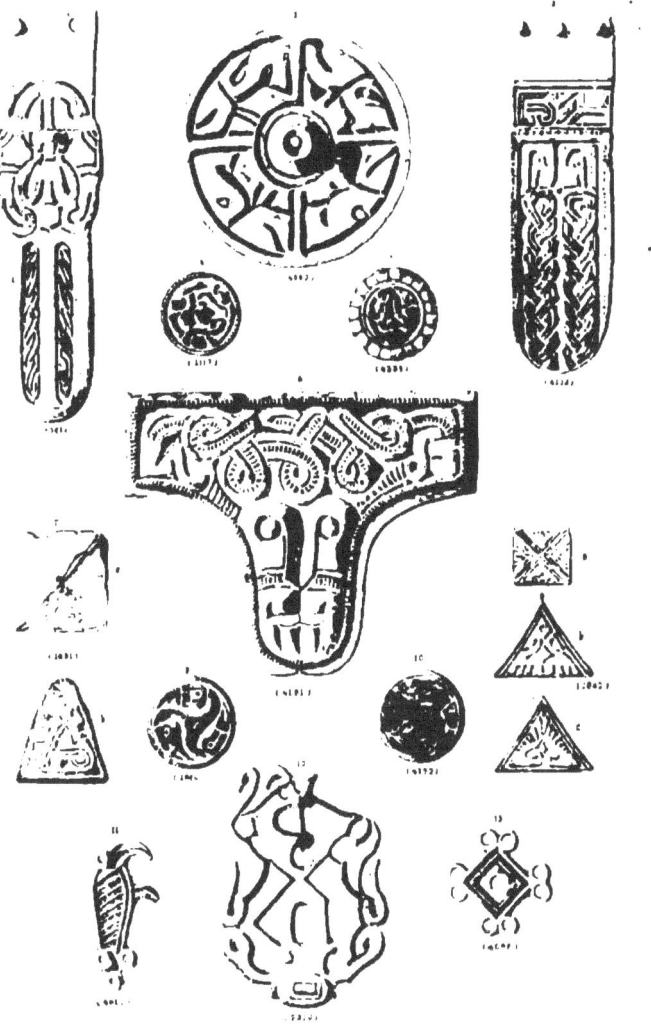

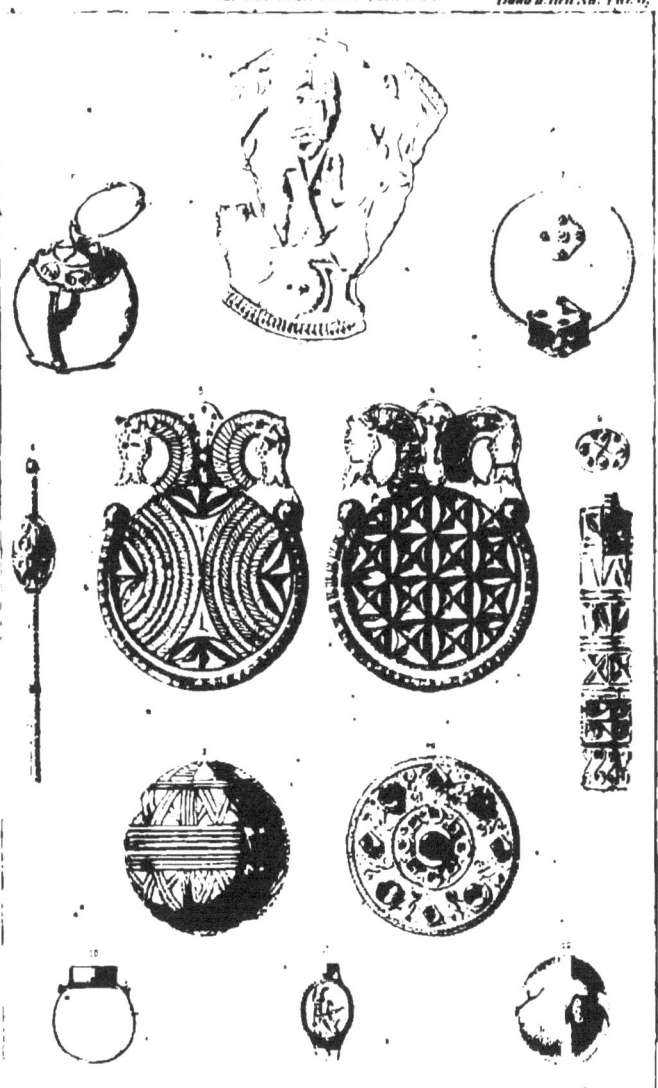